教育部人文社科青年基金项目(10YJC630108)

经济管理学术文库·管理类

企业集成创新与合作创新契合机理研究

——知识管理的视角

Study on the Fit of Enterprise Integrated Innovation and Cooperative Innovation: Based on Knowledge Management

孔凡柱/著

经济管理出版社
ECONOMY & MANAGEMENT PUBLISHING HOUSE

图书在版编目（CIP）数据

企业集成创新与合作创新契合机理研究/孔凡柱著. —北京：经济管理出版社，2013.6
ISBN 978-7-5096-2470-8

Ⅰ. ①企… Ⅱ. ①孔… Ⅲ. ①企业管理—创新管理—研究 Ⅳ. ①F270

中国版本图书馆 CIP 数据核字（2013）第 104863 号

组稿编辑：申桂萍
责任编辑：张 达
责任印制：杨国强
责任校对：超 凡

出版发行：经济管理出版社
（北京市海淀区北蜂窝 8 号中雅大厦 A 座 11 层 100038）
网 址：www. E-mp. com. cn
电 话：（010）51915602
印 刷：北京紫瑞利印刷有限公司
经 销：新华书店
开 本：720mm×1000mm/16
印 张：17.5
字 数：304 千字
版 次：2013 年 6 月第 1 版 2013 年 6 月第 1 次印刷
书 号：ISBN 978-7-5096-2470-8
定 价：48.00 元

序

人类社会发展的历史就是一部创新的历史。但人类对创新的认识和研究却起始于资本主义时代经济发展的内涵式需求。著名经济学家熊彼特于 1912 年提出的创新理论用以解释资本主义的本质特征，解释资本主义的发生、发展和趋于灭亡的结局，强调生产技术的革新和生产方法的变革在资本主义经济发展过程中的至高无上的作用。之后，众多学者对创新理论进行了不断的扩充和发展，创新概念的内涵和外延不断丰富。至今，“创新”早已脱去了资本主义色彩，而成为经济学、管理学、社会学、教育学等诸多学科领域的通用名词。人类对于创新的认识达到了前所未有的高度。创新是一个民族进步的灵魂，是国家兴旺发达的不竭动力，也是一个企业生存和发展的灵魂。管理大师德鲁克曾说，对于企业来讲，要么创新、要么死亡。对于一个企业而言，创新可以包括很多方面：管理创新、思想创新、技术创新等。简单来说，管理创新可以摆脱一些旧体制的弊端，增强企业的活力；领导者思想创新能够保障企业沿着正确的方向发展；员工思想创新可以发挥员工的创造性，增强企业的创造力；技术创新可以提高生产效率，降低生产成本。相对于管理创新和思想创新，技术创新所带来的效益更为直接和迅速，这也是诸多企业均把技术创新放在首要位置的重要原因。

技术创新有许多不同的形式，仅就自主创新而言，就可划分为原始创新、集成创新和引进消化吸收再创新三种形式，不同的创新形式具有不同的适应情境和不同的要求。就当前我国创新实践而言，集成创新是主要形式，而且在未来的一段时间也依然是主要形式。因而，提高集成创新绩效就成为大多数企业所关注的焦点和重点。然而，决定企业成败的创新往往是一项宏伟的工程，任何一家企业都不太可能拥有创新所需要的所有资源（有时为了获得比较优势，企业也不需要拥有所有创新资源），此时，与其他企业的合作创新就成为企业的必然选择，而且合作创新也具有一些自主创新所不具有的优势，可以降低创新成本，缩短创新周期，提高创新成功率。但在竞争日益激烈的今天，企业所拥有的核心资源往往可以成为企业的制胜武器，这也间接导致了许多企业在合作创新过程中担忧核心资源的流失而对合作创新有所顾虑，有时合作创新会成为企业的被动选择，合作创新的效率和效益就可想而知了。难道企业自主创新与合作创新就不能共存吗？有没有一种方法能够实现企业自主创新与合作创新的融合，发挥两者的合力？

凡柱的专著《企业集成创新与合作创新契合机理研究——知识管理的视角》对这一现实且具理论价值的问题进行了深入全面的探索和研究。研究发现，不论集成创新，抑或是合作创新，都可以从知识的角度进行分析和论述，两种创新皆是知识运动的一种形式，是以知识为基础的。他选择知识管理的视角研究企业集成创新与合作创新的契合问题可以说是巧妙而可行的。他运用知识管理的理论分析了企业集成创新与合作创新的知识运动机理，尝试构建出一个契合理论框架，并通过中国企业的资料进行实证和检验。这项研究成果对于我国企业创新实践具有重要的指导和借鉴意义，同时丰富了创新理论。

作为凡柱的博士生指导教师，我见证了他多年对创新管理的执着。本专著所呈现的正是他几年来的研究总结。我由衷地为他在学术研究中取得的成绩而深感欣慰，同时，也希望凡柱博士能以此为起点继续努力，在为该领域产出更为丰富的学术研究成果。适值其专著出版之际，嘱我作序，遂写下以上文字是为序。

罗瑾琏

2013 年 3 月于同济大厦

目　录

第一章　引言

第一节　研究背景

改革开放以来，我国经济获得了长足发展，但自主创新却进展缓慢。如今，我国已成为世界制造大国，加工制造能力和产业配套能力名列前茅，钢材、彩电、摩托车等100多种产品的产量位居世界第一。但我国在世界市场上并没有相应的销售网络、品牌和定价发言权。生产靠订单、销售靠外商、技术靠引进。2007年，我国总的对外技术依赖率超过50%。这些年，工业产品的新开发技术中有70%属外源性技术。

自2006年起我国已连续三年成为世界上遭遇"双反"调查最多的国家。2009年，针对我国的"双反"调查涉案金额之大和频率之高更是史无前例。这固然有金融危机触动下的贸易保护的诱因，但与我国企业长期奉行低成本战略、忽视自主创新、造成产品的技术含量低不无关系。我国是世界制造业大国，在制造业大国光环的背后，却呈现出一系列的问题：经济增长以资源消耗为支撑，单位资源的产出平均不足发达国家的10%；作为世界贸易第三大国，出口产品中拥有自主品牌或知识产权的仅占10%；作为制造大国，重要的技术装备和关键零部件却主要依赖进口；虽然中国高技术产品出口不断增加，但是不仅关键零部件依赖进口，而且还要为软件、技术标准向国外企业支付高额费用。[1] 缺乏技术创新能力，尤其是关键技术和核心技术的创新能力已经成为制约我国经济继续发展的"瓶颈"。

经过30多年的发展，我国经济实力已跃居全球前列，但自主创新能力却依然较低。根据欧洲商学院《2009~2010创新发展报告》，我国的创新能力在131个国家和地区中位居第65位。科技创新对我国经济发展的贡献率不足50%，而欧美发达国家普遍为60%~80%。在我国大中型企业中，3/4没有研发机构，所用技术大多靠引进。在金融危机的冲击下，有自主创新能力、拥有核心技术的企业抵御风险的能力要远远大于没有创新能力的企业。我国作为一个发展中国家，要想进入世界强国之列，就必须要实现技术的自我掌控，不断提高自主创新能力，只有这样才能不断推进经济结构调整和增长方式转变，提高国际市场竞争力，形成可持续发展的竞争优势。

目前，我国政府已将增强自主创新能力作为国家战略，明确提出“把增强自主创新能力作为科学技术发展的战略基点和调整产业结构、转变增长方式的中心环节”。大力提高原始创新能力、集成创新能力和引进消化吸收再创新能力，全面增强自主创新能力，努力掌握核心技术和关键技术，增强科技成果转化能力，提升产业整体技术水平。建立以企业为主体、市场为导向、产学研相结合的技术创新体系，形成自主创新的基本体制架构。

王众托[2]认为，自主创新包括原始创新、集成创新和在引进国外先进方法和技术的基础上，积极促进消化吸收和再创新三个方面。为了掌握核心技术，增强企业的核心竞争力，必须大力推进原始创新，力争实现科学技术发展的跨越，但是限于当前我国的发展水平，在产业发展和工程建设中更多的是后两种创新。现代化的产品开发、生产革新、工程建设或者原有的产品或工程改造升级，大多采用系统集成创新的思路。在当前的技术与经营管理创新领域中，这是创新的主要形式。此外，在原始创新中，大部分也含有系统集成的成分。因为现代化的技术和经营管理，依靠的是不同领域中的原理、方法和工具，一般既没有可能又没有必要百分之百地从头开始，大多数只是在关键部分具有原创性。可以说，一切创新都是和系统集成分不开的。

在实践中，整体上完全从无到有的原始创新是比较罕见的，当前的新产品、新的生产流程、新的经营管理模式及大型新工程多半是系统集成创新的产物。系统集成创新具有重大的经济价值，它同样可以成为实现技术跨越的突破口，有利于从我国当前发展水平出发进行技术创新。为了改变原来技术落后的状态，我国曾经大量引进国外的先进技术、新型装备。对于怎样在这个基础上进行消化吸收和再创新，系统集成创新方式同样是适用的。[2]

徐冠华[3]指出，长期以来，我国的科技计划比较注重单项技术，这是技术开发初级阶段的必然过程，今后我们还要继续做好单项技术开发的基本功。但从科技与经济结合的内在要求来看，单项技术的研究开发，因为缺乏与其他相关技术的衔接，很难形成有市场竞争力的产品或新兴产业，往往鉴定之日也就是这项技术活动的终结之时。事实上，核心竞争力的形成不仅是一个创新过程，更是一个组织过程。使各种单项和分散的相关技术成果得到集成，其创新性及由此确立企业竞争优势和国家科技创新能力的意义远远超过单项技术的突破。所以，在实现自主创新的过程中，我们更应当注重技术的集成创新，注重以产品和产业为中心实现各种技术集成。可见，在我国现阶段及今后较长一段时期内，大力发展集成创新是中国企业实现技术追赶直至超越的必由之路。

提高自主创新能力、建设创新型国家，是我国发展战略的核心，是提高我国综合国力的关键。改革开放以来，我国的技术发展道路基本上以“以市场换技术”模式为主，虽然取得了一定成效，但却不能从根本上提高我国的科技创新水平，尤其是那些对国民经济发展具有重要影响的核心技术、关键技术是不可能换来的，只能通过自主创新才能获得。[4]然而，自主技术创新作为一项十分复杂而艰巨的技术、经济过程，需要投入大量的资金和人力，需要具备相应的科技创新条件。而这些条件在我国现阶段并不完全具备，通过合作创新最大限度地发挥我国技术创新资源的效能，则是在创新投入不足、技术条件薄弱的情况下，实现自主创新的一条切实可行的有效途径。

合作创新起源于20世纪70年代中后期，之后在发达国家迅速发展。合作创新是指由两个以上的企业或机构在保持各自相对独立的利益和社会身份的同时，联合致力于研究开发和技术创新活动。目前，美国仅在信息技术、生物技术、新材料等有关高技术领域建立的合作创新组织就多达4500个，合作创新已成为发达国家新的技术创新组织形式。[5]发达国家尚且如此，对于发展中国家而言，更应该将合作创新当作实现自主创新的一种有效组织形式。

竞争与合作已经成为知识经济社会的常态，合作创新也已成为企业科技创新的必然选择。当今世界，全球性的科技竞争正在不断地加剧，企业在技术创新过程中所面临的技术问题也越来越复杂，技术的综合性和集群性也越来越强，即使是实力雄厚的大企业也面临着技术资源短缺的问题。单个企业依靠自身能力取得技术进步越来越困难，一些大的工程或项目也已经不是靠一两个企业的努力就能完成的了。因此，企业间以分工合作的方式进行重大的技术创新，实现资源共享和优势互补，就成为新形势下企业技术创新的必然趋势。

同时，合作创新也是企业适应世界经济一体化和世界产业结构变化的一项战略措施。在全球范围内，产业更替和新产业形成的速度不断加快，产业技术构成不断提高，产业转换和技术转换的成本不断上升。合作创新有助于企业打破产业之间的壁垒，以比较低的成本进入一个新的市场和领域。

合作创新通常以合作伙伴的共同利益为基础，以资源共享或优势互补为前提，有明确的合作目标、合作期限和合作规则，合作各方在技术创新的全过程或某些环节共同投入、共同参与、共享成果和共担风险。因此，合作创新能够降低企业的创新成本并分散创新风险。此外，合作创新一般伴随技术的转移，这有助于缩短企业技术创新的时间，增强企业在市场上的竞争地位。

目前，我国企业在自主创新领域仍然存在着许多问题亟待解决，投入不足是重要的一个方面，而更重要的问题是技术创新方法的选择，其对技术创新的成败和成本起着关键性的作用。[6] 集成创新以其所具有的特点和优势成为当今我国企业自主创新的主流形式。以中国不足世界5%的科学索引论文和不足世界1%的国际专利系统发明专利的现状看，要封闭起来搞创新不太可能成功。[7] 因此，我们在提倡自主创新时，还要强调充分利用外部资源来提高自身的创新能力。通过合作创新，企业可以实现资源共享和优势互补，分担创新成本和风险，并缩短创新时间以保持技术领先。目前，我国企业创新的“瓶颈”主要是企业技术创新资源不足，因此，以合作创新来提升企业自主创新能力具有重要的现实意义。

综合以上分析可知，集成创新是我国企业实现技术跨越式发展的一条新范式，合作创新是在资源短缺的情形下实现自主创新的有效组织形式，两者都适应当前我国技术创新的基本国情，应成为当前及今后相当长一段时间内的主要创新方式。因此，选择集成创新与合作创新作为研究对象，对其内涵、性质、功能等方面进行系统分析，探究集成创新与合作创新协同发展的路径，可以为我国企业选择合适的自主创新方式、发挥集成创新与合作创新的协同作用，提供较为系统的理论依据，并为决策者提供创新管理决策的分析框架和方法。

第二节　相关研究文献综述

一、创新与自主创新研究

“创新”是一个西方经济学名词，最早由熊彼特[8]于20世纪初提出，并将创新视为经济增长的内生因素，认为经济发展遵循一个兴衰周期，创新是一个新淘汰旧的“创造性毁灭”过程。20 世纪 50 年代，古典经济学家索洛证明了技术进步对经济增长的巨大作用。美国管理学家彼得·德鲁克将“创新”概念引入管理领域，认为创新是赋予资源以新的创造财富能力的行为，包括技术创新和社会创新，进一步发展了创新理论。[9]

“自主创新”是我国于特定背景下出现的新概念，翻译成英文是“Independent Innovation”。国外关于自主创新的研究大都包含在技术创新中。Arrow（1962）最早将技术进步纳入经济增长模型内在因素进行分析，并将技术进步的一部分作用内生化。[10] 自 20 世纪 60~70 年代以来，国外开始研究自主创新对一国经济发展的影响和意义，使创新理论得到进一步完善和发展。Grossman G.M.[11] 等建立了一个基于自主创新的长期经济增长模型。司托克斯[12] 通过研究指出“由应用引起的基础研究的重要意义，并立足于此认为科技体制环境的创设和科技政策对技术创新有重大作用”。日本学者桥本寿朗[13] 通过分析比较日本与美国的经济及科技政策而指出，科技的进步是日本经济增长的根本原因。日本科技政策专家山崎正胜[14] 认为，政府在日本科技的发展中起着重要的调节作用，政府应根据国内外条件变化适时变更其科技规划和政策。韩国学者金麟洙等[15] 通过对韩国科技创新的分析，强调指出“一国要持续发展，必须要有自主的科技和知识产权”。这些研究从不同角度突出了“自主创新”的必要性和意义。

我国学者对自主创新的理论研究是从介绍西方有关技术创新的研究成果开始的。陈劲是最早使用“自主创新”概念的学者之一，他对从技术引进到自主创新的学习模式进行了研究，认为研究开发中的学习是自主创新过程中的主导学习模式，只有通过研究与开发才能掌握技术的本质。[16]

经过十几年的发展，我国已涌现了大量有关自主创新的研究成果，主要体现在以下几个方面。

（1）自主创新的内涵。傅家骥[17] 认为自主创新是企业通过自身的努力和探索产生技术突破，攻破技术难关，并在此基础上依靠自身的能力驱动创新的后续环节，完成技术的商品化，获取商业利润，达到预期目标的创新活动。杨德林、陈宝春[18] 认为企业自主创新是指依靠自身力量独自研究开发、进行技术创新的活动。张炜[19] 认为自主创新是在解决所面临的科技问题的过程中，依靠自身的创造性努力，应用新思想、新理论、新知识、新技术、新方法和新模式等因素，研究开发出得到社会承认的新成果的一系列活动组合。詹颂生[20] 在分析了当前有关自主创新的认识偏差和误区后认为，自主创新是以科技发展为支撑、以科技创新为主体、以实现核心技术的自主掌控为主要目的和基本特征的一种创造性活动。要正确把握和理解自主创新这一概念，关键是要准确把握自主的基本定位及自主创新的主要目的和基本特征。

（2）对自主创新必要性的探讨。陈至立（2005）指出我国的光纤制造设备，如85%的集成电路制造装备、80%的石化设备、70%的数控机床、95%的医疗装备依赖进口，自主创新是国家的重大战略抉择。周琬[21]认为切实发挥自主创新在转变经济发展方式中的中心环节作用，对于保持我国经济平稳较快增长有很强的积极作用，要多举措并举发挥自主创新在转变经济发展方式中的中心环节作用。

（3）自主创新能力研究。自主创新能力是一个国家科技、经济和社会事业发展的决定性因素，是国家竞争力的核心，是强国富民的重要基础，是国家安全的重要保证。企业自主创新能力是国家自主创新能力的基础，企业创新能力决定了国家的经济竞争力，要增强我国自主创新能力，必须以企业为主体。[22]张广科[23]从人力资源管理的角度论述了人力资本的知识扩张与企业自主创新能力的关系，认为企业内部人力资本的知识扩张能力决定了企业自主创新能力的高低，并且受到企业人力资源管理活动的影响。邵云飞主持的国家社会科学基金项目“提高自主创新能力的理论与对策研究”运用社会网络和复杂网络理论与方法，深入地揭示了基于网络视角的产业集群创新网络的微观结构对集群自主创新能力的作用机理，并在集群自主创新的竞合、学习、扩散和激励单因素模型研究基础上，系统地研究了集群自主创新的综合动力。[24]

（4）自主创新的策略选择。2005年后，有关自主创新的新内涵下的策略选择的研究文献逐渐出现。刘娜[25]分析了超大型、大型、中小型企业的特点及对原始创新、集成创新和引进消化吸收再创新三种自主创新实现形式选择实施的策略，提出了特大型、大型和中小型等不同层次创新主体对技术创新三种实现形式的选择实施策略。郭海、李垣[26]分析了企业不同治理机制与经营者管理创新能力发挥与自主创新之间的关系。谢科范等[27]在对原始创新、集成创新和引进消化吸收再创新三种主要的创新模式的特点、适用条件、典型案例等进行比较分析的基础上，提出了基于资源集成的企业自主创新模式。原长弘等[28]采用博弈分析方法分析了我国现阶段企业原始创新、集成创新和引进消化吸收再创新的选择策略，揭示了企业在三种自主创新策略中选择的理论条件，解释了目前我国企业自主创新策略选择的现实格局。

我国其他学者在自主创新研究领域也取得了一些很有价值的研究成果，这些研究大多从经济学或社会学的角度进行分析，把注意力放在自主创新的迫切性和意义上，对创新方式选择的研究也仅是限定在自主创新三种方式内的讨论，忽视了现阶段我国国情对不同创新方式的要求。

二、集成创新研究

集成创新的理论研究始于 20 世纪 70 年代。为应对动态环境给企业技术创新带来的挑战，Dillon、Dosi、Utterback 等分别从内外部技术创新要素集成的角度探讨了企业技术、组织、制度、管理、文化的综合性创新，指出提高企业技术创新成效的关键在于合理处理好上述各种要素的匹配关系，发挥协同作用。在这一阶段，技术创新管理的内部要素集成思想已经逐渐明朗。后来，Pisano[29] 论证了企业内部不同的技术知识源的集成对产品绩效的影响；Lin 和 Dwver[30] 分析了全球化背景下制药行业的产品开发战略、过程和绩效，强调了该行业产品创新活动中用户集成的重要意义，指出“集成是对风险的规避策略”。

20 世纪 90 年代，美国哈佛大学商学院 Marco Iansiti 教授[31] 在其代表作“Technology Integration”中提出了“集成创新”的概念体系。这一概念主要是在新技术和新市场的不断出现，使现代企业必须不断地处理不连续的技术变化的背景下提出的。遗憾的是，Iansiti 提出的“技术集成”概念仅存在于单个产品开发过程中，侧重于创新的技术端。

Petroni[32] 在 Iansiti 等研究的基础上论述了基于企业能力的集成创新，指出企业内部集成能力等同于建构能力，对应于产品的设计、制造环节，企业的外部集成能力对应于产品的概念创造环节，并在此基础上提出了“超胜任集成” 的概念，拓展了基于动态能力的战略管理的视角。Verona[33] 研究表明，内部集成能力、外部集成能力、技术能力、营销能力对产品创新效率和工艺创新效率都有显著影响。Durand[34] 指出，“产品开发”的概念过程伴随着企业对外部知识信息的集成，产品开发的实施过程伴随着企业内部信息、人员、团队、部门的集成，对内外部知识交流与融合的管理影响着企业的创新绩效。

Hardaker[35] 通过研究欧洲制造业企业的产品开发管理，把企业的集成创新分解为技术层面、管理层面和文化层面。这里的技术层面就相当于前面 Iansiti 所提出的技术集成。他首次把“管理”作为集成要素引入集成创新体系中来，并认为集成创新是多部门、多职能、多组织的融合创新，必然涉及多类人员的聚集，而他们对创新的态度、思维方式等存在差异，因此必须实现文化的集成整合。

在 Iansiti、[36] Clark [37] 和 Fujimot [38] 的研究中可以发现“用户集成”（Customer Integration）、“内部集成”（Internal Integration）和“外部集成”（External Integration）等概念。用户集成强调企业和市场之间的相互适应和相互学习，旨在促进用户信息和企业产品开发环境之间的相互匹配；内部集成则强调企业内部知识基础之间的匹配、信息单元间的集成；外部集成则强调企业对其外部知识网络、价值网络的适应。实际上，此时的集成创新已经突破了最初的企业内部技术集成的限制，将集成创新从内部扩展至内外结合，集成要素也由单一的技术集成拓展为技术、知识、管理和组织等多要素的集成。

我国学者从 20 世纪 90 年代开始专注于集成创新的有关研究，逐步形成了有关集成创新方面的研究成果，主要集中在集成创新的内涵和模式、运行机制及集成创新能力评价等方面。

李宝山 [39] 认为，集成创新是一种创造性的融合过程，即在各要素的结合过程中，注入创造性的思维。也就是说，要素仅仅是一般性结合在一起并不能称为集成，只有当要素经过主动的优化选择搭配，相互之间以最合理的结构形式结合在一起，形成一个由适宜要素组成的相互优势互补、匹配的有机体时，这样的过程才称之为集成。我国著名的技术创新专家傅家骥、许庆瑞等人对影响创新结果的因素、作用机理等进行了大量深入的研究和探索，从中得出了不少蕴涵集成思想的研究成果，进一步丰富了集成管理研究的内涵。其中，许庆瑞与陈劲合作完成的“企业创新系统”的研究，陈劲、江辉合作完成的“集成创新模式、评价与案例”，许庆瑞提出的“全面创新管理”等构成了中国企业集成创新管理的雏形。[40] 曹利军 [41] 等认为集成创新体系是一个系统的、动态的概念，系统整体功能的发挥取决于其构成要素之间的结构比例及其耦合机制，其体系由过程和环境两大部分构成，并包含各类要素。游达明 [42] 从嵌入性视角研究了企业集成创新模式，分析了企业集成创新的社会关系嵌入性、结构嵌入性和混合嵌入性特征，并在嵌入性特征分析的基础上提出了企业集成创新的契约模式、科层组织模式和网络模式。桂萍 [43] 认为动态技术联盟是企业集成创新实现的组织形式，提出了集成创新实现的三维机制：信任机制、整合机制和协同机制。李文博 [44] 在理论上阐述了企业集成创新的复杂耦合系统，并探讨了该系统的深层耦合机理。

关于集成创新能力，大多数学者从技术集成、知识集成和组织集成三个层面构建集成创新能力评价指标体系。江辉、陈劲[45]设计的集成创新过程评价指标体系由技术集成能力、知识集成能力、组织集成能力三个层面构成，并把三个层面分解为20个具体指标加以评判。史宪睿、金丽、孔伟[46]认为企业集成创新能力是企业通过集成创新模式实现企业竞争力的能力，企业集成创新能力是由各种能力要素连接而成的能力系统，包括战略集成能力、知识集成能力、组织集成能力。李文博、郑文哲[47]认为企业集成创新能力评价体系的维度应包括技术集成能力、战略集成能力、组织集成能力和知识集成能力，在集成创新评价指标要素权重的确定上采用改进的AHP结合模糊评价法。

综上所述，集成创新是现阶段我国企业自主创新的最主要方式，现有关集成创新的研究大都停留在自主创新的层面上，研究集成创新的内部性问题，而对集成创新的外部性问题并未过多涉及，未能充分考虑自主与合作、集成与合作的关系，研究集成创新与合作创新协同作用的理论成果还较少。

三、合作创新研究

技术的日益复杂化、大型化和专业化，使得技术创新的专业性不断加强，从而使合作创新成为理论界和企业界广泛关注的一种重要的技术创新模式。20世纪80年代以来，国内外关于企业合作创新的研究大量涌现，众多学者对合作创新的内涵、动机和形式等方面展开了多角度的研究。

国内外研究对于合作创新概念的内涵界定有所不同。国际上跨组织合作创新主要侧重于创新的前期阶段，即研发阶段。因此，国外学者主要采用“研发合作”（R&D Cooperation，Cooperative R&D）这一概念，并认为其本质是基于分工的一系列创新活动，在创新过程中某一阶段存在着其他创新行为主体的参与，就可认为是合作创新[48]。我国企业在技术创新的各个阶段都存在着合作的可能性和必要性，不仅研发需要合作，在创新后期即工程化、商业化阶段往往也存在合作的现象，因此“合作创新”的概念比较适合我国的国情。傅家骥[17]认为合作创新是指企业间或企业、研究机构、高等院校之间的联合创新行为。苏敬勤、王延章[49]把合作创新定义为各合作技术创新的要素主体以各种形式的合作方式为手段，以提高企业能力为标志，以各参与方的效用函数取得一致或效用函数的主要分量取得一致为目标的活动。合作创新通常以合作伙伴的共同利益为基础，以资源共享或优势互补为前提，有明确的合作目标、合作期限和合作规则，合作各方在技术创新的全过程或某些环节共同投入、共同参与，共享成果、共担风险。[50]

关于合作创新的动因，国内外学者大都从交易成本理论、产业组织理论和资源基础理论展开论述，既有理论分析又有实证检验。Robertson[51]和郭晓川[52]等运用交易成本理论论述了企业合作创新的动机。Martin[53]利用参与欧盟框架计划、尤里卡计划的合作创新的1000多家企业的数据，研究了产业变量（研发强度、溢出效应、专利效果和产业集中度）和企业变量（绝对和相对规模、参与合作创新的经历）同合作创新的关系，发现知识扩散变量（溢出效应延迟、专利的有效性）与企业参与合作创新显著负相关。也就是说，企业如果很难独占创新的收益，那么就很愿意参加合作创新。刘宏、杨克华[54]从企业规模、产业集中度和进入壁垒三方面分析了我国企业的合作创新行为。

近年来，我国许多学者开始从知识资源的角度探讨企业的合作创新行为，提出了知识溢出和知识共享是合作创新基础的观点。王娟茹[55]通过对基于知识共享的企业合作创新博弈模型的分析，得出了“企业知识互补程度越高越容易进行合作创新”的结论。邹艳、叶金福等[56]对共建模式下企业合作创新知识转移的影响因素进行了实证研究，结果表明：知识特性、组织学习、合作情景和组织管理等知识转移影响因素对知识转移效果存在直接效应和间接效应。

综上所述，国内学者对合作创新的研究多是介绍国外的相关理论，定性的描述较多，并且研究视角多从交易成本出发，现有的研究主要侧重于对合作创新现象的解释与合作形式的探讨。关于合作创新中技术溢出效应的分析一般都以外生变量来处理。在微观层面，合作创新的研究没有深入到创新主体技术创新的整个过程，未能将合作创新与自主创新融为一体。在前人研究的基础上，本书试图研究合作创新的内部运作机制，并将其与企业集成创新进行融合，探寻两者的相互作用机理，以期对我国企业自主创新政策的制定有所裨益。

四、知识创新研究

知识创新与知识管理同步产生，并包含在知识管理的范围之内。知识管理最早见于霍顿[57]1979年的著作中，他从资源管理演化的角度提出了这个概念，但学术机构和企业深入进行知识管理方面的探索和实践却是从20世纪90年代才开始的，到目前为止理论界对知识管理还没有形成统一的认识。巴斯[58]认为，知识管理是指为了增强组织的绩效而创造、获取和使用知识的过程。David J. Skyrme博士认为，知识管理是对知识及其创造、收集、组织、传播、利用等一系列过程的显性的、系统化的管理，它注重于将个人知识转变为组织知识并使之得到适当的运用。Wiig[59]认为，知识管理主要涉及四个方面：自上而下地监测、推动与知识有关的活动；创造和维护知识基础设施；更新组织和转化知识资产；使用知识以提高其价值。Elias Safdie 和 Ray Edward[60]指出，“知识管理是使人、过程以及技术完美地结合起来，以使组织机构的与信息相关的成分，变成为企业带来价值、优势和利益的直观动态的知识财富集合。知识管理是一种文化、生活的方式，或者说是一种做事的方式”。

最初的知识管理侧重于知识的技术层面，强调对已有知识运用技术手段加以编码、转移和储存以方便知识的应用，而对知识创新过程的描述则较少涉及。管理学专家野中郁次郎[61]于 1995 年提出了组织知识创新的 SECI 模型（以下简称知识螺旋模型），对知识创新的过程进行了详细描述，开创了知识管理研究的新天地。此模型基于隐性知识与显性知识的划分，定义了两种知识相互转化的四个过程，即社会化、外在化、联结化和内隐化。后来，野中郁次郎引入“场”的概念进一步丰富和完善了知识螺旋模型。知识螺旋模型较为客观地把握了组织知识的活动规律，揭示了隐性知识和显性知识之间的纵向流动和在不同主体之间的横向流动，以及横向流动与纵向流动的交互作用，为企业知识创新提供了科学的模型。此外，Wiig[59]认为知识创新包括知识的生产与获得、知识的编辑与传播、知识的吸收、知识的应用及其价值实现四个过程。Spek[62]将知识创新分为四个过程：开发新知识、现有知识及新知识的保护、知识的扩散、应用可用知识到产品与服务。

随着知识在经济发展中作用的凸显，我国学者也广泛开展了知识管理方面的研究。齐建国[63]等对知识经济与企业管理的有关内容进行了研究，提出了我国面对知识经济挑战的对策。赵曙明、沈群红[64]重点研究了知识企业的知识管理，提出了中国知识企业发展的思路。王方华[65]探讨了企业知识管理的运行机制、知识共享机制及风险防范体系等。此外，有些学者结合中国的国情，深化了对知识管理特征的理解。徐锐[66]将知识管理的特征概括为五个方面：企业知识管理的生命力在于知识创新；人是企业知识管理的关键；信息技术是企业知识管理的工具；知识产权保护是企业知识管理的重要内容；知识主管的设立是实行企业知识管理的组织保障。盛小平[67]认为，知识管理的特点主要表现在以下六个方面：一是重视人的作用和人的发展；二是重视创新；三是重视知识资产的贡献；四是重视社会整体发展目标；五是重视知识集成管理；六是重视效益模式的转变。

知识创新与技术创新具有相通性，一些学者对两者之间的相互关系进行了初步探索。李江、和金生[68]从知识角度探讨了技术创新的实质，认为技术创新就是创新性知识的产生和应用过程，并在此基础上论述了知识管理与企业技术创新决策之间的关系。张子刚等[69]探讨了知识管理对企业技术创新过程中的能动作用，认为知识管理将影响企业技术创新过程的模式、改变技术创新过程的速度、影响企业对创新类型的选择，并深入研究了能动效应产生的机理。谢洪明、刘常勇[70]探讨了技术创新类型与知识管理类型之间的对应关系，并通过实证研究验证了技术创新绩效与应用正确知识管理方法之间的正向作用关系。于晓宇、谢富纪[71]等认为知识管理与高技术企业技术创新模式具有较强的耦合性。一方面，知识管理水平的提高能够影响高技术企业技术创新模式的选择；另一方面，技术创新模式的演进也会促进高技术企业知识管理水平的提高。因此，应该从两者的耦合性上把握知识管理与技术创新的关系，并将知识管理的重点聚焦在推动技术创新模式的演进上，进而全面提升技术创新绩效。

在知识经济时代，知识及创造知识和运用知识的能力，已经成为企业获得可持续竞争优势的关键因素，可以说，组织就是一个不断进行知识创新进而保持其竞争优势的实体。[72]对于企业来讲，如何进行知识创新并对之进行行之有效的管理，已经成为亟须解决的问题。然而，当前尚未形成一套完整的理论体系，对知识创新与企业技术创新之间的关系虽有了一定的认识和研究，但大都集中在技术创新的整体层面，从微观层面分析技术创新的知识运作，尤其是集成创新与合作创新知识运作机理的研究还不多见。

第三节　主要研究工作

一、研究问题的提出

由上述分析可知，目前在我国企业技术创新研究领域仍然存在着许多问题亟待解决，投入不足是重要的一个方面，而更重要的问题是技术创新方法的选择，其对技术创新的成败和成本起着关键性的作用。集成创新是当前我国企业自主创新的最重要方式，合作创新又是解决当前我国企业创新资源严重不足的有效方法，两者的协同发展有助于我国企业短期内实现技术追赶甚至超越。但是，不少企业在创新实践中还存在着顾此失彼的现象，对集成创新与合作创新间关系的认识还不清晰，还未找到有效利用两种创新方式提升创新能力的途径，未能充分发挥两者的合力作用，一定程度上导致了企业创新绩效的低下。当前的理论研究在探讨企业技术创新选择时，要么强调集成创新，要么强调合作创新，而把两者结合起来的研究相对较少。因此，研究集成创新与合作创新之间的关系，探究两者的融合路径，发挥集成创新与合作创新的协同作用，对提高我国企业创新能力、增强核心竞争力，最终实现自主创新有着积极作用。

技术创新是企业生命的组成部分，是企业创造并维持竞争优势的重要手段。知识是财富和可持续竞争优势产生的主要来源，知识及知识的创新能力已经成为企业核心竞争力的最终来源。创新与知识在企业发展中重要性的日益突出使得知识与创新的关系正变得日益紧密，越来越多的研究者开始从知识的角度研究企业创新，这为从知识创新的角度研究集成创新与合作创新的协同作用关系提供了理论上的可行性。依据现有的理论支持与借鉴，本书将从知识创新的角度对企业集成创新与合作创新的契合及其实现进行理论和实证研究，以期为我国企业选择合适的自主创新方式提供理论支持。

二、研究内容

本书的主要研究内容包括四个方面。

（一）集成创新与合作创新知识属性研究

在现有理论研究的基础上，从集成创新与合作创新的一般概念出发，分析集成创新与合作创新的内涵和特征，提出集成创新与合作创新具有相同的本质属性的理论假设，之后通过对典型的集成创新与合作创新案例的差异和共性分析，最终得出集成创新与合作创新都属于知识创新的特殊形式的研究结论，为集成创新与合作创新的知识螺旋契合模型的构建奠定理论基础。

（二）集成创新与合作创新知识螺旋契合模型构建

在第一部分研究结论的基础之上，运用知识创新和技术创新的基本理论，分析集成创新与合作创新的知识运作机理，进而构建集成创新知识螺旋模型、合作创新知识螺旋模型，以及集成创新与合作创新知识螺旋契合模型，为后续研究提供概念基础和分析纲要。

（三）集成创新与合作创新知识螺旋契合实现机制研究

通过对集成创新与合作创新影响因素的理论分析，归纳出影响集成创新与合作创新知识螺旋契合实现的关键因素。在此基础上，通过典型案例研究分析集成创新与合作创新知识螺旋契合实现机制，并构建知识创新导向人力资源管理和集成创新与合作创新知识螺旋契合间关系的理论模型和要素间关系假设，通过问卷调查收集相关数据，对所构建理论模型和研究假设进行检验。

（四）集成创新与合作创新知识螺旋契合组织效应研究

集成创新与合作创新知识螺旋契合的组织效应是检验契合有效性的标准之一。在前述研究的基础上，构建集成创新与合作创新知识螺旋契合组织效应的理论模型和要素间关系假设，通过问卷调查收集相关数据，在对测量量表进行信度和效度检验的基础上，对上述研究假设进行验证。一方面用以检验集成创新与合作创新知识螺旋契合的有效性，另一方面用以确定集成创新与合作创新知识螺旋契合对组织创新绩效的作用机理。

三、研究方法和技术路线

对应上述研究内容，采用的研究方法和技术路线如图 1-1 所示。

本书在研究过程中具体用到以下研究方法：

（1）文献分析与案例研究：广泛阅读、归纳和总结技术创新、集成创新、合作创新、知识创新等领域的已有研究成果及最新进展，确定本书的研究视角，形成研究思路；通过对集成创新与合作创新个性和共性分析，以及典型案例分析，构建集成创新与合作创新知识螺旋契合模型及实现机制。

（2）问卷调研：通过设计具体的测量问卷，针对具体的研究对象，获取理论研究所需的观测数据。为研究集成创新与合作创新知识螺旋契合关键要素间的作用机理，以及检验集成创新与合作创新知识螺旋契合的有效性，本书主要通过问卷调查的方式收集相关数据。

（3）数据分析：本书运用 SPSS16.0 和 AMOS7.0 软件检验测量量表的可信性和有效性，并运用结构方程方法验证理论分析所提出的要素间关系假设，在实证检验的基础上确定集成创新与合作创新知识螺旋契合实现机理。

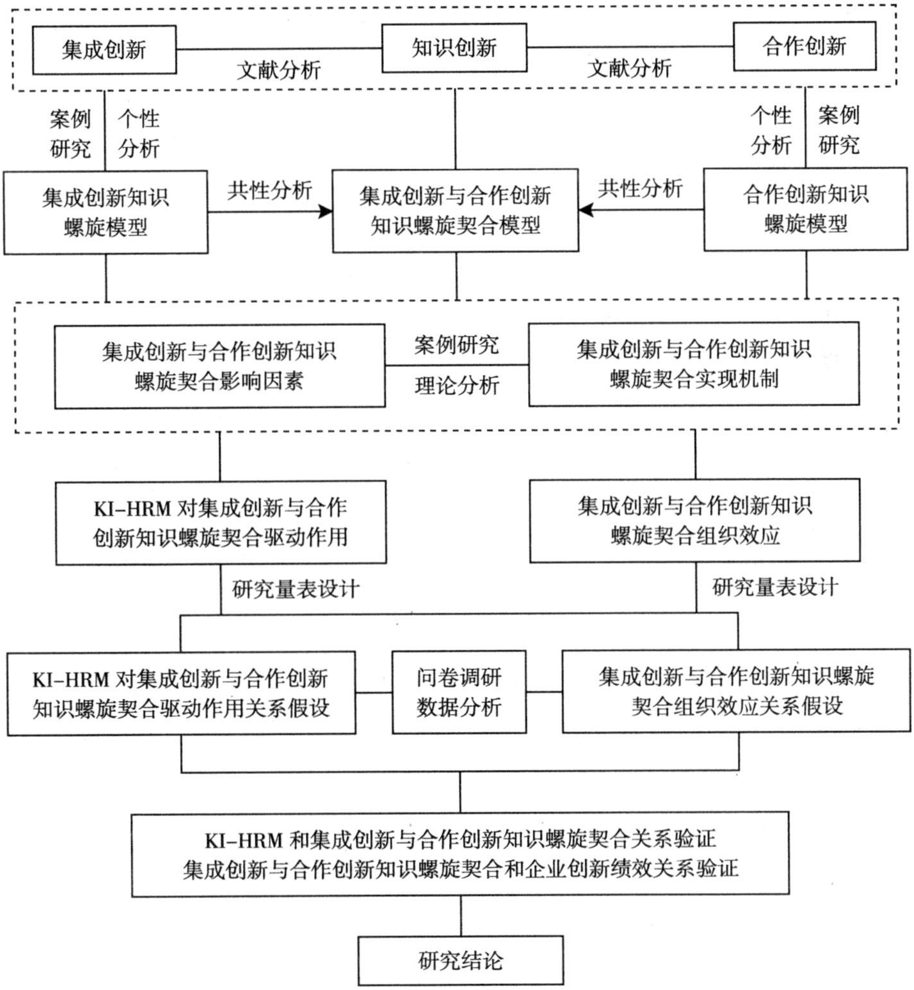

图 1–1 研究方法与技术路线

第二章　集成创新与合作创新契合要素研究

集成创新与合作创新是适应我国当前国情的两种重要创新方式，企业自主创新能力的提升有赖于两者的有效契合，而选择合适的契合要素是集成创新与合作创新有效契合的前提条件和基础。本章主要目的是通过对集成创新与合作创新契合研究视角的分析，确定集成创新与合作创新的契合要素。

第一节　集成创新与合作创新契合的内涵

“契合”一词在不同时期、不同文献中有着不同的含义。

在古汉语中，“契合”包含三层含义：①用作动词，表示符合；②用作形容词，表示投合、意气相投、合得来；③用作动词，表示结盟、结拜。

“契合”的现代含义有别于古代，突破了古代只用于人的局限，现在多用于表示人或事物之间存在着潜在联系，表示真正的理解（人与人）或完全的匹配(事物)。在形容“人”的时候，契合主要用于感情，表示人与人之间的某种默契；在形容事物的时候，契合主要是表示物质与事件之间的某种相似性。

随着多学科之间的交叉和渗透，“契合”一词被广泛应用，其内涵和外延也在不断扩大。费雪·尤瑞在《哈佛谈判技巧》一书中谈到谈判契合时指出：“契合”如果要以一句话来概述的话，则这句话就是：寻找对方损失有限，但对你大为有利的项目；反之亦然。

在社会科学研究中，“契合”一词多用于表示存在于两种客体之间的某种关系。张利飞等在研究人力资本投资与企业技术创新战略的契合关系时，将契合划分为中介效果、交互作用、配适度、理想型近似和完形五种含义。Aaker 和

Keller（1990）在研究母品牌和延伸产品之间的契合关系时，将“契合”界定为三个方面的含义：一是互补性，指的是两个产品互为补充，能被共同使用满足某种需要的程度；二是替代性，指的是在满足同一种需要时，两种产品互为替代的程度；三是转移性，指的是生产者将母品牌中的专业知识转移到延伸产品的程度。

从上述关于契合的不同界定中可以看出，“契合”在不同时期、不同学科领域有着不尽一致的内涵。在社会科学研究中，“契合”一词也并无固定的含义，研究者大都根据研究视角、研究对象和研究内容的不同在契合本质内涵的范围内规定了具体的契合含义。在当前的创新研究中很少有人研究集成创新与合作创新之间的协同效应，从契合的角度研究两者之间关系的成果更是少之又少，因此，当前并没有成熟的集成创新与合作创新契合的概念可以借鉴。

虽然当前理论界对集成创新与合作创新间相互作用关系的认识还不是很清晰，但集成创新与合作创新均有助于企业自主创新能力的提高已得到基本认同，即集成创新与合作创新具有目标一致性。基于此，本书从提高企业自主创新能力的角度，将集成创新与合作创新契合界定为两者之间的协同发展关系，两者可以通过一定的作用机制实现相互补充、相互促进和协调发展，最终促进企业自主创新能力的提高。

第二节　集成创新与合作创新契合实现过程原理

契合是将本来没有联系或联系并不紧密的两组变量通过第三者建立联系的过程。图 2-1 诠释了 A 和 B 的契合实现过程。为简单起见，我们用人与人之间的契合来解释这一实现过程。A 和 B 是原本并不相识的两个人，然而 A 和 C 是朋友，B 和 C 也是朋友，那么 A 和 B 就可以通过 C 的作用成为朋友。但这只是说 A 和 B 有通过 C 成为朋友的可能，并不能保证一定会成功，其实现过程会受到诸如时间和场景等因素的影响，这时就需要某种外部力量推动 C 去帮助 A 和 B 实现契合。例如，A 和 B 有成为朋友的需求，主动寻求 C 的帮助，或者在 A、B 和 C 之外还存在一个外部人 D 去推动 C 实现 A 和 B 的契合。

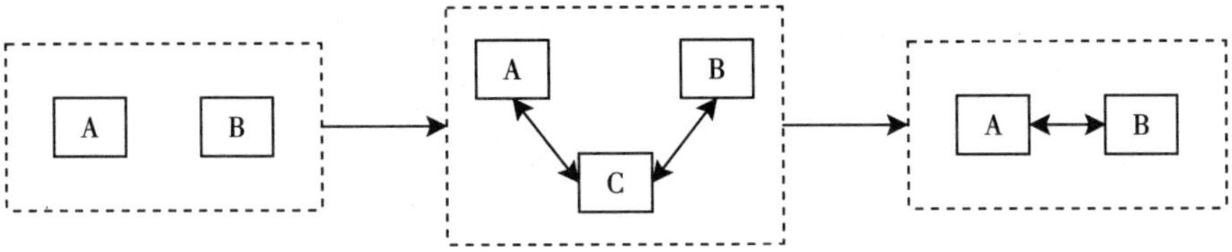

图 2-1 A 和 B 契合实现过程

本书试着将 A 和 B 契合的原理扩展至企业集成创新与合作创新，认为集成创新与合作创新的契合也遵循同样的原理，并将集成创新与合作创新契合的实现过程划分为四个阶段。首先，集成创新与合作创新必须有契合的客观需求，即集成创新与合作创新契合必要性的分析；其次，探寻集成创新与合作创新的共有联系（契合要素），即寻证集成创新与合作创新契合的可行性，并构建基本的契合关系；再次，寻找契合实现的推动力量，建立集成创新与合作创新契合的实现机制；最后，验证所构建契合实现路径的有效性。企业集成创新与合作创新契合的实现机理可以用图 2-2 来表示。

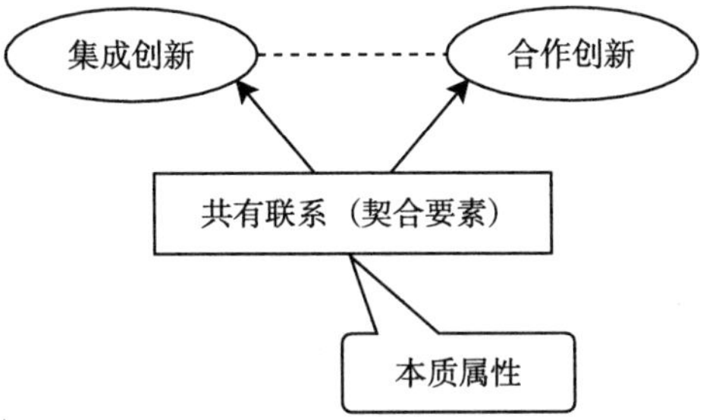

图 2-2 集成创新与合作创新契合实现机理

第三节 集成创新与合作创新契合研究视角的选择

一、来自 P-O 契合的借鉴

P-O 契合即个人—组织契合，属于人与环境互动理论的范畴，是组织管理研究中较为成熟的理论之一。研究 P-O 契合的内涵、模式等对于正确地理解集成创新与合作创新契合的内涵，探寻集成创新与合作创新契合的路径具有较强的借鉴意义。

P–O 契合源于一个更宽泛的概念——P–E 契合（个人—环境契合）。P–E 契合是指当个体与工作环境的特点很好地吻合时所产生的两者之间的一致性，其基本假设就是当个人的特征和环境相匹配或是相一致时，会产生更好的个人和组织结果，如更高的工作满意度、组织绩效等。[73] 研究者大都认为个人—组织契合代表了个人与组织的兼容性，但对于兼容性含义的界定却各不相同。Muchinsky 和 Monahan [74] 在前人研究的基础上率先提出"了相似性契合"和"补偿性契合"的概念。相似性契合是指个体拥有与组织中的其他个体相似的特征。如果个体的人格、价值观、目标和态度与组织的文化、价值观、目标和行为规范相一致时，相似契合就产生了。Kristof [75] 认为，个体知觉到自己与组织或组织中其他成员的相似性是个人—组织契合的主要形成途径。组织有时间、精力、承诺、经验等资源需求，而员工则有经济、身体、心理等资源需求和任务相关、人际交往等机会需求；同时，员工和组织具有满足对方需求的特征。补偿契合认为个人和组织都把对方作为实现自己目标的途径。也就是说，当个体或组织的特征正好是对方所需要的时候，补偿契合就产生了。但也有一些研究者提出，补偿契合并不是一种独立的个人—组织契合类型，而是需求—供给契合或需求—能力契合的一种形式。[76]

概括而言，P–O 契合指的是在以下三种情况下个人和组织之间体现出来的相容性：①至少有一方满足了另一方的需要；②他们有相似的基本特征；③以上两者都具备。[75] 在第一种情况下发生的是补偿性契合；在第二种情况下发生的是相似性契合；在第三种情况下则是两种契合同时发生。

尽管不断有研究者尝试对 P–O 契合的概念进行总结，但迄今为止，对 P–O 契合的定义仍然是比较宽泛的。多年来，研究者按照自己对"什么是契合"的理解去进行研究，形成了多种不同的契合理论与模式。概括起来有如下几种：

（1）价值观契合模式。O'Reilly、Chatman、Caldwell [77] 认为组织文化对员工的行为有极大的塑造作用，而价值观又是组织文化中最基本、最持久的思想层面，所以应该通过评估员工与组织之间价值观的相容性来考察 P–O 契合。后来，学者将这种契合称为价值观契合模式。

（2）能力契合模式。能力契合模式着眼于员工在知识、技能与能力等要素上要符合组织的要求。Resick [78] 和 Lauver [79] 等的研究证明了能力契合对员工态度和行为的影响。

（3）需求契合模式。需求契合模式以满足员工的需求为出发点，强调组织的供应系统是否与员工的各种需求相适应。该模式认为，如果组织满足了个人的需要，那么个人会对工作感到满意，进而表现出有利于组织的个人行为。

（4）目标契合模式。目标契合模式强调员工个体与组织目标的一致性。支持这种观点的研究者认为，个体会选择与目标相似或能助其达到个人目标的组织；相反，组织也会选择与其目标相似的个体。所以，研究 P-O 契合应该评估个体与组织及个体之间的目标相容性。[80]

（5）人格契合模式。人格契合模式关注员工的人格特征与组织气氛的相容。当员工的人格特征与组织气氛相容时，员工会有较高的工作满意度和组织承诺；相反，员工会有较低的工作满意度和组织承诺。[81]

随着研究的深入，越来越多的学者注意到了 P-O 契合的动态性特征。[82] 我国学者赵慧娟、龙立荣[83] 认为，员工与组织的契合是一个动态的交互过程，静态的研究视野不能完全反映员工与组织交互作用的真实情况。

基于上述有关 P-O 契合理论的分析，可以得到以下几点启示：首先，集成创新与合作创新契合可能存有多种模式和实现路径；其次，集成创新与合作创新的契合具有动态性特征；最后，组织可以通过有效的契合管理来促进两者的契合，并巩固两者之间的契合关系，以提升企业自主创新能力。

二、集成创新与合作创新契合研究视角

通过对 P-O 契合的分析，我们得知契合具有动态性和情境依赖性。任何一种契合模式都需要特定的情境与之相匹配，离开了契合情境，原有的契合关系或明显减弱或不复存在。所以，研究企业集成创新与合作创新的契合首先必须选择契合模式和适宜的情境，之后再去研究契合的实现机理。一般认为，集成创新与合作创新属于不同研究范畴，集成创新是自主创新的一种方式，而合作创新是在企业无法实现自主创新时的一种次优选择。从结果导向来看，集成创新与合作创新都是为企业自主创新服务的，即使合作创新不属于自主创新的范畴，我们也不能否认合作创新对提高企业自主创新能力的作用。从合作创新绩效的提升来看，有学者认为，合作创新绩效能否提升，关键在于合作中的企业，合作创新绩效最终是由成员企业的创新绩效决定的。[84][85] 因此，无论是集成创新抑或是合作创新，最终的创新绩效虽然都会受到一些外部因素的影响，但主要决定于企业内部因素。因此，本书从提升企业自主创新能力的初衷出发，选择内部视角研究企业集成创新与合作创新的契合。

第四节　集成创新与合作创新契合要素的选择

一、集成创新与合作创新契合点的确定

自主创新包括原始创新、集成创新和引进消化吸收再创新三个方面。为了掌握核心技术、增强企业的核心竞争力，必须大力推进原始创新，力争实现科学技术发展的跨越，但是限于当前我国的发展水平，在产业发展和工程建设中更多的是后两种创新。现代化的产品开发、生产革新、工程建设或者原有的产品或工程改造升级，大多采用系统集成创新的思路。在当前的技术创新领域中，这是创新的主要形式。此外，在原始创新中，大部分也含有系统集成的成分。因为现代化的技术和经营管理，依靠的是不同领域中的原理、方法和工具，一般既没有可能又没有必要百分之百地从头开始，大多数只是在关键部分有原创性，可以说，一切创新都是和系统集成分不开的。在实践中，整体上完全从无到有的原始创新是比较罕见的，当前的新产品、新生产流程、新经营管理模式及大型新工程多半是系统集成创新的产物。系统集成创新具有重大的经济价值，它同样可以成为实现技术跨越的突破口，有利于从我国当前发展水平出发进行技术创新和管理创新。[2] 因此，就当前国情来讲，集成创新是我国企业自主创新的最主要方式。

就技术本身的特点来说，在高新技术时代的今天，随着技术复杂程度的不断提高和不同技术之间交叉融合的趋势日趋明显，一个企业不论其规模有多大，技术实力如何雄厚，技术涉及的领域如何宽广，它都不可能同时具备技术开发所需的各个领域的技术能力，这将是制约单个企业从事重大技术创新活动的“瓶颈”。在技术竞争日趋激烈的今天，残酷的现实不允许企业花费过长的时间来全面地“培植”自己的技术。而合作创新是克服这种“瓶颈”制约的最有效途径，一个企业只有与其他的企业合作，才能使优势技术互补、增强自主研发能力，从而提高技术创新的速度。[86] 因此，对企业来讲，合作创新的最终目标是实现企业的自主创新。

就创新成果而言，大多数创新成果同时包含集成与合作的成分，如现代运载火箭、波音飞机、神舟飞船等，既是多种技术、方法和人才集成的结晶，同

时又是多家组织通力合作的产物。因此，集成创新与合作创新是不可分割的，具有目标一致性。对企业而言，集成创新与合作创新是实现既定技术创新目标的两种方式。

综合以上分析可知，集成创新与合作创新虽然属于不同的创新范畴，但两者的最终目标都是实现企业的自主创新，提高企业的核心竞争力。鉴于此，本书依据目标契合模式，选择自主创新作为集成创新与合作创新的契合点。

二、集成创新与合作创新契合要素的确定

契合点是契合的方向和行动目标，在既定契合方向下，契合要素的选择是决定契合能否实现的关键。关于契合要素的选择，当前并没有形成统一的标准。一般认为，对于两个具有不同本质特性的变量，应该从变量间的功能互补或结构特征角度考虑变量的契合（如影碟和影碟机的契合），对于具有相似属性和相似功能的变量，应该从变量间的本质属性或特征去考虑变量间的契合，以保证契合的长效性。[87][88]

集成创新与合作创新作为实现自主创新的两种方式，具有相似的本质属性和功能。因此，本书从集成创新与合作创新的本质属性出发来选择两者的契合要素。

随着信息化社会和知识社会的来临，知识及知识创新日益受到人们的关注。无数作者都强调了知识在组织中的重要性。Cole（1998）曾经指出知识是财富和可持续竞争优势产生的主要来源。Davenport 和 prusak（1995）更指出，企业的可持续性竞争优势来自于它整体所知道的东西、获取和使用新知识的快慢程度，以及对其运用的效率。

知识创新理论扩展了创新的概念。West M.A.[89] 认为，创新是有目的地引入和应用新知识的过程。Leonard D.[90] 认为，创新是在隐性知识作用下，包含一定反复性的线性过程。对创新的理解，虽然因人而异，但基本都包含知识的发现、创造和应用过程。

企业知识资源基础理论认为，企业创新活动是知识资源的获取、使用和新知识的创造过程，知识管理水平影响着企业创新活动。Mcelroy[91] 的研究结论显示，知识创新是企业保持创新能力的关键。Lester[92] 通过案例研究证实知识管理和新技术的应用能够增加企业创新。Tranfield[93] 解释了知识管理活动对创新的发现、实施和提升过程的支持作用。Mcadam[94] 把知识管理看做是创新的“催

化剂”，论证了知识创造、内化、传播和应用对创新的推动和促进作用。

企业集成创新的本质是通过对企业内外知识的集成，实现企业的快速技术创新机制。王众托[2]提出，集成创新需要使用多种方法和技术，涉及多个领域和部门，这就涉及不同的知识，需要把这些知识集成起来才能发挥功效。由于系统集成创新涉及系统及其组成部分的知识，还涉及新技术、新方法的创造，这种创造的实质是新知识的生成和应用，因此，在系统集成创新中，知识的集成和创造占有极其重要的地位。

企业知识基础观认为，知识以及与知识密切相关的认知学习是隐藏在能力背后的决定因素。这种观点强调，企业之间的知识差异不对称性是企业进行合作创新并创造新能力的基础和利益所在。裴学敏、陈金贤[95]认为，合作创新建立在知识活动的基础之上，各参与主体投入互补性知识资产，通过主体间的相互作用传递知识，经过知识流动和共享，产生协同作用，创造出新的价值。在此过程中，知识资产扮演着十分重要的角色。

从知识的角度看，集成创新与合作创新虽是两种不同的创新方式，有不同的创新主体、不同的组织形式和不同的实现模式，但两者又拥有相同的实现载体——知识。无论是集成创新，抑或是合作创新，都内含有知识的运动，离开了知识的支撑，集成创新与合作创新都无从实现。因此，本书提出如下命题。

命题 1：集成创新与合作创新具有相同的知识运作特性，两者都是知识创新的特殊形式。①

综上所述，从创新的本质特征来看，集成创新与合作创新具有相同的本质属性，两者都是以知识为载体，均可以被认为是知识创新的特殊形式。因此，本书将“知识”选定为集成创新与合作创新的契合要素，运用知识创新与知识管理的相关理论研究集成创新与合作创新的契合机理。

① 该命题的检验详见第三章。

第三章　集成创新与合作创新知识属性研究

集成创新与合作创新已经成为我国企业实现自主创新的两种重要方式，两者的协同发展对增强企业自主创新能力、提高核心竞争能力有着不容忽视的作用。当前理论界虽然对集成创新与合作创新已经有了较为深入的研究，但关于两者的本质和共有属性的研究依然比较缺乏。这在一定程度上造成了集成创新与合作创新的割裂，对企业的创新实践也产生了一些不利影响，未能从理论上对集成创新与合作创新的融合提供支撑和指导。认识集成创新与合作创新的本质属性、了解两者之间存在的共有关系，对于更好地把握集成创新与合作创新的运行规律、发挥两者的协同和合力作用有着重要意义。

同时，集成创新与合作创新的知识属性研究也是为了验证第二章所提命题**"集成创新与合作创新具有相同的知识运作特性，两者都是知识创新的特殊形式"**，以期为集成创新与合作创新的契合提供前提条件。"相通"与"契合"是两个不可分割的概念，相通是契合的基础和前提，通者可合，通是合的根据。因此，集成创新与合作创新的契合必定以两者的相通为基础。《现代汉语词典》解释，相通就是事物之间彼此连贯沟通。集成创新与合作创新的相通就是两者之间的连贯沟通。通过集成创新与合作创新的共性研究，借以发现集成创新与合作创新的共同点和相通之处，为后文集成创新与合作创新知识螺旋契合模型的建立奠定基础。

第一节　相关理论基础

一、知识的概念、特性和分类

（一）知识的概念

人类对知识的认识虽已经历了几千年的历史，但至今却未能形成对知识的统一认识。知识可能被笼统地定义为“存在于信息及智能间的东西”，或者像“必须被看到或经历从而理解的东西”一样简单，我们似乎都通过经验而非通过定义对知识有一个基础性的理解。[96]

“知识”一词最早来源于哲学领域。苏格拉底认为“德行即是知识”。柏拉图认为知识是“被验证过的真实的信念”，即所谓“真理”。培根认为知识是“经验的成果”，康德也提出了类似的观点，认为“经验是知识的基础”。

随着社会科学的不断发展，“知识”一词逐渐被心理学、经济学、管理学等广泛使用，知识的定义也因学者认知的不同而有所不同。

认知心理学家皮亚杰对知识给予了如下论述：“知识是主体与环境或思维与客体相互交换而导致的知觉建构，知识不是客体的副本，也不是由主体决定的先验意识。”

Turban[97]认为知识乃是经过组织和分析的信息，经过如此处理之后，这些信息才能为人所理解及被应用来解决问题和做出决策。

Nonaka 和 Takeu Chi[98]认为知识是一种有价值的智慧结晶，可以信息、经验心得、抽象的概念、标准作业程序、系统化的文件、具体的技术等方式呈现。知识呈现的形式虽然有很多种，但是本质上都必须具备创造附加价值的效果，否则就不能被称为知识。

Davenport 和 Prusak[99]认为，知识是结构性经验、价值观念、关联信息及专家见识的流动组合。知识为评估和吸纳新的经验和信息提供了一种架构。知识产生并运用于知识者的大脑中。在组织机构中，知识往往不仅仅存在于文件或文库中，也根植于组织机构的日常工作、程序、惯例及规范之中。

Drucker[100]认为知识是能够改变某些人或某些事物的一种信息，它既能使信息成为行动的一种基础方式，也能通过对信息的运用使得某个个体或机构有能力进行改变或采取更为有效的行为方式。

朱祖平[101]认为知识是在对信息的推理与验证基础上得出的经验与规律，而信息是经过处理并被赋予明确意义的数据，数据则来源于原始的、不相干的事实。

通过上述定义可以看出知识拥有多种复合含义，可以是信息、洞察力或经验等多种形态。为便于研究，本书在归纳以上各学者对“知识”定义的基础上提出一个比较宽泛的概念，知识是经过人类思维整理过的，综合了经验、价值、见解、信息而形成的可以用于生产、研究等社会活动的具有创造附加价值效果的智慧结晶。

（二）知识的特性

知识经济时代，知识之所以成为企业新的稀缺资源，是与它所特有的属性密不可分的，知识的特性主要体现在以下几个方面。

1. 知识的共享性

知识的共享性，是指知识的所有者可以在不放弃它的同时将其传递给别人，虽然专利和知识产权会形成某种程度的独占，但这种独占也是有期限的。知识一旦被发现并公布后，增加知识使用者的边际成本极低。当一个成员的知识与其他成员共享时，企业组织的知识存量会成倍增长，而转让知识的成员并不会因此而受任何损失，反而还有可能在转让过程中使其原有知识得以深化，或者获得一些新的知识。知识的共享性成为知识收益递增的基础。著名经济学家克拉克曾指出：“知识是唯一不遵守收益递减规律的生产工具。”在 K. Arrow 对知识传递过程中“溢出效应”的讨论中也可以找到知识共享性的影子。他认为，当新知识被固化在新产品中时，这项知识同时溢出到其他产品的生产和运用中，从而提高了所有老产品和新产品的生产率。[101]也就是说，当发现了一项新技术时，这项技术可以被任何人运用，而在提高他们的劳动生产率的同时也提高了我的劳动生产率。这是一种“公共物品”的性质。罗迈尔的研究也证明，正是技术知识的这种“共享性”，在新古典经济学通常假定的收益递减生产函数中，也可以造成知识投入的收益递增现象。知识遵循收益递增规律使它逐步替代土地和资本等要素，在企业中占据了重要地位。[101]

2. 知识的动态增值性

知识的另一个重要特性是动态增值性，即知识并非一成不变，它可以不断被创新和发展。世界唯一不变的真理就是“变化”，知识的发展变化是永恒的。就个人来讲，人们的知识会随着学习的深入而不断更新，而人的学习是无止境的，所以，个人知识的变化也是无止境的。企业知识处于不断地流入和流出状态，其知识体系也是一个动态的、不断更新的过程。这个过程包括企业内外知识的创新过程、企业与外部知识的交换过程，或者企业主动适应外部环境的过程，以及企业由于外部环境变化而被迫做出改变的过程等。企业知识动态变化的过程也是企业知识不断增值的过程。企业通过各种生产经营活动和技术活动及在此基础上进行的学习活动而获得的知识，总是以动态的方式不断积累着，而且以往积累的知识也会对其以后的各类活动的选择产生影响，从而使企业中知识的积累表现为一种具有路径依赖特性的增长过程。[101] 达芙特[102] 等认为这一过程会经历三个阶段：①关于概念掌握和共同经历的一致认可；②关于这些概念之间联系的认同；③这些相关的概念如何影响每个组织成员观念的相似程度。知识就这样被编码、存储、建立、忘记、恢复、模型化，新的知识不断增加，现有的知识日趋复杂。知识发展的过程是持续的、不断前进的，企业要努力创造一种有利于知识增长、创新的环境。只有在保持知识的动态增长和不断创新的前提下，企业才能做出正确的决策以适应日益变化的外部环境。

3. 知识的人本性

知识在本质上是与人类行动密切相关的。知识的人本性也被称为知识的智力性，亦即知识的产生、储存和应用都是人类意识活动的结果，是人类智慧的结晶。不管何种类型的知识，都是人类经过长期的社会生产实践产生的，是经过脑力劳动总结整理而成的。知识的储存和知识的产生是同步进行的，起初知识是储存在人类的记忆之中。随着语言和文字的产生，人类开始借助于文字等有形介质储存知识。进入信息社会和知识经济时代，知识的储存形态更是多种多样，呈现出了数字化和信息化的趋势。但不可否认，不管知识是以何种形式储存，都是人类为了更好地应用知识而进行的有意识的活动。知识的应用是人类运用已有知识创造新知识的过程。计算机和人工智能等现代工具的产生不仅方便了知识的储存，也扩展了知识的应用领域，提高了知识应用的水平。计算机和人工智能本身不会应用知识，更不会创造新知识，只有通过人的意识性操作才能发挥其应有作用，也只有将存储在人脑这种特殊载体中的知识，经过对照人脑中原有知识基础，进行加工、思维改造和升华后，才能创造出新的知识，也才能实现知识的动态增值。因此，在知识创新过程中，必须注重人的参与，在人的参与过程中不断共享知识，实现知识创新。

（三）知识的分类

根据不同的分类标准，知识可以有多种不同的类型。本书仅从研究需要的角度给出几个比较典型的分类方式。

经济合作与发展组织（OECD）将知识分为四类：①知道是什么的知识（know what），是关于事实方面的知识；②知道为什么的知识（know why），是指自然原理和规律方面的知识；③知道怎么做的知识（know how），是对某些事物的技能和能力；④知道是谁的知识（know who），涉及谁知和谁知道如何做某些事的信息。这四类知识又可进一步划归为显性知识（explicit knowledge）和隐性知识（tacit knowledge）两大类。①类和②类知识属于显性知识，可以通过读书、听讲和查看数据库而获得，③类和④类知识属于隐性知识，主要靠实践积累。

隐性知识和显性知识的划分标准是知识的可言传性和转移的难易程度，此种分类方法被誉为知识的最基本分类，而且多数学者认为隐性知识和显性知识都能通过一定的方式加以获取和创造。[102][103][104] Polanyi[105] 关于隐性知识和显性知识的描述可以被认为是最早的关于隐性知识和显性知识的界定。他认为“显性知识是代表客观性的知识，它必须首先被人们所意会和应用；而隐性知识是代表主观性的知识，它可以通过自身体现出来”。后经众多学者的归纳总结，隐性知识被理解为存在于人们头脑和行为中的借助于直觉、经验、诀窍、灵感、智性直观的那部分知识，难以用语言来表述、难以用文字言传，具有高度个体化并难以形式化的特点。隐性知识是一种只可意会不可言传的知识，是虽然拥有，并经常使用，却又不能通过语言文字符号清晰表达出来并直接传递给他人的知识，即我们知道的多于我们能够言说的那部分知识。显性知识是指那些能够以正式的语言，通过书面记录、数字描述、技术文件、手册和报告等明确表达和交流的知识，是对隐性知识一定程度的抽象和概括，上升为公式、规律和理论，并以文字形式记载下来，从而使其容易表述和交流。简言之，显性知识是可以言传的知识，是我们所知道的并能够言说的那部分知识。显性知识是与隐性知识相对应而言的，共同构成人们的知识体系。对企业来说，隐性知识和显性知识共同构成企业的知识资源。应该指出的是，虽然隐性知识和显性知识是两种不同类型的知识，但现实中我们很难清晰地划分两者之间的界限。如图 3-1 所示。

图 3-1 隐性知识与显性知识的关系

此外，个体知识和组织知识是人们所熟知的两种不同类型的知识，个体知识存在于个体之中，组织知识存在于组织之中，但对两类知识的划分依据却众说纷纭。有学者从知识的产生过程给予界定，他们认为，以分工为基础产生的专业化知识可以被称为个人知识；以协作为基础产生的集体性知识可以被称为组织知识。前者具有个体性，而后者则具有集体性。此种分类标准有一定的局限性，因为虽然个体是新知识的创造者，但在一个组织内，新知识往往不是由单个人创造的，而是在组织范围内通过团队或群体共享知识与专长来产生的。因此，也有学者按照知识的共享程度把知识划分为个体知识、组织知识和社会公共知识（外部知识）三类。还有学者[106]从知识的层次角度将知识划分为个体知识、团队知识和组织知识三个层次。其中，个体知识是存在于个体的经验和技能之中的知识；团队知识是组织内的正式团队或非正式团队所拥有的知识；组织知识是组织拥有的知识，主要包括存在于复杂的组织程序和管理系统之中的管理知识、组织常规程序及技术等。由于组织是由个体和团队所组成的、为实现一定宗旨的系统，因此，组织成员的个体知识和团队知识是组织知识的基础，组织知识并不是个体知识或团队知识的简单相加，而是将个体知识和团队知识系统化后的产物。知识的层次结构如图 3-2 所示。

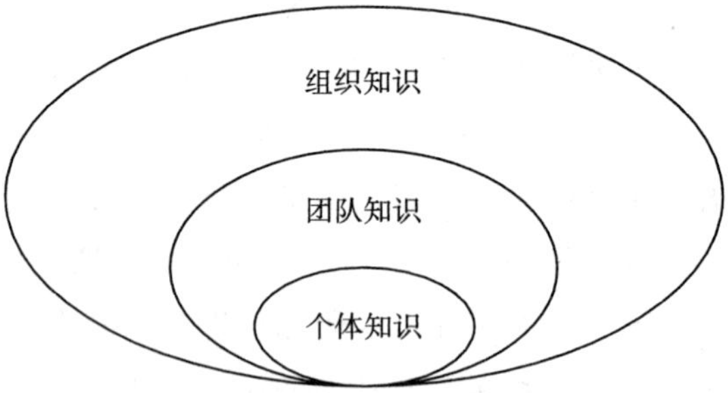

图 3-2 知识的层次结构

虽然对于个体知识和组织知识的分类依据各不相同，但个体知识和组织知识的划分对于研究个体与组织知识的转化和创新依然有着积极作用。

一般认为，组织知识是企业内部有组织的经验、价值观、惯例及相关信息的动态组合，它不仅存在于文件或档案之中，也存在于组织机构的程序、过程和规范之中，甚至人们的大脑里。组织知识不能脱离组织中个人的知识而独立存在，但它又不仅仅是个人知识的总和，而是具有单个个人知识所无法具有的一些特质。在知识创新和产品开发过程中，组织知识尤其是团队知识非常重要，因为大多数知识转移和学习都发生在这一层次。它和个体知识之间还存在一定程度的相互作用，个体知识及个人之间相互作用所形成的知识交流与沟通是组织知识形成的最终基础，也是企业知识创新的源头，个体知识也只有转化成组织知识才能实现功能倍增。

二、知识创新的概念和特征

知识创新是伴随着知识管理理论的建立而逐渐形成的，与知识管理密不可分。在企业管理过程中，从有形资源的管理和生产能力的管理过渡到人才技能和知识运用的管理，这些变化导致知识创新这一新的创新理论的产生、发展和日益成熟。

目前，关于知识创新的定义有宏观和微观两个层次。张凤[107]等从国家创新系统的宏观层次提出了狭义知识创新与广义知识创新的概念。狭义知识创新指通过科学研究获得和创造新知识的过程；广义知识创新指新知识的产生、创造、传播和应用的全过程，不仅包括通过科学研究获得新知识的过程，还包括新知识的传播和应用、新知识的商业化形成产品和服务的过程等。

微观层次的知识创新以野中郁次郎和竹内弘高的定义为主流。所谓“知识创新”，是指通过企业的知识管理，在知识获取、处理、共享的基础上不断追求新的发展，探索新的规律，创立新的学说，并将知识不断地应用到新的领域并在新的领域不断创新，推动企业核心竞争力的不断增强，使企业获得经营成功。[98] 该定义概括了知识创新的内容和基本过程。知识创新不是一个单维的，而是一个动态的持续组织现象，知识的获取、共享和应用构成了知识创新的主要内容和基本环节。

知识创新是一个动态的开放系统。越来越多的理论分析和实证研究证明，来自外部的信息交换与协调对于知识创新具有重要影响和作用。[108] 知识创新是许多参与者之间一系列复杂的、综合的相互联系和相互作用的结果，是一个复杂的系统网络。此外，知识创新充分体现了合作利益。竞争战略将产生输赢格局，一方市场份额的扩大必然以另一方市场份额的减少为代价，合作战略则鼓励通过合作关系建立“双赢”环境。在技术本身和顾客需求快速变化的环境中，合作创新无疑能共享资源、降低风险，为创新提供更多的信息源，知识创新活动也更容易成功。

综上所述，知识创新是一个动态的复杂系统，不仅仅是企业的内部活动，更是企业之间的联合行动。知识创新需要多方位的知识来源，要求企业积极主动地去获取企业外部的知识资源，以保证知识创新目标的实现。由此可知，知识创新包含内部的集成和企业外部的合作，在某种程度上包含集成创新与合作创新的成分。

三、知识创新过程与知识螺旋模型

野中郁次郎认为，知识创新是通过隐性知识和显性知识之间的相互作用来实现的，这一实现过程包含知识转换的共同化（socialization）、表出化（externalization）、联结化（combination）和内隐化（internalization）四种模式。隐性知识和显性知识转化的四个有机过程被形容为创造价值的根本。

（1）共同化也被称为社会化，是隐性知识向隐性知识的转换，是共享体验并由此创造诸如共有心智模式和技能之类隐性知识的过程，是隐性知识在个体之间的转播和共享。知识的共同化表明，个人可以从他人那里不经语言传达而直接获得隐性知识。学徒工与师父一起工作，不用语言而凭借观察、模仿和练习而学得师父手艺的过程即是典型的知识共同化。在商业场合下，在职培训基本上也可以被看做是知识的共同化。值得提出的是，知识共同化的关键是获得相同的体验，如果没有形成共有体验，个人要想使自己置身于他人思考过程之中将是非常困难的。

（2）表出化是隐性知识向显性知识的转换，是将模糊的隐性知识表述为形式概念的过程，主要通过对人脑中存在的隐性知识进行归纳，总结并以编码的方式表现出来。表出化通常采用比喻、类比、概念、假设或模型等形式将隐性知识明示化，是知识创新过程的精髓，该过程的灵感源自对话或集体反思，所以，团组内的集体交流和讨论就成为该过程的主要表现形式。

（3）联结化是显性知识向显性知识的转换，是将各种概念综合为知识体系的过程，是将分散的显性知识通过新的组合方式形成新的显性知识的过程。这种知识创新模式涉及将不同的形式知识彼此结合，个体通过文件、会议、电话交谈或计算机通信网络等媒介将知识联结在一起。通过对显性知识的整理、增添、结合和分类等方式，对既存知识进行重新构造，由此催生新的知识。当管理人员将企业愿景、经营理念或产品概念进行细分并使之具有可操作性时，知识的联结化就发生了。计算机通信网络和数据库等现代信息工具的产生对知识的联结化有非常大的推动作用。

（4）内隐化是显性知识向隐性知识的转换，是使显性知识体现到隐性知识之上的过程，主要通过人在工作中运用显性知识的体验来实现。如在工作实践中个人把从文件中得来的知识内化为自己的切身体验。内在化过程与干中学（learning by doing）有着密切的联系。经过共同化、表出化和联结化三个过程中的体验，以共有心智模式或技术诀窍的形式内化到个人的隐性知识库内，这些体验就变成了个人有价值的资产。知识的文档化将有助于个人将经历的事情内在化，从而丰富个人的隐性知识。此外，内隐化也可以发生在没有实际体验他人经历的场景。例如，阅读或倾听一个成功的故事，可以使个体感受到故事所反映的现实和本质，从而增加个体的隐性知识。

组织的知识创新不是单一知识转换过程，而是一个隐性知识与显性知识持续相互作用的过程，依赖于知识转换不同模式之间的转变。个体隐性知识是组织知识创新的基础，组织知识创新需要调动由个体所创造及积累的隐性知识，被调动起来的个体隐性知识，通过知识转换的四种模式在组织层次上得以放大，并且在较高层级上结晶下来，这一过程被野中郁次郎形象地描述为知识创造的螺旋，简称知识螺旋（SECI）。如图 3-3 所示。

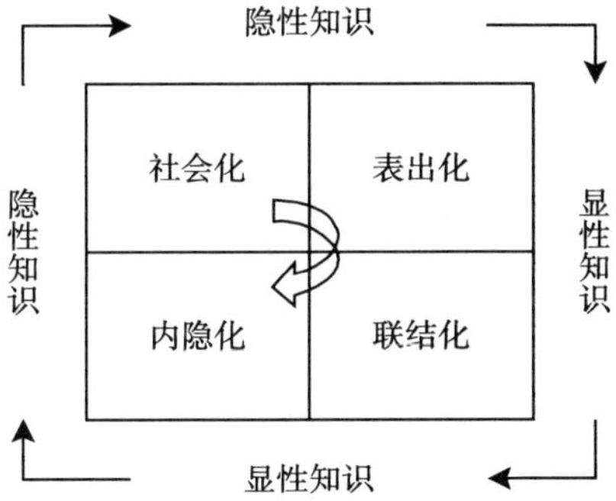

图 3-3 SECI 知识创新简化模型

在知识的螺旋运动过程中，随着知识运动层级的攀升，隐性知识与显性知识之间相互作用的幅度逐渐加大，从而形成一种螺旋上升的过程。它源自个体，并且随着互动团体的扩大，超越团队、部门、事业部和组织的边界，不断向前推进。

SECI 模型揭示了知识创新的起点及终点，即知识创新开始于高度个人化的隐性知识，通过知识转化的四个过程，最终升华为组织内其他员工的隐性知识，从而实现知识的轮回转化。该模型认为知识创新的重点在于将隐性知识表出化，而要做到这一点，需要全体员工通过“隐喻类比模型”的过程来抓住直觉和灵感，同时需要相互交流及合作的人际网络将隐性知识显性化。SECI 模型还表明，项目团队领导在知识创新过程中发挥着关键性作用，如构建和谐顺畅的知识流动环境、勾画愿景、鼓舞引导员工并为知识转化提供必要支持等。

“场”是知识螺旋模型中另一个较为重要的概念。场（日语为“Ba”），是一个可以促进知识创造的物质的、精神的和社会的环境，提供了具有创造知识、共享文化及在创造新知识过程中所需对话过程的共同语言的实体环境，它既是企业知识创造、分享和使用的背景环境，也是进行动态知识转化和产生相互影响的场所，它可以是物质空间，也可以是精神空间。对应知识转化的四种模式，Nonaka 和 Konno 提出了四种不同功能的场。原始情景型：个人之间共享感觉、感受、经验及思维模式的场所；集体互动型：隐性知识实现显性化的场所；网络型：在虚拟世界中实现互动的场所，通过它人们可以将新的显性知识与已有的显性知识进行结合，从而在整个组织中创造出新的显性知识；演练型：为显性知识向隐性知识转化的场所。

“场”的概念说明，企业是情景依赖型的，知识创新、共享及使用不能脱离它所处的环境而独立存在。因而，任何知识创造和创新过程都需要一个合适的情境，任何组织都不能忽视一个可感觉的现实空间。

在 SECI 模型和“场”的概念基础之上，野中郁次郎通过加入时间维度提出了组织知识创新的五阶段模型。他认为，任何一个组织知识创新过程都可以划分为共享暗默知识、创造概念、验证概念、建造原型和知识转移五个阶段。组织的知识创新起始于对个人隐性知识的分享，其步骤大体上与共同化相对应，未加利用的大量知识蕴藏在个体头脑里，所以个体首先必须在组织内将这些知识放大。个体隐性知识在组织范围内的共享会促进新概念的产生，这个阶段类似于隐性知识的表出化过程。所创造的概念必须在第三阶段得以验证，组织在这一阶段里可以决定新概念是否真正值得进一步开发。如果获得组织批准，新概念在第四阶段就会被转化为原型。原则上，新概念可以是硬产品开发的原型，也可以是软创新中的运营机制。如企业的新价值观系统、新型管理体系，或者有创意的组织结构。知识创新的目标是创造新知识、应用新知识。因此，所创造的新知识必须经过扩展和转移，被更大范围地知晓和应用才能实现其应用价值，也才能实现知识创新的最终目标。新知识的转移可以是部门内转移，也可以是部门间转移，甚至传递给组织的外部。

第二节 文献回顾与研究问题的提出

本部分首先通过对以往文献的回顾，总结形成研究问题，在研究问题的指导下进行案例选择和分析。

一、集成创新的知识内涵

（一）集成创新的内涵

从概念发展脉络来看，集成创新最早起始于Iansiti的技术集成。他以美国计算机工业的发展为背景，通过实证研究和对成功企业与失败企业的对比分析，总结了许多企业的产品开发方式的成功经验，提出了“技术集成”的概念。在他的论述中，技术集成是指以创造技术可供资源和技术应用关联环境之间的匹配为目标的调查、评估和提炼的活动集合。[109] Iansiti的技术集成是以单个企业为研究对象，讨论了单个企业的产品研发和管理方式，属于微观层次。Best在此基础上提出了系统集成的概念，将集成模式扩展到了国民经济的层面。他认为，一个地区乃至一个国家的经济发展有赖于领头企业的发展，而领头企业所采用的商业模式和生产体制极大地影响能力和技能的产生、发展和扩散。[110] 系统集成即是一种在技术和组织层次上发挥作用的生产和组织的基本原则。

随着国外集成创新研究的深入，我国学者也从不同角度对集成创新进行了探索性的理论或案例研究，并提出了若干不尽相同的集成创新的定义。

李宝山[39]认为，从管理学的角度看，集成创新是一种创造性的融合过程，即在各要素的结合过程中，注入创造性的思维。也就是说，要素仅仅是一般性结合在一起并不能称为集成，只有当要素经过主动的优化选择搭配，相互之间以最合理的结构形式结合在一起，形成一个由适宜要素组成的，相互优势互补、匹配的有机体时，这样的过程才被称为集成。

张方华[111]认为，集成创新是指创新行为主体根据企业发展目标，在特定的系统内整合各种创新资源（包括企业内、外部的信息、知识和资金等要素），并经过优化配置，形成一个由各种要素组成的优势互补、相互匹配、具有独特功能优势的新的系统，以实现创新的行为过程。

西宝、杨廷双[112]认为，集成创新是指创新的融合，这种融合通过利用并行的方法把企业创新生命周期不同阶段、流程及不同创新主体的创新能力、创新实践、创新流程和竞争力集成在一起，从而形成能够产生新的核心竞争力的创新方式。

李默妮、吴秋明[113]认为，集成创新是创新主体将以知识为基础，包括战略、组织、技术等各创新要素的优化、整合，相互之间以最合理的结构形式结合在一起，形成具有功能倍增性和适应进化性的有机整体，组织通过学习为商业创新和竞争优势创建一个管理秩序。

王众托[2]应用系统工程的思想提出了系统集成创新的概念。他认为，系统集成创新是把已有的知识、技术创造性地加以集成，以系统集成的方式创造出前所未有的新产品、新工艺、新的生产方式或新的服务方式，以满足不断发展的新需求。该定义强调了知识集成在系统集成创新中的核心地位。

综观以上定义，学者虽从各自研究的视角给出了集成创新的不同界定，但其中大都强调了知识的核心地位和创新行动主体（人）的思维的主导作用。因此，从知识和人的角度来看，集成创新可以简单界定为，创新主体运用自身的知识储备，采用集成的方式对已有的创新资源（主要是指知识，包括市场知识、技术知识、组织知识等）进行再认识和再加工，从而创造出新的知识，并将之进行物化或商品化的过程。

（二）集成创新的要素特征

集成创新反映了一种与传统的线性创新模式完全不同的创新理念，更加关注创新的连续性。集成创新需要解决的一个关键问题是知识的融合，因而需要相应的组织结构和管理方式与之配套。与传统创新模式相比，集成创新具有持续性、系统性、结构性和集成性的特征，在时间上更加关注创新的连续性。在水平层次上，集成创新关注不同创新主体和人员整体的力量，并且能够使之系统化；在垂直方向上，集成创新关注围绕企业和产品生命周期的集成和创新。[112]可以看出，集成创新与传统创新相比更加适应当代信息和知识经济社会的要求，具有持续的竞争优势。笔者根据 Iansiti 和 Bullinger[114]的研究将两者的比较总结如表 3-1 所示。

集成创新不只是集中在技术层面，而且还包括创新的过程组织和管理方面。集成创新强调所有参与人员的交互作用，重视人的思维和潜力发挥。集成创新的结果呈现出多样性，可以是一个新产品、新服务或者新的工作流程，也可以是概

表 3-1　集成创新与传统创新的比较

	集成创新	传统创新
技术选择模式	集成模式：通常有一个指定的决策团队进行项目决策，团队成员具有丰富的知识和集成意识	分散选择：通常由不同的人根据自己的经验和知识储备选择不同的技术
涉及要素	同时考虑供给和需求：涉及市场信息、知识、技术、战略、组织和管理等	往往只考虑技术的供给，侧重于技术要素，忽视了其他要素
目的性	目标明确，由专门机构负责	开始时目标模糊，往往经过比对后才能确定最终目标
人力资源的作用	强调所有员工的整体协作和交互组织	个别人员发挥主导作用
追求的目标	持续创新，在重视技术领先的同时强调与生产和市场的结合	单一创新，强调技术的领先性
信息	开放、交互	秘密、内部
过程	创新过程中强调团队思想和系统化	创新过程中强调领导者的个人思想
组织文化因素	重视组织文化因素对创新的影响，强调对参与者的管理和激励	忽视组织文化因素对创新的影响

念、方法论、技术、组织与制度、管理、营销和文化，甚至也可以是以上结果的复合体。因此，“集成创新”不再是简单的技术词语，而是包含人和知识的经济和社会概念。

国内外许多学者对集成创新的要素构成进行了探索和研究，表 3-2 列出了部分学者的观点。集成创新经历了从最初的技术集成单一要素到包括战略集成、技术集成、知识集成、组织集成和管理集成等要素在内的多要素的发展过程。虽然，目前学者对集成创新的要素还未形成统一意见，但普遍认为，企业要获得持续的竞争优势，在实施集成创新时至少应考虑企业战略、现有技术和员工知识三个要素，并在管理方面做出相应变革以适应集成创新对知识沟通的要求。值得一提的是，虽然集成创新包含许多要素，但集成创新的最终目的是提高企业的自主创新能力，增强企业的技术优势，这也是当今集成创新的研究主流。

表 3-2　集成创新要素构成

作者	集成创新要素
Iansiti [31]	技术集成
Fujinoto [115]	用户、内部集成、外部集成
Best [39]	技术集成、组织集成
Durand [34]	企业内外的信息集成、知识集成、人员集成
Parthasarthy [116]	部门集成、工具集成、外部集成
江辉、陈劲 [45]	技术集成、知识集成、组织集成
张华胜、薛澜 [117]	战略集成、资源集成、时间集成、知识集成、能力集成

续表

作者	集成创新要素
孙金梅、黄清[118]	战略集成、技术集成、知识集成、组织集成、时间集成、资源和能力集成
李文博、郑文哲[47]	技术集成、知识集成、战略集成、组织集成
西宝、杨廷双[112]	技术集成、管理集成和市场集成
慕玲、路风[119]	中国集成创新的要素：形成自主的产品概念、企业在产品系统层次上进行技术学习并掌握相应的建构技术能力、以掌握核心技术为导向的技术能力爬升

由表 3–2 可知，战略、技术和知识是集成创新中的三个最关键要素，战略和技术都包含知识成分，均可以从知识的角度加以解释。

“战略”原是军事用语，意指针对战争形势做出的全局谋划。三国时期著名政治家、军事家、战略家孔明对战略有一段精辟的论述：“不谋万事，不足谋一时；不谋全局，不足谋一域”，并通过对当时错综复杂的政治、经济、军事形势进行分析，确立了“三分天下”的战略思想。战略管理大师迈克尔·波特认为，战略的本质是抉择、权衡和各适其位。由此可知，战略是“人”的思维结果，是人在原有知识储备的基础上，充分利用自身的知识尤其是隐性知识，对现有存在于企业内外的知识和信息进行加工、整合与集成的产物，是隐性知识显性化的过程。因此，战略集成在一定程度上可以看做是战略制定者的知识集成，集成创新中的战略要素可以用战略制定者的知识来解释。

“技术”的最原始概念是熟练，所谓“熟能生巧”，巧就是技术。事实上，技术史与人类史一样源远流长。从广义上讲，技术是人类为实现社会需要而创造和发展起来的手段、方法及技能的总和。法国科学家狄德罗给“技术”下了一个简明的定义：“技术是为某一目的共同协作组成的各种工具和规则体系。”一般地说，技术的发明是科学知识和经验知识的物化，使可供应用的理论和知识变成现实。因此，技术在本质上属于知识的范畴，是知识的物化形式。集成创新中的技术要素在一定程度上也可以用知识来解释。同时，在知识经济背景下，知识已成为第一生产要素、首要资源和创新的根本动力。[113] 鉴于此，可以认为，在集成创新系统中，知识处于基础和核心地位，知识是集成创新的核心要素。

知识是创新的基础，企业创新所需要的知识并不完全来自于企业内部的原始创新，集成企业内外部知识资源已成为业界关注的做法。知识的集成和创新是集成创新的核心，是提升企业集成创新能力的关键。王众托[2] 指出，集成创新是一个系统，除了涉及系统及其组成部分的知识外，还涉及新技术、新方法的创造，这种创造的实质就是新知识的生成和应用。因此，在集成创新系统中，知识的集成和创造占有极其重要的地位。

熊彼特认为："创新就是把生产要素和生产条件的新组合引入生产体系，即建立一种新的生产函数，其目的是获取潜在的利润。"这本身就包含了知识集成的思想。当今的绝大多数创新是现存知识按照新的方式组合的产物。作为自主创新的一种方式，集成创新是建立在对原有知识的优化和整合基础之上的，这说明集成创新本质上是知识的一种集成与创新活动。尤其是在当今知识经济时代，创新的基本要求与途径是在不断深化对各专门知识领域研究的前提下，力求对各领域知识进行综合集成。因此，可以认为，知识集成是集成创新的源泉。

集成创新是组织建立新财富的高效途径，[120] 而知识在当今经济社会发展中的重要作用也日益凸显，已经成为企业获得持续竞争优势的首要因素。最早提出企业核心竞争力的 Praharad [121] 曾经指出："企业核心能力是组织积累性知识，特别是关于如何协调不同的生产技能和有机结合多种技术流派的知识。"这实际上就是把知识集成能力当作企业的核心竞争力。有学者也认为，企业本质上是一个获取、共享与利用知识的学习性系统，企业独特的核心知识和能力是企业长期竞争优势的来源。同时，企业核心知识和能力的积累是正式知识转化为非正式知识和默示知识（隐性知识）的过程，是组织成员长期相互作用的结果。这本质上与知识集成的内涵相一致。[122] [123] 因此，从一定程度上可以说，知识集成是企业核心竞争能力的最终来源，是集成创新的核心。

鉴于以上分析，知识集成是集成创新的核心和源泉，因此，我们可以用相关的知识创新理论的基本原理分析企业集成创新的运行机制。在市场需求的导向下，企业积极获取外部相关知识，并将这些知识与企业的内部知识库相整合，使有价值的外部知识融入企业的知识库，从而增加和丰富企业的知识积累。在此基础上，通过这些知识与企业存量知识的相互作用、转化及知识集成过程机制的作用，实现知识集成，产生创新性知识，然后再经由集成创新的一系列活动过程将知识集成的成果转化为企业内在或外在价值，从而提升企业竞争力。可以说，企业集成创新是多个不同种类、不同层次知识集成的综合体，在集成创新的每一阶段都伴随着与之相适应的知识集成。

基于以上关于集成创新知识内涵的分析和讨论，本书提出如下假设：

假设 1：集成创新具有知识创新的本质属性，是知识创新的特殊形式。

二、合作创新的内涵和知识解释

（一）合作创新的内涵

国外学者在研究技术创新合作时较少采用“合作创新”这一概念，而多使用“研发合作”（R&D Cooperation）、“合作研究”（Cooperative Research）、“研究合作”（Research Partnering）等概念，这可能与国外的法律和特定经济创新环境有关。相反，国内学者多使用“合作创新”这一概念。郭晓川[124]认为，网络合作化技术创新是指由多个企业形成的技术合作契约关系，由多个企业共同投入资源，参与一个创新过程中，然后基于共同的创新成果，再进行后续的差异化创新，是一种反复交易行为。当前，国内学者比较认同傅家骥提出的合作创新概念，即企业之间或企业、科研机构、高等院校之间的联合创新行为。

合作创新通常以合作伙伴的共同利益为基础，以资源共享或优势互补为前提，有明确的合作目标、合作期限和合作规则，合作各方在技术创新的全过程或某些环节共同投入、共同参与、共享成果、共担风险。[50]狭义的合作创新是企业、大学、研究机构为了共同的研发目标而投入各自的优势资源所形成的合作。一般特指以合作研究开发为主的基于创新的技术合作，即技术创新。广义的合作创新是指企业、研究机构、大学之间的联合创新行为，包括新构思形成、新产品开发及商业化等任何一个阶段的合作都可以视为企业合作创新。本书所指的合作创新是以企业为合作主体的广义上的合作创新。

（二）合作创新的知识解释

知识是合作创新的本质存在。知识管理理论把企业合作创新看做是企业间知识获取、吸收、利用和创新的过程，其本质是知识要素的重新组合和发展。在知识经济条件下，企业各类行为的实质就是将组织知识转化为产品知识或服务及创造新知识的过程。[125][126]合作创新作为企业的一项特殊行为自然也不例外。党兴华等[127]认为，网络环境下企业技术创新过程实质上是一个知识组织和知识运用的过程。包括专业技术知识和管理知识在内的知识基础的特性由于网络环境的存在被赋予了新的特征，知识进化的路径依赖性、知识来源的多样化、知识演变的快速化和知识收益的盗用性是网络环境的本质属性，网络环境的交互影响加剧了这些特性并进而影响技术创新过程。因而，从某种角度来说，网络环境下的企业合作技术创新即是合作知识创新。在网络环境及技术创新合作下，企业进行知识共享、知识创造、知识扩散和知识应用及知识评价五个完整的过程。因此，合作创新实质上是一个跨组织的知识创新过程。

合作创新是企业获取知识、提升企业核心能力和竞争优势的一种手段和方法。知识管理理论认为，企业核心能力的本质就是获取知识、创造知识、分享知识和商业化知识的能力。Grant[126]认为，知识和知识获取是企业提升核心竞争力的一个关键因素。在当今知识经济的条件下，组织和个人所拥有的知识资本决定了其核心竞争力。迅速发展的科学技术，决定了任何一个组织或个人都不可能凭借自己个人的力量来生产所需的一切知识。为了迅速提高自己的知识资本积累、提升企业核心能力，任何组织和个人都必须从外部获取知识、整合知识、分享知识，进而创造新知识。Cohen 等[128]认为，不论企业的创新机构与层次安排如何，外部知识对企业的创新过程和核心能力提升常常很关键。March[129]认为，当企业与其他企业进行知识合作时，可以获得新知识并集成企业内部知识，扩大自身的知识基础，提升企业核心能力。合作创新过程要求企业间能够进行有效的知识交流与知识共享，合作企业以彼此的能力和知识作为杠杆来增强合作创新的竞争力和生命力。[130][131]因此，更好地利用现存知识、获取和吸收外部知识是企业提高核心竞争力的关键。

知识是合作创新的核心构成要素。在合作创新的众多要素中，知识居于核心地位。不断从外部获取知识对企业的合作创新起着显著的推动作用，也有助于企业合作创新绩效的提高。如果企业不能够大量地从外部获取和吸收新的知识，合作创新活动就会成为“无米之炊”。汪忠、黄瑞华[132]认为，知识共享与知识转移是合作创新的必要过程，影响合作创新的绩效。因此，企业要进行合作创新，必须不断地进行知识积累、转移和共享。在这个动态的、不断变化的竞争环境下，知识获取及以此为基础的创新能力的学习对于企业创新和发展的推动作用越来越显著。[133]也就是说，企业的合作创新活动越来越依赖于知识的作用。作为一种组织间合作模式，合作创新的动机就是知识的交换、共享和创造新知识。从判断合作创新是否成功的标准来看，目前国外学术界普遍认为，合作创新成功的标准是合作各方创造知识的能力以及知识流动与扩散能力的提高。[134]同时，有学者指出，在合作条件下，企业可以共享专有知识所带来的各种收益，因此，企业愿意将自己的专有知识传递给合作创新伙伴，以获得内部化或至少部分内部化知识的溢出效应。

综合以上关于合作创新知识内涵的分析和讨论，本书提出如下假设：

假设 2：合作创新具有知识创新的本质属性，是知识创新的特殊形式。

综合假设 1 和假设 2 可以得出假设 3：

假设 3：集成创新与合作创新具有相同的知识属性，两者都是知识创新的特殊形式。

第三节　研究方法与设计

案例研究是一种经验性研究方法，它可以获得其他非经验性研究方法所不能获得的数据和经验知识，并以此为基础来分析不同变量之间的逻辑关系，进而检验和发展已有的理论体系。案例研究不仅可以用于分析受多种因素影响的复杂现象，它还可以满足那些开创性的研究，尤其是以构建新理论或精炼已有理论中的特定概念为目的的研究的需要。

案例选择是案例研究中较为重要的一环。根据实际研究中选择案例数量的不同，案例研究可以分为单一案例（single case）研究和多案例（multiple cases）研究。单一案例研究主要用于证实或证伪已有理论假设的某一个方面的问题，它也可以用作分析一个极端的、独特的和罕见的管理情境。通常，单一案例研究不适用于系统构建新的理论框架。多案例研究主要用于理论构建，其结论比单案例研究更有说服力。在多案例研究中，研究者首先要将每一个案例及其主题作为独立的整体进行深入的分析，这被称作案例内分析（within-case analysis）；除此之外，还要依托于同一研究主旨，在彼此独立的案例内分析的基础上进行跨案例分析，以查看案例间的相似与相异之处，从而得出抽象的、精辟的研究结论。相对于单案例研究，尽管多案例研究所费时间和精力都要大得多，但其在一定程度上可以克服单案例研究结论难以概化和外部效度欠缺的问题。因此，本书选取了松下公司和新卡特彼勒—三菱公司进行多案例研究。

在明确了研究问题和研究假设之后，还需要确定案例研究的分析单元，即确认研究问题和理论具体与案例的哪些内容相对应。吴金希、于永达[135]提出，分析单元是案例研究所聚焦的分析对象，也就是案例数据收集的边界。分析单元的选择由研究问题决定，既可以是个体也可以是组织，选择适当的分析单元能够使案例研究更有针对性。在本书中，企业创新是一个组织水平的构思，因此，将分析单元界定为企业，聚焦于企业创新的过程，分析创新过程中的关键问题和相应解决方案，以及推动创新进程的相关促进条件。

第四节　案例分析

一、集成创新：松下公司“家用烤面包机”项目①

（一）公司背景

20 世纪 70 年代，日本的家用电器市场趋于成熟，松下公司的营业利润在激烈的价格竞争形势下开始下降。到了 1977 年，日本家庭家用电器的拥有率分别为彩电，95.4%；吸尘器，94.5%；电冰箱，98.4%；洗衣机，98.5%。此外，来自新兴工业国家的竞争对手在低成本竞争方面的优势已经显现。为此，松下公司在 1983 年 5 月宣布了一项被称为“ACTION61”的三年计划，将战略重心从家用电器转移到高科技和工业品市场。随着战略重心的转移，创造性混沌被引入“家用电器集团”，并导致了核心业务的重组，使得“电饭煲事业部”、“电热器事业部”和“回旋器事业部”三个事业部合并为“烹饪器具事业部”。然而，在合并的初期，合并所带来的优势并不明显，在此后的两年里，虽然事业部的利润率有所提升，但营业额却在不断下跌。这引起了公司其他部门对该事业部合并的质疑，并将生存的危机感导入了“烹饪器具事业部”。这使得曾经以传统的核心业务为自豪的员工感到，如果他们不能够利用集各事业部知识之精华的某种独特技术开发可以一炮走红的全新产品，那么他们改善竞争力的能力将受到广泛的质疑。

（二）家用烤面包机的开发过程

1984 年，为了给该事业部的方向发现线索并提供建议，一个规划小组被派往美国，亲自观察美国人日常生活的发展趋势。他们观察到，“职业女性越来越多，家庭烹饪日益简化，而且营养也越来越贫乏”。在日本，同样的趋势也很明显，该小组开始得出结论：烹饪器具应该简化烹饪过程，但同时应该保持食品的美味及丰富的营养。结果，该事业部提出一个著名的整体概念“Easy & Rich”。

① 案例原型来源：野中郁次郎，竹内弘高. 创造知识的企业［M］. 李萌，高飞译. 北京：知识产权出版社，2006.

规划小组相信能够烹饪出美味可口且营养丰富的食品的烹饪器具会大大满足职业女性及美食者的需求。“Easy & Rich”整体概念的提出为“烹饪器具事业部”的创新设定了目标。也就是说，将要开发的烹饪器具必须能够满足“Easy & Rich”的要求。该目标的提出是规划小组经过亲身体验而获得的关于消费者需求的隐性（暗默）知识的高度凝练。

烹饪器具事业部的规划小组从美国返回日本之后不久，星电器公司提出了家用自动烤面包机的大致设计方案。根据这一方案，松下公司的团队立即认识到可以将“Easy & Rich”的概念与自动烤面包机结合在一起。全自动烤面包机的想法在许多方面也刚好符合该事业部的新目标：它是崭新的产品概念，并且涉及多种技术的应用，而且这些技术皆是该事业部的已有成熟技术。例如，源自电饭煲的微机控制加热系统，食品技术用具的电动机及电热板的加热装置。于是，松下公司拒绝了星电器公司提出的共同开发烤面包机的建议，决定自己单独开发这种产品。

家用烤面包机的开发过程经历了三次知识循环，每次循环都起源于团队成员之间对隐性知识的共享。基于这些共享的体验，他们创造出概念和原型。然后将这些概念和原型与组织意图进行对照和验证。下一次循环要么起始于对成果的改善，要么源自于克服前一次循环的缺陷。

1. 家用烤面包机开发的第一次知识循环

1984 年 4 月，烹饪器具事业部正式启动了“家用烤面包机”的开发项目，为此专门成立了由来自产品规划部、机械部、控制系统和软件开发 4 个部门的 11 位成员组成的开发团队。团队成员对家用烤面包机究竟应该是什么样子进行过许多讨论。这些讨论均以“Easy & Rich”的整体概念为指导原则，这实际上就是在团队内部共享成员对“Easy & Rich”的个人理解（个体隐性知识）。这些讨论进行得相当广泛，足以包容每位成员的隐性知识。同时，这个概念对阐明烹饪器具事业部全部产品开发的重要条件来讲又是十分明确的。经过多次讨论，项目团队提出了产品开发的 7 条目标性要求：①只需将各种材料放入，该机器就能够自动地揉制、发酵和烤制面包；②对于所用的原材料，该机器不需特殊的配比；③必须有内置定时器，以便使用者在前一天夜间将所有材料投入，次日早晨得到烤好的面包；④制作面包不受室温的影响；⑤面包的外观必须好看；⑥面包的味道应该比大批量生产和销售的面包要好；⑦该机器的零售价格应该在 3 万~4 万日元。这些规格是以理想的状况而非技术上的可行性来定义的，因此许多障碍尚待清除，家用烤面包机的开发过程亦即是这些障碍的清除过程。家用烤面包机的开发是按照橄榄球的组织形式展开的，在创造产品概念的同时，相关的软件和硬件的开发工作也在齐头并进。在共享隐性知识后，具体的产品概念被创造出来，之后结合已有的显性知识和技术，设计出了家用烤面包机的初始模型并进行了试验。然而，烤制出的面包却是“外焦里生”，显然，该原型并没有达到初始产品概念（Easy & Rich）的要求。因此，家用烤面包机的开发过程进入了第二次知识循环过程。

2. 家用烤面包机开发的第二次知识循环

经过对第一次知识循环结果的讨论，开发团队认为，揉面过程的不合理是造成面包“外焦里生”的主要原因。因此，如何使机器正确地揉面就成了必须要解决的难题。可是在这道工序上，研发人员遇到了难题。尽管他们花了很多的精力，面包总还是出现“外焦里生”的现象。研究人员为分析这个问题绞尽了脑汁，他们甚至动用X光机对机器揉制的面团与专业面包师揉制的面团进行了对比分析，可是还是不能获得任何有意义的数据。开发工作一度陷入了困境。就在这时，软件研发人员田中郁子提出一个很有创意的建议，在大阪地区，大阪国际饭店因其美味的面包闻名遐迩。为什么不将它作为一个模型呢？田中郁子的建议很快得到了团队的认同。可是大师级面包师的揉面技艺是经过多年的实践积累起来的，而且这种技艺很难用语言表述出来。于是，田中郁子提出了向大阪国际饭店的面包师学习揉面技巧的设想，并进行了亲身实践。田中郁子通过观察师傅的动作，并不断地加以模仿和实践，最终习得了揉面手艺，并将揉面技巧的隐性知识通过“麻花拉伸”的概念显性化，使得机械工程师对揉面过程有了显性认识。工程师通过对田中郁子有关“麻花拉伸”动作的解读，在机器内壁上增添了特殊的肋骨状凸纹。在转子转动时，这些凸纹对面团产生阻力，进而达到拉伸面团的目的。通过为期一年的反复试验，开发团队提出了产品技术规格，从而成功再现了田中郁子在大阪国际饭店学得的揉面技艺及面包的质量。然后，开发团队又将概念变为一份手册，并体现在产品上，实现了知识的组合化。1985年11月，该团队成功地开发出一台可以制作美味面包的机器，该机器是将事业部已有的成熟技术按照新的方式重新组合的产物，是开发团队知识创新的结晶。

3. 家用烤面包机开发的第三次知识循环

新的机器原型成功之后，家用烤面包机的开发进入到了商品化阶段。为此，该项目从实验室转移到了事业部，并在项目团队中增添了设计人员、营销人员和生产人员。此阶段的主要任务是工业设计，在保证原有质量的前提下降低成本。通过对新的机器原型构造和配件的分析发现，冷却器是成本上的重点，它是用来防止在高温下已经混进酵母粉的面团发酵过度的装置。因此，改进或更换冷却器就成了工业设计的主要任务。实际上，在没有控制温度的手段情况下，人们制造面包时是通过稍后添加酵母粉的方式来避免面团过度发酵的。根据对此事实的认识，项目团队提出了在制作过程中可以先加入其他材料，稍后再添加酵母粉的新方法，并对机器原型进行了设计上的变动，开发出了新型的由计时器控制的酵母粉盒替代了冷却器，实现了既保证产品质量又降低成本的商品化目标。

对比验证在第三次循环过程中起到了极其重要的作用。在商品化阶段，团队所面临的问题是必须在满足原有质量要求的同时大幅度降低机器的成本。为了解决这个问题，该团队提出了一种舍弃昂贵的酵母粉盒的解决方案。这个解决方案采用了在揉面过程稍后阶段添加酵母粉的方式，而不是在一开始便将所有材料一同加入。此举既改善了质量，又降低了成本。这个方法是将团队隐性知识进行共同化和表出化的结果。

（三）案例小结：集成创新具有知识创新的本质属性

松下公司“家用烤面包机”开发项目属于典型的集成创新，即将现有知识、技术等要素按照新的集成方式重新组合，从而创造出新的产品。集成创新能否成功的关键在于新的组合方式，而新的组合方式往往是知识创新的结果。通过案例描述可以发现，家用烤面包机的开发过程有三个关键问题，而这三个关键问题的解决都是知识创新的结果。

第一个关键问题：家用烹饪器具研发方向的确定。为了找到家用烹饪器具的发展方向，事业部派遣工作小组到美国进行了实际体验，通过亲身体验，开发小组获得了美国家庭对烹饪器具需求的隐性知识，然后团队成员经过对获得的隐性知识的交流和共享，最终形成了一致意见，提出了“Easy & Rich”的开发概念，这一过程实际上是知识的共同化、表出化、联结化和内隐化的创新过程。

第二个关键问题：如何让机器正确地揉面。为了解决揉面的问题，田中郁子通过知识的共同化过程观察面包师傅的动作，并加以模仿。之后，她将学到的手艺转变成显性知识，通过创造“麻花拉伸”的概念，实现了隐性知识的表出化。通过与机械工程师的知识交流、共享和反复试验，创造出了新的机器概念模型，从而实现了知识的联结化。

第三个关键问题：如何在保证产品质量的前提下降低产品成本。经过对产品知识的分享和讨论，项目开发小组找到了成本的关键点——冷却器。项目团队根据对面包制作隐性知识的分享，提出了在制作过程中先加入其他材料，稍后再添加酵母粉的新方法，并据此改进了机器原型的工业设计，开发出了既保证产品质量又降低成本的家用自动烤面包机。

通过对松下公司家用烤面包机的案例分析可以发现，新产品开发中三个关键问题的解决皆是知识创新的结果。虽然，在产品开发过程中也涉及了诸如技术、消费者和企业战略等要素，但不难看出，企业战略是高层管理者知识创新的产物，对消费者需求隐性知识的体验获得了产品开发方向的原始概念，而已有技术则为新产品开发提供了技术基础，在整个产品开发过程中，知识始终居于核心地位，新产品的开发实质上就是知识的循环运动，符合知识创新的一般特征，其本质上属于知识创新。

二、合作创新：新卡特彼勒—三菱公司 REGA 项目①

（一）历史背景

1963 年，日本的三菱重工业株式会社（以下简称“三菱公司”）和美国的卡特彼勒公司成立了一家合资企业（卡特彼勒—三菱公司），负责制造和销售卡特彼勒公司的产品。当时，卡特彼勒公司认为油压单斗挖掘机市场潜力不大，所以决定不进入该市场。然而，到了 1970 年，市场的迅速壮大迫使卡特彼勒公司改弦更张。尽管卡特彼勒公司于 3 年后在美国投放了首台油压单斗挖掘机，但是它与三菱公司的契约限制了它在日本市场销售该产品，而当时日本已经成为世界该产品最大的市场。1977 年，卡特彼勒公司提出通过将其油压单斗挖掘机部门与卡特彼勒—三菱公司进行合并来解决这个问题，遭到了三菱公司的反对。三菱公司不想向缺乏油压单斗挖掘机技术优势的卡特彼勒公司支付技术许可费，而且它担心卡特彼勒公司利用三菱重工的优势获得油压单斗挖掘机的世界霸主地位。

到了 20 世纪 80 年代，市场竞争形势发生了改变。三菱公司迫切希望其油压单斗挖掘机业务避免与卡特彼勒—三菱公司的拖拉机部门产生不必要的重叠。同时，卡特彼勒公司于 1983 年经历了半个世纪以来的首次亏损，而且在美国挖掘机市场上遭遇了日本最大建筑设备制造商小松制作所的正面挑战。三菱公司和卡

① 案例原型来源：野中郁次郎，竹内弘高著. 创造知识的企业［M］. 李萌，高飞译. 北京：知识产权出版社，2006.

特彼勒公司均感到有必要重新考虑彼此的合作。经过 9 个回合的艰难谈判，双方最终达成协议，两家企业将各自油压单斗挖掘机的资源整合在一起，并于 1987 年 7 月成立了新的合资企业——新卡特彼勒—三菱公司。

（二）REGA 系列产品开发过程

超先进 REGA 系列油压单斗挖掘机是新卡特彼勒—三菱公司为全球市场开发新产品的首次尝试。该产品系列预计在日本、美国和欧洲进行制造。然而，日本和美国产品开发方式的差异却给新产品的开发带来了许多障碍和冲突。

冲突一：固有成本、质量、性能和安全的相对重要性。在日本，成本被认为是头等要素，他们追求的是“在给定的成本范围里可能获得的最佳质量”。然而，在美国，安全和性能则更加重要。美国有严格的产品质量法规，对安全的关注使企业格外小心。已经习惯于在诉讼司空见惯的美国社会做生意，卡特彼勒公司对可能引起高昂的诉讼费用格外谨慎，因此，卡特彼勒公司拒绝对安全做出任何让步。开始，日本方面希望排除任何可能提高成本及对销售没有直接贡献的因素。特别是，在当时日本建筑设备市场上，恶性的价格战正进行得如火如荼。日本的工程技术人员坚持，日本客户对价格和质量极其敏感。而美国的工程师则坚持，卡特彼勒的客户即使花高价也会购买高性能的产品。

冲突二：谁来主导新产品概念的创造。在美国，市场导向的模式很盛行，因此市场部门的意见对开发过程的影响很大。在卡特彼勒公司内，为产品制定重要规格是市场部门的事情。然而在日本，技术导向的模式是主流，研发部门的主动权大。在三菱公司，工程设计部的规划科负责规格的制定工作，而市场部门则是对已有产品负责，很少参与产品规格的制定。

冲突三：新产品的设计是否在全球范围内实现标准化。卡特彼勒公司坚持统一的世界标准必定会带来某些优势，如零部件的互换性。此外，由于卡特彼勒公司的工厂遍布世界各地，海外的车间布局和制造设施与其美国境内的设施相同，这便消除了在各国工厂之间发生问题的可能性。因此，卡特彼勒公司坚持设计和制造过程的全球标准化。但三菱公司则认为其拥有的明石工厂与卡特彼勒的工厂不同，要想执行标准化有一定的困难。

冲突四：应当如何开展开发项目。在美国，一个开发过程的每个阶段是依次进行的，就像接力赛一样。在卡特彼勒公司内部，开发过程包括四个部分：概念创造、原型化、试运行和大量生产。与之相反，日本的方式也是从概念创造开始，但原型化和试运行与准备大量生产几乎平行进行。试运行是在原型化彻底完成之前就已经开始。原型化和试运行的结果被结合到大量生产系统之中。日本橄榄球开发方式在缩短开发时间方面非常有效。日本产品开发周期通常在三到四年，而美国的开发周期一般在五到十年。

在 REGA 项目中，试图对这些差异进行理解和达成妥协意见耗费了大量的时间。随着这些讨论的进行，双方开始意识到隐藏在相互理解背后的因素不仅仅是语言阻碍问题，还包括价值观及对待问题方式上的差异。对这些冲突的解决贯穿于 REGA 系列油压单斗挖掘机开发的全过程。

（1）采取了有利于知识创新的组织管理方式。为使双方工程人员对产品开发方式达成共同理解，新卡特彼勒—三菱公司成立了负责开发 REGA 的组织单位“油压挖掘机设计中心”，它的组织结构属于矩阵式结构。这个矩阵的一个轴是规划部，再根据所设计油压单斗挖掘机的大小进一步分成大、中、小三个单位；另外一个轴是设计部，以下再按照设计的部件（结构、油压、电动及其他系统分成独立的单位）。相比之下，规划部是这两个轴中的主轴，其部门领导负责整个项目的管理工作。

该设计中心由美国和日本的工程师共同组成，双方人员地位均等，不存在一方领导另一方的问题。设计中心的部长由来自日本的安达武二和美国的拉森共同担任。在新项目开发的初期，两位部长就对沟通工作有意识地做出努力。他们的办公桌毗邻而居，两人在时间安排上尽可能在一起，不仅在工作上，也包括私人生活方面，一起交谈、彼此串门、共同旅行。在这些知识共同化过程中，彼此建立了深厚的友谊。该设计中心的两个副部长同样也是由日方和美方人员来担任，与拉森和安达一样，他们的头衔对等、办公桌彼此相邻。到 1992 年的时候，在这个设计中心常驻的美国工程师达到了 21 位，他们始终与日本的工程师处于平等的地位，彼此建立了良好的沟通关系。

对许多美国工程师来说，参加这项研发工作是他们第一次到海外工作。为使双方目标一致，拉森不断地告诫设计中心的美国工程师要永远向好处想和始终着眼大局。尽管如此，美国和日本工程师在开始共同工作后，还是出现了沟通方面的问题。由于他们的逻辑思维不同，美国工程师无法正确理解日本工程人员的意思，美国工程师习惯于将自己的感受表述出来，他们再三地问“为什么”，这使得日本同行感到很窘迫。相反，日本工程师往往根据隐性和体验知识进行交流，他们不太擅长于将自己的体验表述出来。设计中心的日本工程人员认识到基于隐性知识与美国工程人员进行交流是行不通的。因此，对 REGA 项目来说，达成隐性知识的表出化是主要的课题。经过多次的交流和沟通，日本工程师逐渐掌握了隐性知识表出化的方式和方法，虽然这一点还远不如美国工程师。

（2）面向全球化市场对 REGA 产品规格的标准化过程体现了知识创新的基本原理。在全球产品开发中，最主要的挑战是在满足世界不同地区的不同需求与在全世界通过产品和生产过程的标准化来提高效率之间的平衡。REGA 不仅是面向全球市场的产品，而且计划在日本的明石工厂、卡特彼勒公司位于伊利诺伊州的 Aurora 工厂和比利时的 Gosselies 工厂进行生产。因此，在设计和开发阶段，需要采取措施来保证这三个工厂的标准化水平。产品标准化的过程即是各个工厂之间实现知识共同化的过程。在项目开发过程中主要采取了两个措施来实现工厂之间知识的共同化。

第一个措施是建立工厂之间的会议机制来强化“共同化”。在三个不同的工厂里生产 REGA，设计图纸的标准化是关键。这项任务在由每个工厂代表参加的厂际会议上进行讨论。讨论通常十分热烈，议题涵盖面非常广泛，从采购、生产到营销。对于各个议题，来自每个工厂的专家形成根据部件（如管路布置、动力连接结构）划分的小组，交谈讨论如何生产出相同的产品。他们还讨论了工厂能否以最低成本制造出全部所需的部件。这类会议对于卡特彼勒公司来说是全新的体验。因为此前卡特彼勒公司各工厂之间的沟通很差，所以它从这些会议上受益匪浅。过去 Aurora 工厂向 Gosselies 工厂提供图纸，但两个工厂的工程师在厂际会议之前从未见过面。这个事实本身就可以说明厂际会议的价值。通过一次次的厂际会议，各个工厂实现了知识的共同化，对图纸设计达成了最终的一致。

第二个强化共同化的措施是创造挖掘机前端部分（即上臂、下臂和铲斗）“多选”的概念。过去，一直认为挖掘机有一个固定尺寸的前端部分就足够了。然而，在 REGA 项目里，前端部分可以有 14 种组合方式。这一概念是设计中心的两位美国工程师在解决日本 REGA 最佳臂长问题时创造出来的。他们发现在日本市场对臂长的考虑与日本以外的通用臂长不同。关于这个想法，他们向世界各地的经销商咨询，最后决定尝试多选的方案。前臂和铲斗可供选择的概念是独具一格的，并最终成为 REGA 的主要卖点。这一点也是 REGA 的主要创新之处，而创新来源于美国和日本工程师的对臂长问题的不同观点的碰撞。可以说，这一概念的提出，是知识创造的产物。

（3）美国开发方式和日本开发方式的综合亦即美方和日方共同合作创造新知识的过程。REGA 项目开发基本是按照日本产品开发方式进行的，为保证美国工厂的样机生产符合既定标准。1990年12月，安达武二让当时大型设备规划科经理板仓范幸去卡特彼勒公司在美国的Aurora工厂出差。板仓到美国的第一个工作是担当联络员，负责观察REGA样机的生产并且将出现的任何技术问题向日本的明石工厂进行汇报。1991年9月，板仓开始在Aurora工厂担任管理20位工人的“产品过程主管工程师”。他的工作是工程和生产的混合体，因为他在现场办公负责解决根据“设计中心”送来的设计图纸进行生产时可能遇到的问题。在卡特彼勒公司，这种工作是前所未有的。

为了更好地与部下沟通和处理所遇到的问题，板仓制定了晨会的制度，每周举行一次，每次一个小时。在晨会上，板仓阐述他的想法和经验，尤其是他所做过的或看到过的错误。一开始，只有板仓一个人在讲话。三个月后其他人开始参与进来，有人开始向他提出挑战，批评他的观点。结果，一个小时的时间逐渐不能满足讨论的需要了，偶尔需要增加特别会议来继续讨论。就这样，板仓开始建立他与部下之间双向交流的通道。这种双向交流，有利于团队成员之间的知识沟通和共享，有利于问题的解决，更有利于新知识的创造。

在这些晨会上，板仓经常提到设计人员应该具备的正确心态。卡特彼勒公司的设计人员很少到工厂走访，或接触他们所开发的机器。在各个部门之间，所有的责任分得很清楚，操作工负责机器设备，实验室人员负责写报告，设计人员负责核查报告。板仓强调设计人员观察和接触他们所开发的机器的重要性，他还向美国设计人员解释日本“现场主义”或“现物主义”（actual-experienceism）的优点。简而言之，他在强调知识共同化的重要性。

起初，板仓吃惊地发现，卡特彼勒公司设计人员的成本意识非常淡薄。在日本，在事先固定的目标内保持成本是设计阶段开始以来的主要关注所在，而对于美国设计人员来说，能或不能是与成本完全没有联系的技术问题。为了与缺乏成本意识进行斗争，板仓将部下召集在一起，讲述他在明石工厂和在成本限制情况下工作的经历。虽然在明石工厂降低成本的计划已经有十年的历史，它也只是在后来的五年才开始证明是有效的。在最初的五年里，它大体上经历的是试误的反复磨砺。如果出现错误，就要进行检讨，识别问题，再一步一步地解决问题。

板仓还将他在降低成本方面的经验传递给他的直接上司D.M.Murphy。在面对面的交谈中，他解释了明石工厂实施削减成本计划的历程。随后，在D.M. Murphy的安排下，板仓获得了与更高层领导E.D. Gramme见面的机会。板仓根据自己的切身经历和书面备忘录，再次解释了削减成本的计划，给D.M.Murphy

留下了深刻的印象。

6个月后，卡特彼勒公司的员工将板仓的讲述变成了计算机软件。作为削减成本计划的组成部分，卡特彼勒公司制定了成本跟踪系统，其中结合了板仓所勾画的成本降低与跟踪的概念。这个系统是卡特彼勒公司将世界各地的零部件成本进行对比，对每日成本变动进行跟踪。因此，在日本积累起来的个人隐性知识变成了有效的文档，通过美国的计算机技术转换为形式知识体系。1992 年 2 月，经过四年的努力，REGA3000 系列油压单斗挖掘机终于面世。凭借其平滑和舒适的操作性、在挖掘和行走方面的强劲性、全面的安全性，以及日本刀式的原创设计，新型挖掘机一经投放市场，便获得了巨大成功，1992 年和 1993 年的销售均超出了预定计划。正如野中郁次郎所说，新卡特彼勒—三菱公司在四年间投入巨资用于 REGA 项目的开发，但在时间和资金投入的真正价值将是该公司如何充分利用在该项目中创造出来的新知识。从一个侧面反映了卡特彼勒和三菱重工合作开发的 REGA 项目的知识创新本质。

（三）案例小结：合作创新具有知识创新的本质属性

新卡特彼勒—三菱公司的 REGA 项目是卡特彼勒和三菱公司合作开发的产物，双方共同投入人力、物力，共同研发，共同承担风险，是合作创新的一种典型方式。这个案例展示了，处于均等地位的日本和美国工程人员在合作开发一款全球型产品时可能发生的事情。这个项目在开始阶段所遇到的冲突比较多而且复杂，这是由于存在两种截然不同的价值体系，不同的设计和经营逻辑模式，以及彼此通过碰撞来创造组织知识的不同方式。同时，它也揭示了知识的共同化过程在将具有破坏性的冲突转变为极其宝贵的创新机遇中的关键作用。

由该案例描述可知，新卡特彼勒—三菱公司的合作创新项目表现出了知识创新的本质属性。其一，项目开发初期所遇到的冲突通过知识的共同化得到了较好的解决。新卡特彼勒—三菱公司通过组建共同的研发团队，向各自的生产工厂互派工程人员等知识共同化方式和手段，实现了双方隐性知识的共同化，解决了项目开发初期由于生产方式差异所造成的冲突。其二，合作创新促进了双方的共同学习，克服了彼此在知识创新方面的弱点。通过彼此的合作，美国工程师懂得了如何进行共同化，也就是在与他人的互动中获得隐性知识或从现场获得直接经验，并将其内在化。日本工程师则学会了如何将隐性知识表述成显性知识，并将其内在化。这一过程是通过知识创新的四种知识转换模式来实现的。其三，创造相互交流和沟通的机会以建立彼此间的信任关系。建立信任需要运用彼此可以相互理解的形式语言，也经常需要更长时间地进行“共同化”，或者展开双向的、面对面的对话。这样做可以提供打消疑虑并且愿意向对方真诚表示尊敬的机会。该案例中的厂际会议和板仓实行的晨会制度均为双方成员提供了相互交流的机会，并取得了良好效果。通过厂际会议实现了产品规格的标准化，晨会促进了日本和美国两种不同生产方式的相互理解和融合，这既是合作创新成功的关键，同时也是知识创新的本质要求。

三、跨案例分析

本书从创新的组织过程和创新过程中关键问题的解决等方面逐一对松下公司的“家用烤面包机”集成创新项目和新卡特彼勒—三菱公司的 REGA 合作创新项目进行了描述，并结合两个案例对集成创新与合作创新的知识创新属性进行了系统性的分析。本部分将在上述两个案例内分析的基础上进一步通过横向比较进行跨案例分析。表 3–3 展现了两家企业创新过程中的部分关键问题及解决方案。

表 3–3　创新过程关键问题及解决方案的跨案例分析

企业简称	关键问题	解决方案
松下	Easy & Rich 概念开发	工作小组在美国亲身体验
	如何让机器正确地揉面	田中郁子的亲身体验
	降低“冷却器”的成本	制作过程中先加入其他材料，稍后再添加酵母粉
新卡特彼勒—三菱	产品开发初期由于产品开发方式不同造成的冲突	成立地位均等的工作团队，双方工作人员一起工作
	产品规格的全球标准化	厂际会议
	美国和日本生产方式的融合	晨会制度

从表 3–3 不难发现，松下公司和新卡特彼勒—三菱公司在创新过程中对于关键问题的解决方案的产生具有相似性。松下公司“Easy & Rich”概念开发是由工作小组在美国亲身体验美国家庭对烹饪器具需求的隐性知识而最终产生的，在这一过程中知识共同化发挥了重要作用；而新卡特彼勒—三菱公司新产品开发初期由于产品开发方式不同造成冲突的解决是由合作双方成立地位均等的工作团队，双方人员一起工作，经过相互交流和沟通之后逐步解决的，在这一过程中双方隐性知识的共同化同样发挥了重要作用。此外，松下公司“如何让机器正确地揉面”和“降低冷却器的成本”两个关键问题的解决，都经历了起始于个人隐性知

识的知识循环运动，而最终得到解决；REGA 项目中“产品规格的全球标准化”关键问题的解决起始于厂际会议的双向沟通和交流，经过一次次知识的碰撞，形成了对产品规格的统一认识，再经由知识的表出化和联结化形成了标准化的设计图纸。可以说，松下公司和新卡特彼勒—三菱公司创新过程中每一关键问题的解决都是知识运动的结果，整个创新过程是由无数次知识循环运动所构成。松下公司“家用烤面包机”的产品开发，以及卡特彼勒公司和三菱重工合作开发的“REGA”系列产品的开发过程均体现了知识创新的本质属性。

表 3–4　创新过程组织管理的跨案例分析

企业简称	松下	新卡特彼勒—三菱
组织方式	跨职能部门的研发团队	合资公司
知识共享范围	企业内部	跨越组织边界
参与人员	松下公司烹饪器具事业部	卡特彼勒公司、三菱公司
知识共享促进方式	随时随地的团队讨论	定期的厂际会议、晨会

由表 3–4 可以看出，松下公司和新卡特彼勒—三菱公司对创新过程的组织管理方式存在着明显的差异。首先，松下公司采取的是跨职能部门的研发团队的组织形式，而新卡特彼勒—三菱公司采取的合资公司的矩阵式组织结构。其次，松下公司的知识共享范围主要集中在企业内部，而新卡特彼勒—三菱公司的知识共享跨越了组织边界，是更广泛领域的知识共享。再次，在参与人员上也存在着显著差异，松下公司的新产品开发人员全部来自烹饪器具事业部，而新卡特彼勒—三菱公司新产品开发团队来自于双方公司的不同部门。最后，在知识共享的促进方式上也不尽相同，松下公司主要采取的是团队内讨论，而新卡特彼勒—三菱公司采取的是定期的厂际会议和晨会制度。相比松下公司，新卡特彼勒—三菱公司更注重知识的共同化和表出化过程，这可能是因为具有不同文化背景的人在分享隐性知识方面所花费的时间会多一些，具有不同文化背景的人之间建立信任关系也需要更长的时间。

四、研究结果分析

本章在理论研究的基础上，通过案例分析研究了集成创新与合作创新的本质属性。研究结果显示，虽然集成创新与合作创新在组织管理方式、参与人员，以及知识共享范围等方面存在着明显差异，但在本质属性上两者是相同的，即都具有知识创新的本质属性，集成创新是组织内的知识创新，合作创新是跨越组织边界的知识创新。因此，可以认为，集成创新与合作创新具有相似的本质属性，两者都是知识创新的特殊形式。

第四章　集成创新与合作创新 K-S-F 模型构建

第二章和第三章确定了集成创新与合作创新的“知识”契合要素，明确了集成创新与合作创新的知识创新本质，因此，可以从知识创新的角度来分析集成创新与合作创新的契合过程。本章将在前文研究的基础上，运用知识管理与知识创新的相关理论对企业集成创新与合作创新的契合进行理论分析，同时也为下一步的研究提供一个概念基础和分析纲要。

第一节　SECI 模型的理论演进

野中郁次郎提出的 SECI 模型填补了知识创新研究领域的空白，该模型将复杂的知识创新过程简化为隐性知识和显性知识间的流动和转移，准确地揭示了知识生产的起点和终点，但由于它是一个封闭系统，知识的创新被局限于组织内部员工知识的交流与互动，忽视了外部知识来源的重要性，限制了该模型的应用范围。为了使该模型适应于知识创新无边界化的需求，许多学者从不同角度对该模型进行了发展和完善。

李久平[106]在 SECI 模型的基础上，构建了企业内部知识流动螺旋模型，如图 4-1 所示。

在某个层次的组织内部，组织新知识的产生一部分可能来自于外部知识（如合作创新），这是通过组织开放的边界流入的，而另一部分新知识，如 SECI 知识创造螺旋模型中描述的，来源于组织内部已有的隐性与显性知识的互动转化。SECI 模型是多维开放动态螺旋模型的第一种螺旋，也是最基本的螺旋。

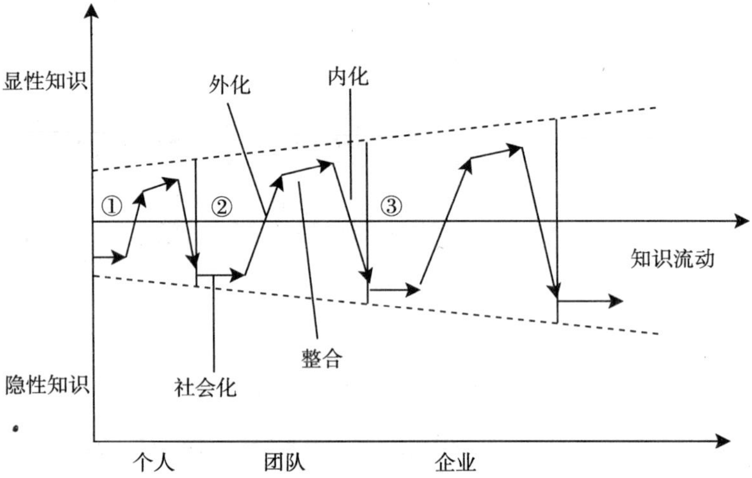

图 4-1　企业内部知识流动螺旋模型

蒋翠清等[136]从系统科学的角度，引入知识的“凝练化”和“沉积化”两个阶段，构建了多维、开放的知识循环系统，如图 4-2 所示。

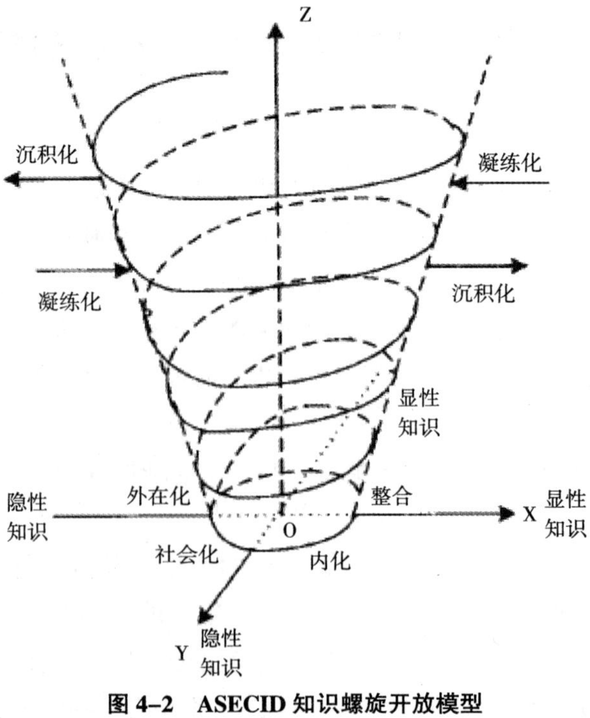

图 4-2　ASECID 知识螺旋开放模型

耿新[137]在 SECI 模型的基础上，构建了 IDE–SECI 模型，该模型考虑了外部知识的输入对原 SECI 模型的影响，把输入的外部知识划分为外部个人隐性知识、外部组织隐性知识、外部个人显性知识和外部组织显性知识四种类型，其输入组织的方式为外部隐性知识的潜移默化、外部个人显性知识的直接引入和外部组织显性知识的直接引入三种，其作用过程如图 4–3 所示。

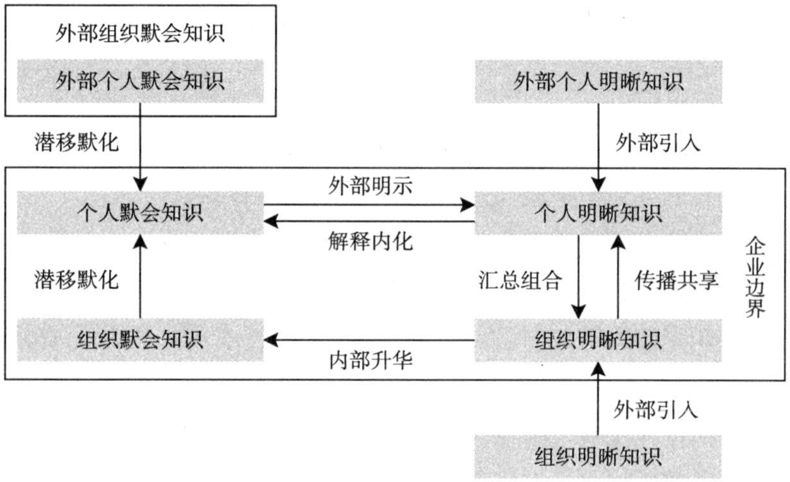

图 4–3　IDE–SECI 模型

此外，杨德群、杨朝军[138]从认识论和本体论的角度出发，建立了基于认识论和本体论的知识创造螺旋模型。他们认为，SECI 模型在知识创造的每个层面和层面之间都会发生，并且知识创造的范围随着层级的提高也在不断扩大。不同层面之间的知识转化过程是相互促进的，一方面，下层层面的知识组成并促进了上层层面的知识创造；另一方面，上层层面的知识又对下层层面知识的创造产生了促进作用，推动了下层层面知识的转化和创造。这样，从知识创造的所有层面看，就呈现出一种螺旋上升的创造过程。

随着知识创新与技术创新研究的日益融合，一些学者试探性地从知识创新的角度探索企业技术创新的过程和运作机制，形成了知识创新与技术创新融合研究的雏形。汪寅、王忠、刘仲林[139]在分析了原始创新过程和知识演化过程的基础上，提出了基于知识螺旋理论的原始创新演化机制，如图 4–4 所示。

该模型显示，通过知识的表现化（表出化）、联结化（组合化）、内在化（内隐化）和共同化过程形成的知识螺旋，可以促使原创性知识在个体知识与群体知

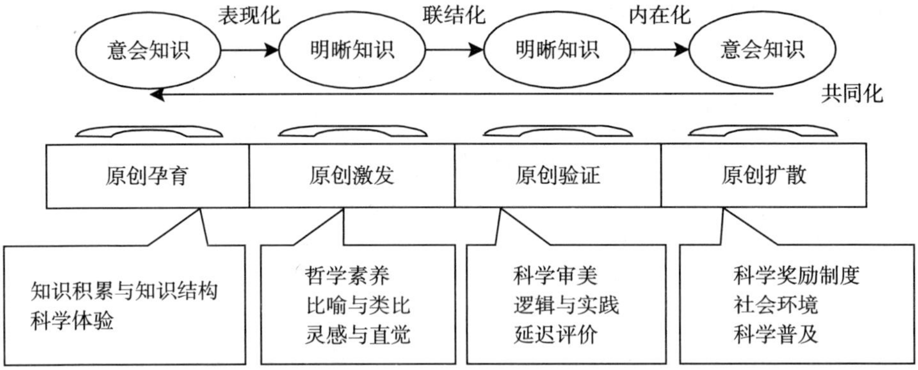

图 4-4 基于知识螺旋的原始创新演化机制

识、隐性知识与显性知识中流动，从而实现原始创新。

综上所述，知识螺旋模型揭示了知识创新的内在过程，其本质就是不同类型和不同形态的知识在不同层次、不同知识载体间的流动、转移和应用，知识创新就发生在这种知识的流转过程中。知识的获取、共享和应用构成了知识创新的主要内容和基本环节。经过众多学者的发展和完善，知识螺旋模型已经由最初的组织内部知识创新扩展至跨越组织界限的知识创造，包含外部知识的获取、内外知识的整合、交流和应用。这为运用知识螺旋模型分析企业集成创新与合作创新的过程提供了理论支撑。

第二节 集成创新知识运作机理

一、集成创新过程模型

（一）集成创新过程模型的理论构建

企业技术创新过程理论认为，企业的技术创新是一个从新思想或新发现的产生，到概念形成、研究与开发、试制、评价、生产制造，是首次商业化和技术扩散的过程。李江、和金生[68]从知识创造的角度剖析了企业技术创新的过程，构建了组织技术创新模型，如图 4-5 所示。

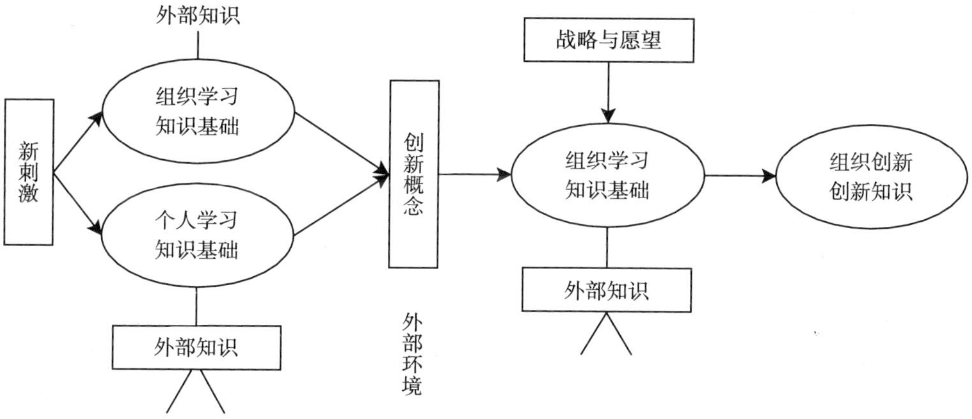

图 4-5 组织技术创新模型

企业技术创新起始于外部环境变化所带来的新刺激，这种新刺激既包括技术探索的新发现，也包括市场的新变化等。这种变化启发了个人或组织的学习活动，产生了某些创新性的概念和思想，这些创新性的概念和思想不断在组织范围内进行培育、扩散和应用，形成创新性的产品、工艺等最终的创新成果，从而完成了组织的技术创新过程。该模型揭示了组织技术创新的知识本质，刻画了技术创新过程中知识的流动与转化过程，从知识基础、外部知识及创新知识三个方面强调了知识创新对组织技术创新的重要作用。

集成创新作为企业技术创新的一种新范式，具备企业技术创新的一些基本特征，同样遵循企业技术创新的过程理论。我国一些学者从不同角度探讨了企业集成创新的过程。卢显文、王毅达[140]从技术层面探讨了产品开发的集成创新过程，提出了产品开发集成创新的四阶段模型。产品开发集成创新是整合的、一体化的产品开发过程，包括概念开发、研究、整合及开发四个阶段。它是在了解顾客需求的基础上，通过利用现代信息技术，把市场信息集成化并转化为产品概念，然后根据形成的产品概念在众多技术选择中挑选出最适合的技术进行研究，再通过研发与制造等人员的共同努力，最后转变为满足顾客需求的有形商品。该模型与 Donald 等[141]提出的产品开发创新过程模型相一致，其实质就是对现有的产品开发过程进行集成化改造。

张方华[111]在技术创新过程理论基础上，构建了集成创新的过程模式，即企业集成创新是一个从新产品概念—科学研究—技术开发—商业化的反馈和互动的过程，企业内外部各种资源的集成伴随集成创新的整个过程。其中，新产品概念来源于信息集成，科学研究来源于内外部已有的知识集成，技术开发是各种新技术或成熟技术集成的结果，新产品商业化过程则是生产、营销和服务等要素集成的产物，组织集成贯穿于集成创新的整个过程。该模型突出了集成创新的过程性，强调了不同集成要素在集成创新过程中的独特作用。集成创新本身是一个多要素相互整合、协同的过程，创新过程的每一阶段都伴随着不同要素的相互集成，该模型过分强调了单个集成要素的作用，忽视了多种集成要素的协同。

德鲁克[100]曾指出，组织的技术创新过程就是组织利用知识创造新知识的过程。任何一项技术创新，不论其是简单的或是复杂的，都可以从知识创造的角度加以解释。因此，作者在技术创新过程理论及野中郁次郎提出的知识创新五阶段模型的基础上，借鉴陈劲、卢显文和张方华等人的研究成果，融合系统集成思想，提出了基于知识创新的企业集成创新过程模型，如图 4–6 所示。

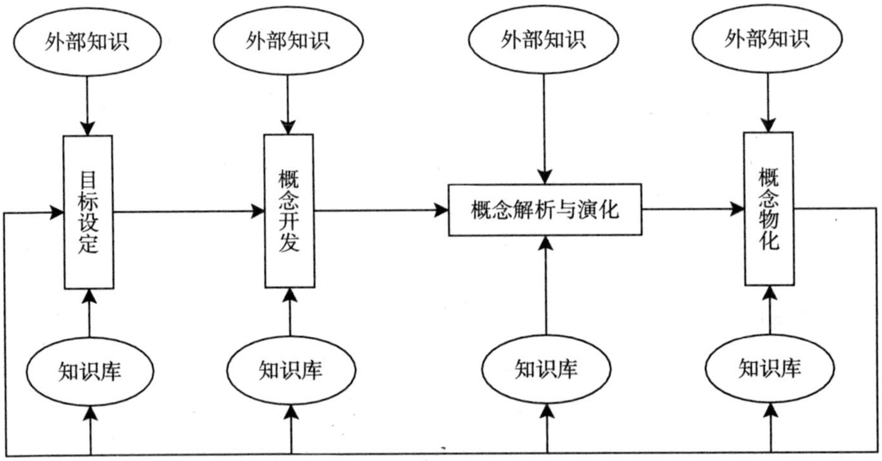

图 4–6 基于知识创新的企业集成创新过程模型

企业集成创新是一个往复的循环过程，每一个循环都包含目标设定、概念开发、概念解析与演化及概念物化四个基本阶段。每一个阶段既是特定知识的形成过程，也是向下一个阶段运动的动态过程。集成创新起始于外部环境变化带来的新刺激与企业既有知识库的集成，两者的整合形成企业集成创新的目标。在目标的指引下，集成创新主体进行有目的的知识学习，产生某些具有创新性的思想概念（知识创新），这些思想概念经由个人—团队—组织范围的不断解析和演化，最终将概念物化为技术、工艺和产品等有形的创新成果，从而完成企业的集成创新过程。值得提出的是，此处所指的“概念物化”是广泛意义上的概念物化，因为集成创新的成果可以是有形的产品、技术、专利等，也可以是软性的价值观、组织结构等。所以，概念物化形式可以有硬物化和软物化两种形式，具体是哪一种形式由企业集成创新的内容决定。

在创新成果实际应用或商业化的过程中，企业可以根据外部环境的变化和自身实际设定新的集成创新目标，从而开始新一轮的集成创新过程，新的集成创新是在原有创新成果基础之上的更高水平创新，这样集成创新就形成了螺旋式上升的循环过程。该模型揭示了企业集成创新的知识创新本质，刻画了集成创新过程中的知识整合与转化过程，从企业知识库、外部知识、创新知识、个体知识和组织知识等方面强调了知识的组织管理对于企业集成创新的重要作用，同时该模型还体现了集成创新的连续性、持续性和动态性特征。

知识库是指存在于组织内部的各种知识，既包括员工个体的隐性知识和显性知识，也包括组织的显性知识和隐性知识，虽然这些知识不是完全针对集成创新活动存在的，却是集成创新产生的土壤，尤其是员工个体的隐性知识更是集成创新中不可缺少的。企业在集成创新活动的每个阶段都会根据需要调用知识库中的特定知识，并通过创新活动不断丰富企业的知识库。除此之外，组织还必须根据创新的需要吸收相关的外部知识，主要包括组织外部的技术机会及知识溢出，[142] 通过外部知识和内部知识库的有机集成，最终创造出物化于有形成果中的新知识，这些新知识进一步丰富和充实企业内部的知识库。因此，集成创新实质上是组织充分利用现有知识，不断获取、吸收外部知识，并与内部知识相互整合，进而创造新知识的过程。[143] 虽然该模型将企业集成创新划分为四个阶段，但实际上，企业集成创新过程是一个不断反馈和调整的过程，每一个特定的阶段都要根据前后阶段的变化做相应性的调整来适应各种变化。

（二）集成创新过程模型的案例检验：本田公司“Honda City”产品开发过程①

20 世纪 70 年代中后期，本田公司高层领导逐渐意识到，大众对本田公司的 Civic（思域）和 Accord（雅阁）车型太熟悉了，而随着新生代的成长，消费者对汽车的需求类型和特点必然会有所改变，有必要开发一款新的汽车以满足新一代消费者的需求。同时，公司管理者也认为，随着战后出生的新一代消费者开始购

① 该案例原型来源：野中郁次郎，竹内弘高. 创造知识的企业——日美企业持续创新的动力 [M]. 李萌，高飞译. 北京：知识产权出版社，2006.

买汽车，年青一代设计师的思路也将与传统的汽车设计观念不同，对什么样的车才算得上是好车会有独到的见解。1978年，本田公司高层管理者在对外部市场知识和企业内部知识综合分析的基础上，宣布开发一款新概念轿车，提出了“让我们一起去冒险”的产品开发口号和目标。

在“让我们一起去冒险”口号和目标的指引下，公司建立了一支由年轻工程师和设计人员组成的新产品开发团队（平均年龄27岁）。高层管理者向该团队提出两项指示，而且只有两项。首先，提出一个根本不同于本田公司以前任何汽车的产品概念；其次，设计一辆不昂贵但也不廉价的汽车。尽管这项使命听起来有点儿含混不清，但实际上，它为开发团队提供了非常清晰的方向感。

在经过对外部市场需求信息、消费者特征和汽车行业发展历程等知识的综合分析后，项目团队负责人渡边洋男提出了“汽车进化论”的思想。如果汽车是生命体的话，那它会怎样进化呢？当团队成员对渡边的口号到底表达什么意思进行多次的探讨和争论后，他们用另外一个口号给出答案：人最大化、机器最小化。这个口号捕捉到了该团队的信念：理想的汽车应当超越传统的人类与机器之间的关系。这实际上是对渡边洋男所称的“底特律常识”——为了外观漂亮可以牺牲内部舒适——汽车设计思想的突破和超越。

在“汽车进化论”思想的指导下，经过项目团队成员无数次商讨和论证，最后表述的汽车“进化”方向是以一个球形体现出来的，一款既短（长度上）又高（高度上）的轿车。与传统的轿车相比，这款轿车不仅更轻、更便宜，而且更舒适、更结实。球形可以为乘客提供最大的内部空间，同时占用路面空间最小。而且这种形状使发动机和其他机械系统所占用的空间达到最小化。就这样，被该项目团队称为“高个小子”（Tall Boy）的产品概念诞生了。这个概念最终催生了该公司独特的城市型轿车——Honda City的诞生。

“高个小子”这一概念虽然违背了当时强调车身长而低的传统汽车设计常识，不过Honda City的革命性风格和工程设计具有一定的预言性。这款车型标志着日本汽车产业基于“人最大、机器最小”的理念开拓全新的设计方式的诞生。

Tall Boy产品概念诞生以后，项目团队联合市场、生产和技术部门对产品概念从工业设计的角度进行了深入解析和论证，并最终确定了产品规格、零部件规格等详细的产品技术标准，在技术上保证了新产品大批量生产的可行性。1981年11月，凝结了开发团队知识创新成果的Honda City正式投放市场。

由案例描述可以看出，本田公司Honda City产品开发是典型的集成创新过程，其开发过程实际上也经历了战略目标设定（让我们一起去冒险）、新概念开发（Tall Boy）、概念解析与演化（技术论证和工业设计）及概念物化（产品生产）四个阶段，而每一个阶段的成果都是知识创新活动的结果，都包含了不同来源、不同类型知识之间的交流和共享。该故事显示新知识源自个体和如何将个体知识转换成对整个组织有价值的组织知识。通过对话、交谈、经验共享和观察等方式，知识可以在团队层面被放大或结晶。这个例子说明在知识创造过程中团队所起到的核心作用，他们提供了个体彼此进行相互作用的共有情境。团队成员通过对话和讨论创造出各种观点。虽然这种对话可能引发相当多的冲突和不一致，但是，正是这样的意见冲突才推动员工对既有前提提出质疑，并从新的角度来理解他们的切身体验。这种动态的互动过程促进了个人知识向组织知识的转换，并最终促成了 Honda City 产品概念的诞生。因此，从某种意义上说，Honda City 的开发过程就是知识创新的过程。这也在一定程度上佐证了本书提出的基于知识创新的集成创新过程模型的合理性。

二、集成创新知识螺旋模型

前文研究已证明，集成创新具有知识创新的属性，本质上是知识创新的一种形式。本部分将依据上文所构建的集成创新过程模型，探讨集成创新过程的每一阶段与知识创新的关系，在此基础上构建集成创新知识螺旋模型。

（一）集成创新目标设定与知识创新

设定创新目标是集成创新过程的第一阶段，该阶段类似于集成创新要素中的战略集成，主要由企业高层决策者来完成。集成创新目标设定过程实质上是企业创新组织者利用自身的知识储备，对存在于企业内、外部的知识进行充分的比较和分析、整合与集成，从而产生创造新知识的需要，并进一步明确创造方向和要求的过程。在目标设定过程中，决策主体除了借助某些科学方法之外，更多地依赖其具备的经验、直觉、洞察力等隐性知识及相关专业知识进行判断。因此，目标设定过程既涉及显性知识的开发和利用，也涉及隐性知识的挖掘和转化。集成创新目标设定过程如图 4–7 所示。

创新目标的形成来源于外部刺激和内部知识的集成。外部刺激包括显性刺激和隐性刺激两种。显性刺激主要是指那种变化比较明显、具有固定的衡量指标的外部环境变化，企业决策者只要掌握一定的相关知识基础就能较容易地认识到这种刺激。例如，经济危机、市场销售额急速下降、市场占有率急速下降等。隐性

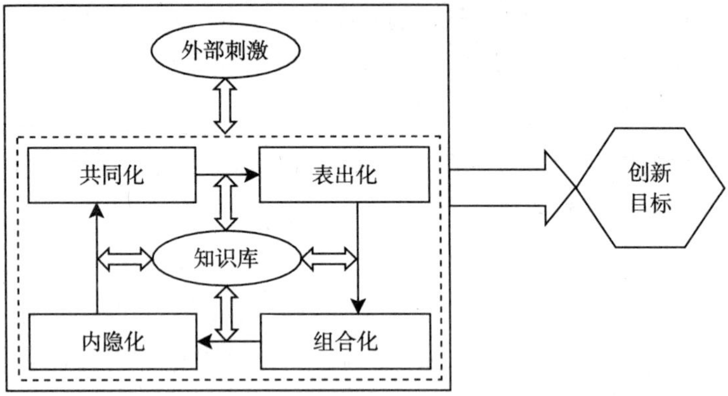

图 4-7　基于知识螺旋的集成创新目标设定过程

刺激是相对于显性刺激而言的，主要指那种变化比较平缓、没有明确的指标加以衡量的刺激。显性刺激往往会成为企业转变的外部推力。对企业来说，更为重要的是隐性刺激，而对隐性刺激的认识则主要取决于人的隐性知识，如本田公司 Honda City 汽车的开发就是公司高层管理者对外部隐性刺激感知后做出的决策。

决策主体依赖自身的隐性知识对外部刺激形成隐性认识，经由团队内讨论等共同化过程，将隐性知识表出成显性知识，不同类型显性知识的组合形成最初的原型，不同决策个体对初始原型形成隐性认识，丰富自身的隐性知识，从而完成一次知识循环运动。这一知识循环运动过程是外部刺激与企业内部知识相互融合、相互作用的过程。集成创新目标的最后形成往往会经过多次类似的知识循环过程，每一次循环都是建立在上一次循环的基础之上，是对上一次循环的完善，是在更高层次上的知识运动，这样，知识循环运动就形成了螺旋上升的态势，经由多次知识循环运动后，最终形成集成创新目标。

（二）概念开发与知识创新

新概念的创造与集成创新目标设定过程具有相似的知识运行过程和机理，不同的是两者所处的层次有所差异。目标设定属于企业的战略组织层次，而新概念的创造则属于项目研发的团队层次。新概念的开发往往会经历一个从无知到有知的转变过程。对于新给定的开发任务，研发人员刚开始基本处于无知状态，解决问题所需要的知识尚未建立联系，处于离散状态。[144] 此时，研发团队和成员往往通过内外学习扩展自己的知识储备，以克服对新任务的无知。实际上，该过程是研发人员在一定知识积累的基础上，整合各类原始知识，而产生灵感的过程。在知识形态上，主要是研发人员运用自身隐性知识整合所获得的各种显性知识，并将之转变为个人隐性知识的过程。

研发人员对研发任务有了初步感知后，开始使用一系列的符号、数字和文字等描述和表达所产生的创新灵感和思想，以便为他人所理解和掌握，也就是将自己的隐性知识显性化。单个员工的新思想可能是片面的、零碎的和不成熟的，因此，员工间的知识交流与共享就成为必然。通过员工间不断地交流、讨论甚至争议，最终就某些问题达成一致见解，找到解决问题的思路。在这一过程中，员工个体的隐性知识经过显性化和知识共享逐渐转变成组织显性知识，并内化为组织内其他成员的隐性知识，同时也增加了员工个体的知识存量。小组讨论是该阶段知识交流和共享的重要方式，其内在包含两个子过程：首先，拥有不同知识的个体通过小组讨论这一平台，将个人知识与其他成员共享，不同个体的知识基础得以扩大；其次，在知识分享的基础上，通过小组讨论进行沟通、讨论和争论并记录等整合机制，离散、无序和分属于不同主体的知识得到系统化[145]。总的来说，集成创新概念的开发是一个从对问题的无知转变到知晓并描述和探索，最终达成一致的过程，其结果直接导致组织知识大量增加。

（三）概念解析、演化与知识创新

概念解析与演化是指研发人员对概念开发阶段形成的新概念进行分解、实验和测试，以验证新概念物化的可行性。从知识集成的角度看，主要是探索新知识，挑选开发组织要运用的知识，并努力将这些知识要素整合成一个系统性的知识概念。该阶段包含了技术创新理论所阐述的一般意义上的研究与开发两个环节。在新概念的指引下，研发人员收集大量的与新概念相关的数据、信息和知识，并对之进行整理和分析。通过对这些资源要素的整理和分析，研发人员将新概念分解为若干要素，并知晓各要素间的关联和变化，以及各要素的影响因子，对所采集到的不同数据、信息和结果做出解释，并为这些解释找到理论依据，从而形成一个完整的、系统性的知识概念，为下一步的概念物化奠定理论和实践基础。

概念解析与演化是一个漫长的探索过程，需要全体研发人员的共同努力。该过程是不同载体、不同层次、不同类型知识相互交融、整合与集成，并产生新知识的过程。这一阶段的实质是，通过对个人角色的认知，成员各自整合与集成内外知识，并相互协调，努力发挥自身价值以完成组织任务。该过程包含个体隐性和显性知识的转化、个体间隐性知识的转移、个体知识向组织知识的转化等多个知识运行过程，经过诸多转化过程，最终形成一个为所有成员所共知的知识概念。在该阶段，通过对外部公共知识和组织内专业知识的重构，组织创造出大量新知识，其中部分通过编码、记录等手段转化为显性知识，部分内隐化为组织内员工的隐性知识。

（四）概念物化与知识创新

概念物化是在概念解析与演化基础之上的实践演进，是理论指导实践的过程，是应用新知识并产生新知识的过程，是科技知识转变成产品知识，并进一步集成生产知识、营销知识和市场知识等其他形态知识的过程。该阶段的成果是成型的技术、服务、流程或产品等物质形态。一般而言，概念物化包括两个方面：一是新产品或新服务的生产；二是将新产品或新服务商业化。经过概念解析和演化，研发人员已基本能掌控研发的进程和结果，此时组织需要进行新产品试生产和现场工艺试验，以完成新产品或新服务的生产。同时，还需要将新产品、新技术投入市场，实现创新成果的商业化，完成企业“惊险的一跃”。这一过程的知识整合与集成范围将超越研发部门的界限，研发部门与生产、销售和管理等部门的知识交流将大为增加，也即生产人员、销售人员等也参与知识集成中，以实现科技知识与产品知识和市场知识的有效集成，保证创新概念的有效物化。

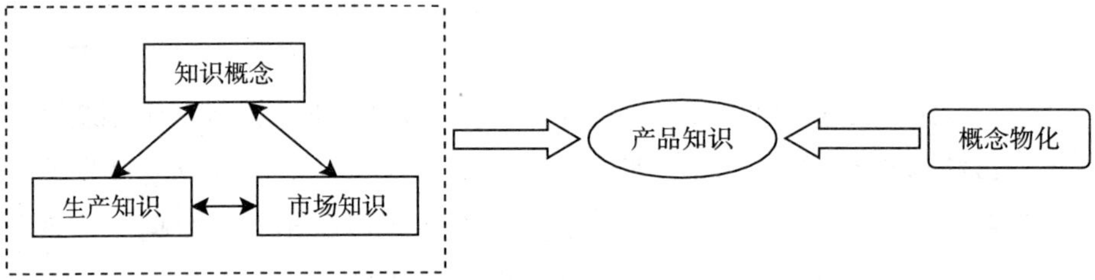

图 4–8　概念物化过程

创新概念物化过程可以理解为跨部门、跨组织的知识集成过程。如图 4–8 所示，概念物化是概念解析与演化阶段形成的知识概念与生产制造知识和市场知识不断交融及集成的过程。研发人员在与生产制造人员和销售人员的知识交流和共享中，不断创造新知识以丰富和完善原有的知识概念和产品设计，并指导新产品的生产制造。在新产品商业化过程中，研发人员要不断吸收和集成市场知识、产品知识和客户知识，对新产品或新技术反复微调，以尽量满足客户的要求。同时，新知识的扩散和应用又为组织后续研发提供了雄厚的知识基础，在更广泛的应用中找寻问题，开始新一轮的知识集成。在该阶段，组织创造大量新知识并使之显性化。

概念物化过程是研发人员、生产制造人员和营销人员进行个体知识交流、共享和不断转化的过程。参与概念物化的所有成员在与其他人员的知识交流和共享中，不断丰富自身的知识存量（包括隐性知识和显性知识），并将个体知识转化成为其他成员所认知的组织知识，每一次转化都是在原有基础上的更高水平的知识运动，这样就形成了循环上升的知识螺旋运动。实质上，概念物化就是无数次的知识螺旋运动过程。

实际上，企业的集成创新过程是一个不断反馈和调整的过程，每一个特定的阶段都要根据前后阶段的变化做相应的调整来适应各种变化，各阶段之间并无明晰的时间界限，尤其是概念开发、概念解析和演化两个阶段，在实际开发过程中，这两个阶段往往会有重叠，甚至会有反复。

（五）集成创新知识螺旋模型

基于知识螺旋的企业集成创新演化过程如图 4–9 所示。

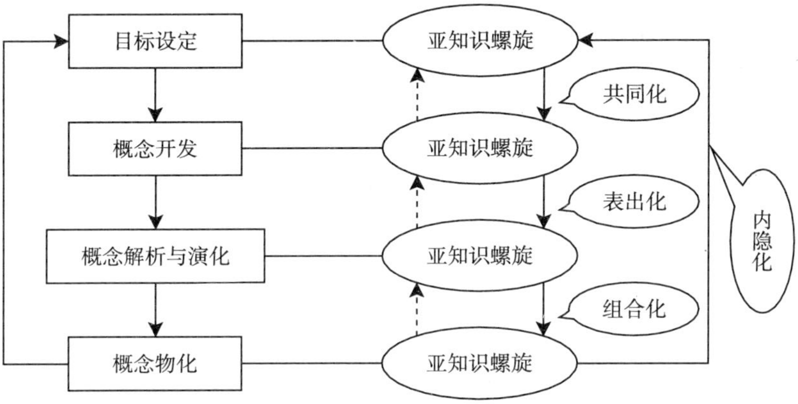

图 4–9 集成创新知识螺旋模型

集成创新每一阶段的成果都是知识螺旋运动的结果，都存在着起始于个体隐性知识终结于组织隐性知识的知识转移和转化过程。一个完整的集成创新过程起始于战略决策者的隐性知识，此时集成创新的目标尚处于模糊和无法言传的状态，必须通过各种方法将战略决策者的隐性知识转化为企业成员所认知的显性知识。根据知识螺旋理论，战略决策者的隐性知识经过螺旋运动而不断丰富和完善，最终转变为能够为组织成员所认知的组织知识，也就是集成创新目标的形成。之后，集成创新进入第二阶段：概念开发阶段。实际上，概念开发就是从创新的目标出发完成系统的建构过程。概念开发起始于研发人员对创新目标的隐性理解，也就是研发人员隐性知识的形成。当然，隐性知识的形成要借助于企业内外的显性知识。隐性知识在不同个体之间的交流、共享和转移会加深和升华研发人员对集成创新任务的认识，经由一次次的知识循环运动后，不同个体的隐性知识最终转变成为成员所认知的系统性的知识概念。由此得到的新概念、新模型和新理论等必须在第三阶段加以检验，以验证其可行性。检验过程实际上就是为创新准备知识的过程。创新员工按照一定的原则分工协作，选择实施创新概念所需的知识类型和各类知识的广度和深度，盘点已有的可供使用的知识，找出供需之间的差距，并设法获取对应于上述差距的知识，然后找到或创造一种新的集成方式、方法以达到原来的要求。本质上，该阶段也是应用现有知识并产生新知识的过程。经过上述过程，创新所需的知识已经大致完备，此时则需要寻求理论知识与实践知识的融合，也就是进入概念物化阶段。在该阶段，众多新知识得到充分应用与扩散，最终物化到有形的产品、工艺或服务中，进而转变为组织隐性知识。这样，战略决策者的原创性知识从隐性知识开始经由四阶段的知识螺旋运动又回到了隐性知识中去，实现了知识的一次螺旋式发展。

如图 4-9 所示，就系统性而言，集成创新是一个系统性的知识螺旋运动过程，在集成创新的每个阶段都对应着一个小范围的知识螺旋运动过程，我们称之为亚知识螺旋，亚知识螺旋的整体性循环运动构成了集成创新的系统性知识螺旋。

第三节　合作创新知识运作机理

一、合作创新与知识创新过程要素的关系

如前所述，知识是合作创新的本质存在，合作创新是跨越有形组织边界的知识流转，是知识创新的一种方式。因此，可以借助于知识创新的基本原理分析合作创新的运作机理。野中郁次郎认为，知识获取、知识共享和知识应用是知识创新的主要内容和三个基本环节，本书就沿用这一说法探讨合作创新与知识创新之间的内在关系。

(一) 知识获取是企业合作创新的目的和基础

知识获取能力已成为企业核心能力的重要组成部分。在当今知识经济时代，任何一个组织和个人都不可能拥有发展所需要的全部知识，都不可避免地要从外部获取知识。即使在企业内部，知识获取也是不可避免的。由于知识异质性的存在，企业内的个体和团体要解决不断出现的新问题就必须持续地从其他个体和团体中获取知识。因此，从广义上讲，知识获取是个体或组织为解决所遇到的问题而寻求外部知识支援的过程。知识已成为企业重要的战略性资源，如何有效获取外部知识、扩充企业知识库对于企业的未来发展至关重要。合作创新是企业与其他组织的一种联合创新行为，内含知识的获取、转移、共享和创新。合作创新中的知识获取是指企业在合作创新过程中从他方或是己方内部寻找到自己所需的知识，并获取的过程。这一过程在创新合作体的形成之初即已开始。获取自身所不具备的且无法独立获得的知识是企业进行合作创新的重要动机之一。也就是说，知识获取是企业合作创新的目的之一。对于带有明确的知识获取目的的合作成员来说，知识的获取是这一合作创新活动的基础和前提。此外，企业在组成合作创新体之前，要做出一系列诸如合作主体的选择、合作模式的制定、合作深度和宽度的确定等决策，科学的决策需要以企业获得充足的知识为前提。因此，获取足够多的知识是企业进行有效合作创新的先决条件。总的来说，知识获取既是企业合作创新的目的，又是合作创新的基础和前提。

(二) 合作创新是跨越组织的知识共享

知识共享是指组织、团队和组织内员工的显性知识和隐性知识通过各种共享手段为组织或组织中其他成员所共同分享，从而转变为组织的知识财富，知识共享内含有知识转移过程。本质上知识共享是可复用性的共享，即知识提供者与知识接受者共享知识之后，知识提供者还拥有这种知识，甚至通过互动交流，知识提供者的知识还会增加。[146] 知识共享是知识的一种传播和扩散，知识只有在传播中才能得到发展。在合作创新过程中，知识共享包含两层含义：一是合作创新主体之间的知识共享，可称为组织间的知识共享；二是通过合作创新获取的新知识在组织内部的共享，也称为组织内的知识共享。根据知识螺旋模型，隐性知识外化为显性知识，显性知识与显性知识之间的综合及显性知识内化成为新的隐性知识，隐性知识经过社会化成为显性知识，这些步骤都离不开知识的共享和转移。可以说，知识的螺旋创新过程其实就是知识的共享和转移过程。[147] 组织间知识共享是合作创新的基础，只有合作双方都有共享知识的意愿，并采取切实措施以让对方感受到共享知识的诚意，合作创新过程才可能得以顺利进行。对参与主体来说，知识共享和转移是企业向合作伙伴学习并积累知识的过程。企业通过与其他企业或高等学校、科研院所之间的合作创新，将外部知识内部化，实现知识共享与知识互补，从而提高企业的知识创新能力。[148] 因此，合作创新过程，不仅是一个制度创新的过程，而且也是一个知识共享的过程。解决知识的有效共享是合作创新的关键，同时知识共享也成为合作创新的基础，通过共享机制将知识、经验进行最大范围的传播，使知识、经验的价值在最大限度上得到体现，促进企业之间知识的良性流动和增值。[55] 从总体上看，知识共享与合作创新是互为条件的，组织间知识共享是合作创新得以顺利进行的前提条件，合作创新又构成企业内部知识共享的源泉。通过合作创新获取合作伙伴的知识，并在组织内共享就成为企业合作创新的内在要求。

（三）合作创新的终极目标是应用获取的新知识

企业合作创新目的是通过合作的形式获取外部知识，并将之与企业内部知识进行整合并创造新知识。Debra M.Amidon [149] 认为，知识创新是指为了企业的成功、民族经济的发展和社会的进步，创造、演化、分配和应用新的思想，使其转变成为市场化的商品和服务，即知识创新是为了满足未来竞争的需要，在创新过程中除了包含构建未来可持续性发展的基础外，还要产生新的思想并将其融入有发展前景的商业产品中去。从 Amidon 的知识创新定义来看，知识创新的概念远比技术创新要大而且也要抽象得多，它包括知识的产生、分配和使用的全过程，体现了知识经济各个层面的内容。合作创新过程中的知识应用和创新也包含两层含义：一是将合作双方提供的知识加以整合和应用，以完成合作创新过程，创造新知识；二是指将从合作创新伙伴那里获取的知识及通过合作创新过程产生的新知识内化为企业内部知识并创造新知识的过程。合作创新中的知识管理的目的就是使知识能够应用于合作项目的创新过程及企业未来的生产实践中，更好地创造价值。合作创新本身就是一种知识的创新过程，因而合作创新的目标与知识创新是一致的，并且以多方合作为基础降低了知识创新原有的风险。[150] 总之，合作创新即是各合作方取长补短的过程，参与合作创新的个人和组织在互惠互利的前提下应用原有知识以创造新知识，并将创造的新知识在生产实践中加以应用，以提升企业的长效核心能力和竞争优势。因此，知识应用和创新是合作创新的终极目标，同时，合作创新也扩展了知识应用和创新的领域及范围。

虽然本书将知识创新的过程要素分开单独介绍其与合作创新间的关系，但在实际中，我们很难把知识创新的过程要素完全区分开来，分别研究其与合作创新的作用关系，更多的是将知识创新当作一个整体，探究知识创新与合作创新的相互作用关系。总的来说，合作创新与知识的运动是密不可分的，从知识创新的本质角度来看，合作创新就是跨越组织界限的知识获取、转移和共享、应用与创造新知识的过程，有效的知识创新管理行为有助于合作创新绩效的提升。

二、合作创新知识螺旋模型

合作创新是一个跨组织的知识创造过程，正是因为存在跨组织的学习和知识创造行为，使得合作技术创新活动并非是一个单项线性过程，它通过不同知识主体间的知识流动，不断进行反馈，形成环流。虽然合作创新是合作主体在平等互利基础上的联合知识创造活动，但不可否认，在任何一项合作创新活动中，基本都存在着一个主动参与者，也就是合作创新的发起人，而其他主体大都是被动参与者，虽然其也有一定的合作创新需求，但其合作意愿相比较而言并不强烈，我们把这些参与者称为合作创新的知识客户（合作创新可能有多个参与者，也就是多个客户，但只能有一个发起人）。虽然各合作主体都能够从合作创新过程中获取新的知识，但发起者和参与者对合作创新的认识和重视程度是不同的。发起人通常有明确的合作目标和详细的合作计划与方案，知识客户的目标和计划相对比较模糊，甚至是为了参与而参与。考虑到创新的主体能动性，本书以发起人为主体，探讨合作创新的知识运动过程。

遵循知识创新的基本原理，借鉴任玲等[150]的研究成果，本书构建了合作创新的知识螺旋模型，如图4-10所示。

该模型分为四个阶段：第一阶段为显性知识交流和共享阶段。该阶段双方都比较谨慎，知识交流处于浅层，合作双方主要进行显性知识的共享和转移，发起人从知识客户方获取大量显性知识。该阶段主要是各合作方显性知识的社会化过程，也就是显性知识的跨组织转移过程。

第二阶段为外部知识的内在化过程。该阶段主要是经过企业外部知识的内化系统将知识客户的显性知识转变为企业内部知识。企业往往会组成一个团队参与合作创新，因此，外部知识的内在化主要表现为团队成员的知识运动。团队成员在原有知识积累的基础上，对外部知识进行格式化，并把格式化后的知识按照一定规则进行存储。经过这一过程，知识客户的显性知识转换成为团队成员的内部知识（包括隐性知识和显性知识），这一过程内含隐性知识和显性知识的螺旋运

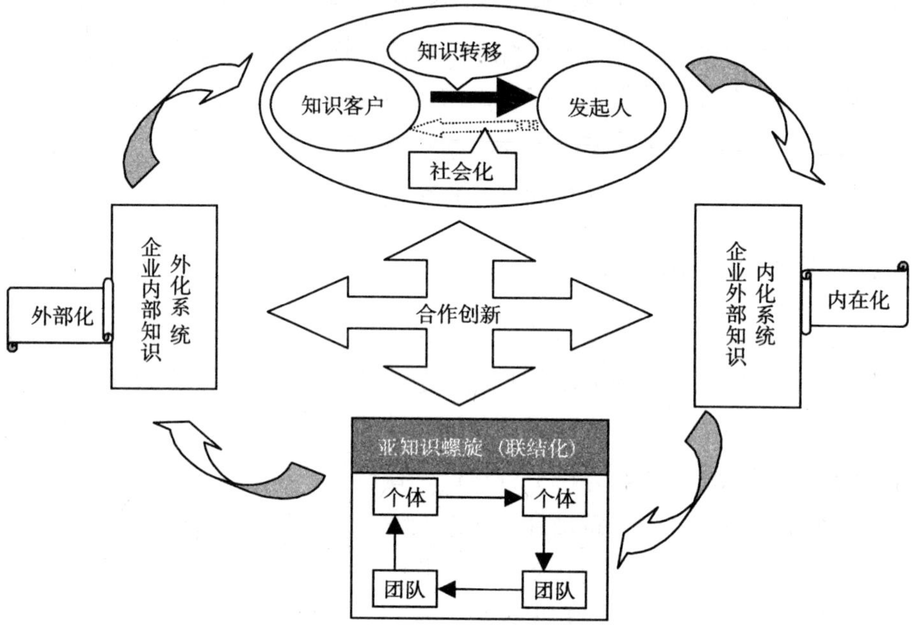

图 4-10 企业合作创新知识螺旋模型

动，每一运动周期均起始于团队成员的隐性知识，经与外部显性知识的融合，最后回归到团队成员的隐性知识。

第三阶段是知识的内部整合阶段。该阶段主要是新知识在组织内部的交流和共享。经过第二阶段，知识客户的显性知识转变成为组织内成员的个体知识，此时的知识是分散的、不成体系的，只有经过知识的内部整合系统，实现知识的联结化，才能将这些知识转换成系统性的内部知识（此时的内部知识更多的是指团队知识）。显性知识的整合方式主要是分类汇总，而隐性知识的整合方式主要是小组讨论。经过成员之间的交流、辩论，甚至争论，分散的个体知识最终转变成为团队知识。同时，该阶段也是查漏补缺阶段，通过知识的内部整合，创新团队对合作创新所需的知识、现有知识及新知识的需求会有更加明晰的认识，从而为下一阶段的合作创新指明方向。

第四阶段是知识的外部化过程，也就是合作创新知识诉求阶段。经过知识的获取、内部化和联结化后，合作创新的任务已基本得到验证，在前几个阶段所进行的知识积累也得到了评定。尤其是经过知识的内部整合，企业对合作创新的知识创新方向有了更深的认识，对进一步的知识获取有了新的需求目标。此时，需要将这种隐性认识转变成能够为知识客户所认知的显性知识，以方便双方合作的深入开展。也就是通过隐性知识—显性知识的外部化过程对合作伙伴做出知识诉求，为下一步合作奠定基础，并开始下一轮知识循环。

值得提出的是，合作创新的实际运行过程是相当复杂的，涉及诸多方面的因素，本书所阐述的企业合作创新知识螺旋运动过程是最简单的一个循环。获取并整合合作方的显性知识只是合作创新前期工作的一部分，对知识客户隐性知识的获取与整合是更为重要的内容[151]。在合作创新初期，由于双方还彼此存在着隔阂，第一阶段的知识转移和共享基本上都是显性知识。但随着合作项目的深入开展，合作双方人员共同体验和交流的机会逐渐增多，知识转移逐渐由浅层的显性知识扩展到深层的隐性知识，更多的时候是隐性知识和显性知识的共同转移和共享。此时，知识转移过程就包含了知识客户隐性知识显性化、社会化和企业合作创新团队成员的联结化、内隐化过程，这四个过程构成一个亚知识螺旋，知识的螺旋运动实现了隐性知识的转移和共享。虽然该过程包含知识的螺旋运动，但本质上该过程是合作双方知识社会化过程，是知识的一种传播和扩散。为简化分析，本书构建了如图 4-10 所示的企业合作创新知识螺旋模型。一个完整的合作创新过程可以被看做是由无数次如上的知识循环所组成。每一次的知识循环都建立在上一次知识循环的基础之上，都会扩大知识共享和转移范围，同时也会加深创新成员的知识积累，扩充企业知识库。

第四节 集成创新与合作创新 K-S-F 模型

一、集成创新与合作创新 K-S-F 原型

在不确定性的动态环境下，任何一个企业既不可能完全依靠自身的知识增强自主创新能力，也不能完全从外部获得持续发展所需要的知识，而只能依靠自身的力量，同时借助于一定的外部资源来培育企业核心能力及不可模仿知识以获得和保持竞争所需要的持久竞争优势，正如德鲁克所指出的“企业技术创新就是应用知识创造知识的过程”。因此，从知识创新的角度来看，企业集成创新与合作创新都是新知识的创造过程，两者在本质上是一致的。基于以上分析，本书在已有研究成果的基础上构建了集成创新与合作创新知识螺旋契合模型（K-S-F 模

型)，详见图 4-11。在集成创新与合作创新知识螺旋契合模型中，合作创新与自主创新不是对立的关系，合作创新是为了更好地实现自主创新，与集成创新相互作用共同推进企业自主创新。

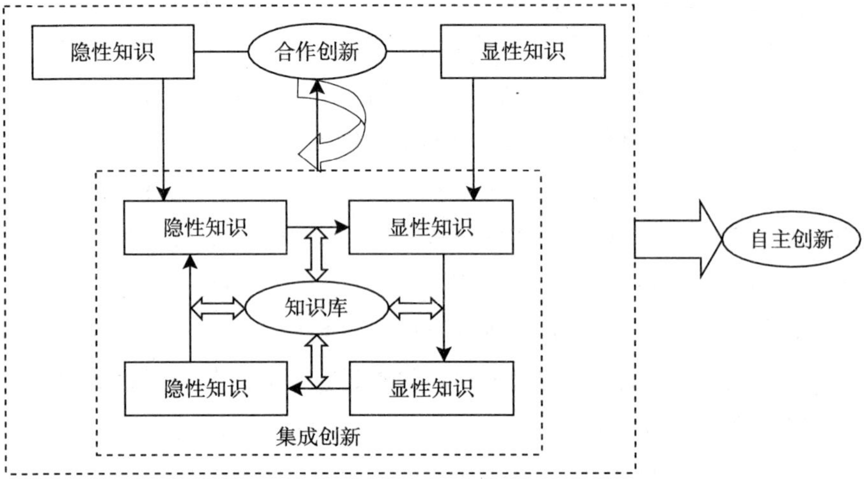

图 4-11　企业集成创新与合作创新知识螺旋契合模型

在图 4-11 所示的集成创新与合作创新知识螺旋契合模型中内含集成创新与合作创新的相互作用关系。集成创新是合作创新的基础，为合作创新提供了知识积累。任何一项技术创新都是建立在一定的知识积累基础之上的，合作创新同样需要企业拥有相当的知识储备。在通常情况下，企业在内部创新无法满足自身发展需要时才会寻求外部合作。集成创新虽然也包含外部知识的吸收和利用，但集成创新的过程主要发生在企业内部。企业内部的一系列集成创新会扩充企业现有知识库，增加企业的知识存量。虽然集成创新并没有设定合作创新目标，但集成创新却在无形中为企业合作创新提供了知识基础。此外，企业持续的集成创新会提高合作创新成功的概率。合作创新的顺利实现需要双方共同投入、共同经营，这就要求合作双方处在同一创新层次或具有水平相当的创新能力。集成创新能力在一定程度上代表了企业的创新水平和整体创新能力，较强的集成创新能力可以扩大企业合作创新伙伴的选择空间，提高合作创新的层次，保证合作创新与企业集成创新目标的一致性。因此，有效的集成创新不但为合作创新奠定了知识基础，同时还可以增强企业合作创新的伙伴选择能力，保证合作创新的顺利实现。同时，合作创新拓展了企业集成创新的外部知识来源。集成创新是企业内外部知识的整合过程，需要充分获取和吸收企业外部知识，甚至可以说，外部知识获取和吸收水平直接决定了企业集成创新的成败。合作创新可以从两个方面为企业集成创新提供外部知识：一是合作方的现有知识，包括隐性知识和显性知识；二是合作创新创造的新知识。这两类知识通过企业的知识内化系统转化成企业内部知识，进一步与企业已有知识融合与集成，创造新的知识，推动企业集成创新。与其他外部知识获取途径相比，合作创新具有较强的针对性、目的性和适用性。作为实现企业自主创新的两种有效方式，集成创新与合作创新相互影响、相互作用，通过知识的螺旋运动整合成一个有机整体，共同推动企业自主创新水平的提高。

对应于隐性知识和显性知识的分类，企业集成创新与合作创新契合模型中存在着隐性知识契合螺旋和显性知识契合螺旋。合作创新不但为企业提供了从知识客户方获得大量显性知识的渠道，同时也为企业创造了大量可供利用的隐性知识，这些知识只有经过二次创新才能为企业真正利用，而知识二次创新的过程正是外部知识与企业内部知识有机整合的过程，也就是合作创新与集成创新有机整合的过程，该过程需要借助于知识的螺旋运动来实现。正如竹内弘高和野中郁次郎所说，知识创造源于个体，组织或团队不能创造知识，他们的角色主要是支援和激励个体的创造活动。知识个体在契合模型中起着主导作用。

隐性知识契合螺旋的知识循环运动起始于合作创新知识个体的隐性知识，并终结于合作创新知识个体的高层次隐性知识。合作创新知识个体在一定的知识积累基础上，通过观察、感悟、模仿和实践等方式，与合作伙伴知识个体进行交流，使得难以表达、传播沟通和共享、难以格式化及根植于实践经验的技能、技巧诀窍和各种无形因素，如心智模式、信念和价值观等合作伙伴方的隐性知识转化成个体的隐性知识。[152] 与此同时，将合作创新所创造的新知识内化为自身的隐性知识。对于合作创造的新知识，企业必须进行消化和吸收，并在内部完成整合，才能将其真正融入企业核心能力体系之中。[153] 因此，合作创新知识个体必须与企业集成创新知识个体进行充分的交流和沟通，使合作创新的隐性知识转化成能够为集成创新知识个体所认知的显性知识，开始合作创新隐性知识在集成创新过程中的螺旋运动。经过一系列的螺旋运动后，合作创新隐性知识完成了集成创新阶段的内部整合，并经过企业知识外化系统对合作创新产生新的知识诉求，用以指导下一阶段的合作创新。

相对于隐性知识契合螺旋的运动过程，显性知识契合螺旋的运动过程则简单得多。对于合作创新显性知识，知识个体可以通过将其编码化、格式化和文档化等方式转变为自己所掌握的显性知识，经过与集成创新知识个体的简单交流和沟通，这类知识就可以方便地从合作创新阶段转移至集成创新阶段，之后进入集成创新阶段的知识内部整合阶段。经过一系列的内部知识整合活动，合作创新显性知识被企业集成创新充分吸收、利用，直至创造出新的知识，并对合作创新提出更高层次和更明晰的知识需求，为合作创新的知识创造指明方向。

值得提出的是，在创新实践中，隐性知识契合螺旋与显性知识契合螺旋并不是孤立存在的，而是共生共存的。正如我们很难清晰地区分隐性知识和显性知识一样，在现实中，我们也无法将两者截然分开，为了便于理论上的解释和理解，本书对两者稍加区分。隐性知识契合螺旋与显性知识契合螺旋只存在表现形式上的差别，并没有本质上的不同。因此，我们可以将两者统称为知识螺旋契合模型。

集成创新与合作创新知识螺旋契合是一个内外结合的过程。通过合作创新从外部获得并积累的知识在组织内部得以广泛的共享，储存在企业的知识库里，为从事开发新技术和新产品的人所广泛利用。在知识利用过程中，他们会根据需要进行某些必要的转换，这些转换最终以新产品、新服务或新系统的形式对外界产生新的知识诉求。在这种内外转换中，新知识被创造出来，集成创新与合作创新也是在这种转换中实现了知识创新层面的融合和共生，而这一切的实现均依赖于组织成员之间的密切和辛勤的相互作用。

值得提出的是，在集成创新与合作创新知识螺旋契合模型中，集成创新、合作创新、知识创新和企业自主创新构成了一个完整的创新体系，如图 4-12 所示。集成创新与合作创新在知识创新层面实现协同发展，共同作用推动企业自主创新水平的提升。

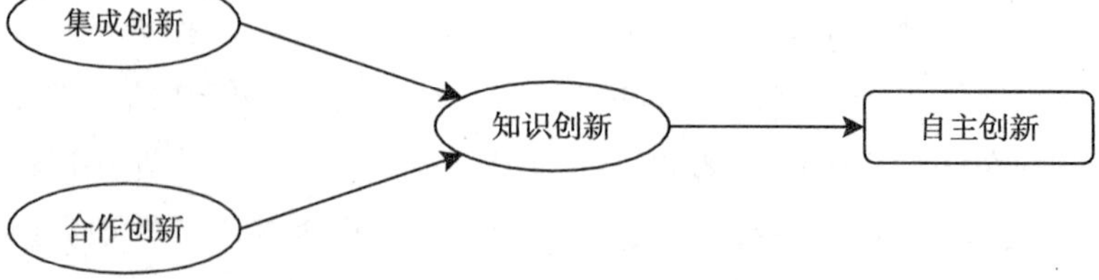

图 4-12　集成创新、合作创新、知识创新与自主创新的关系

由以上分析可以看出，在集成创新与合作创新知识螺旋契合模型中包含内外部知识的创造、转移和整合等知识创新的基本活动和环节，任何一个环节发生阻塞都会影响到知识螺旋契合的实现。因此，该螺旋的实现受制于诸多方面因素的影响，其中既有社会环境因素，又有外部知识供应方——知识客户的因素，还包含企业内部因素。下一章将重点探讨集成创新与合作创新知识螺旋契合的影响因素及实现问题。

二、集成创新与合作创新 K-S-F 简化模型

通过前文分析可知，企业集成创新与合作创新在知识创新的本质层面是相通的，具有本质一致性，通过知识创新的螺旋模型可以实现企业集成创新与合作创新的契合，基于此，本章构建了基于知识螺旋的企业集成创新与合作创新契合模型。该模型是建立在理论推导基础之上的，其有效性有待实证检验。由于还未形成比较完善的企业集成创新与合作创新契合理论，所以当前并没有检验契合有效性的标准。借鉴 P-O 契合理论，本书试着提出一条检验契合有效性的方法：如果契合结果有利于企业集成创新绩效与合作创新绩效的提升，那么就可以认为该契合是有效的。因此，有必要对所提出的较为复杂的知识螺旋契合模型进行简化，以便于实证测量。

由集成创新与合作创新知识螺旋契合模型可知，企业集成创新与合作创新是在企业内外知识的螺旋运动中实现契合的，其主要过程是企业内外隐性知识和显性知识的转移与转化。因此，知识螺旋契合模型的简化可以在知识的螺旋运动过程进行，将复杂的知识螺旋运动概括为若干个主要环节或阶段，而又不影响知识螺旋运动的整体性和系统性。当前，关于知识螺旋运动过程的研究大都是以野中郁次郎提出的 SECI 模型为核心的理论探讨，关于知识螺旋的量化研究则基本没有，因此，从 SECI 模型本身很难找到既能概括集成创新与合作创新知识螺旋运动的本质，又便于进行实际测量的简化模式。知识螺旋模型被认为是当前知识创新与知识管理理论中最为重要的理论之一，其本质符合知识创新与知识管理的一般特征，这意味着我们似乎可以从知识管理和知识创新的相关理论中得到一些简化集成创新与合作创新知识螺旋契合模型的启示。

王广宇[154]认为，对知识创新的管理应包括知识的获取、整理、保存、更新、应用、测评、传递、分享和应用等基础环节，并通过知识的生成、积累、交流和应用管理，复合作用于组织的多个领域，以实现知识的资本化和产品化。该界定内含有知识创新的基本过程。

Holsapple 和 Singh[155]提出了知识链模型（knowledge chain model），认为知

识创新由知识获取、知识选择、知识产生、知识内化和知识外化五个关键活动构成，知识创新活动的有效整合能推动企业技术创新，提升企业的竞争优势。知识获取是通过识别和获取企业内部和外部的知识，对其进行提炼、解释和组织，产生新知识的过程，是从企业所处的内部或外部环境中发现“金子”的过程，[156]其必然包含知识的选择。知识产生其实就是知识的创造，是对现有知识的应用。知识内化是将外部知识或显性知识纳入隐性知识的过程，即通过知识交流和共享等活动吸收和理解新知识的过程，知识内化主要表现为知识交流和共享。知识外化是隐性知识的显性化和社会化过程，其实质是将隐性知识转变为能够为他人所知晓的显性知识的过程，以方便知识的转移、共享和应用。

综合以上分析，本书将企业集成创新与合作创新契合的知识螺旋运动过程概括为知识获取、知识内化和知识应用三个主要内容和基本环节，这既符合野中郁次郎关于知识创新过程的描述，又符合集成创新与合作创新契合的要求。知识获取、知识内化和知识应用三个环节相互联系、相互交织，共同形成知识的螺旋运动。值得提出的是，在知识获取、知识内化和知识应用三个环节的每一环节中都包含最基本的知识螺旋运动，正如集成创新与合作创新的知识螺旋模型所描述的一样，集成创新与合作创新契合的知识螺旋由知识获取、知识内化和知识应用三个环节组成，而每个环节又是由亚知识螺旋所构成。

从知识创新的本质来看，集成创新与合作创新过程都包含知识的螺旋运动，所不同的是知识螺旋运动中所涉及的知识来源有所差异，集成创新以企业原有知识库为核心，而合作创新以获取外部知识为核心。有学者认为，合作创新是实现自主创新的一种有效方式。企业必须将通过合作创新获得的新知识进行消化吸收，并在内部完成整合，将其真正融入企业核心能力体系之中，唯有如此，才能不断更新和完善企业知识系统，使企业知识处于动态发展的良性循环之中，也才能真正实现企业的自主创新目标。[5]企业所进行的知识创新活动，既需要接收来自于企业内外各方面的新知识，又要充分利用已有知识，知识创新是各种知识交叉、扩展和重构的过程。[151]由此可以看出，企业知识创新活动包含合作与集成的成分，合作创新可以看做是知识创新获得外部知识的一条途径，集成创新则是将内外知识进行整合与重构的过程，可以看做是知识创新中的内化与应用阶段。简化后的企业集成创新与合作创新知识螺旋契合简化模型如图 4-13 所示。

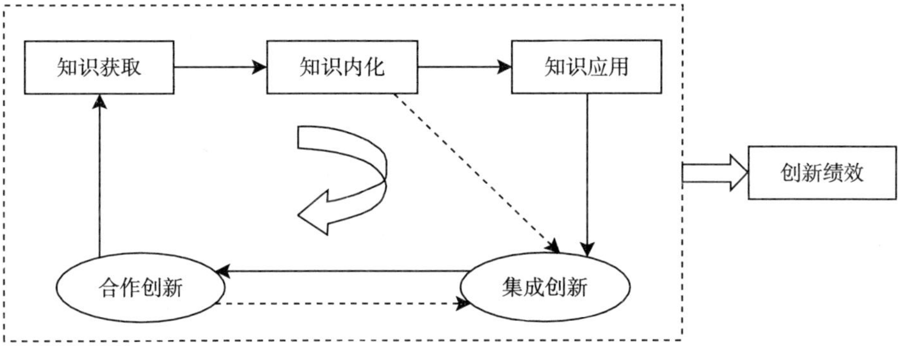

图 4-13　企业集成创新与合作创新知识螺旋契合简化模型

集成创新与合作创新知识螺旋契合是一个连续的循环运动，经过一轮完整的知识获取、知识内化和知识应用后，企业会产生新的知识需求，这样就又开始新一轮的知识运动。新的知识运动是在原有知识基础上的更高层次的运动，如此循环就形成了知识的螺旋上升运动，集成创新与合作创新作为知识螺旋运动中的两个组成要素，也就在知识的螺旋运动中实现了功能与目标的契合。

第五章 集成创新与合作创新 K-S-F 实现机制研究

野中郁次郎认为，知识的螺旋运动需要有与之相适应的“吧”，也就是支持性的情境，而适应性的情境是多种因素共同作用的结果。因此，企业集成创新与合作创新知识螺旋契合不会自动发生，而必须借助于一定的推动力量。本章将在已有研究成果的基础上，从集成创新、合作创新及知识创新的本质特征和影响因素入手，通过案例分析探讨企业集成创新与合作创新知识螺旋契合的促进条件和实现机制，为后续研究奠定基础。

第一节 集成创新与合作创新知识螺旋契合影响因素分析

虽然理论上集成创新与合作创新可以通过知识的螺旋运动实现功能上的契合，但并非一定能保证两者契合的实现。因为，知识的螺旋运动需要相应的运行平台，缺少了知识平台的支撑和推动，知识就无法实现正常的流转。也就是说，企业集成创新与合作创新知识螺旋契合会受到诸多因素的影响。知识螺旋契合模型是集成创新、合作创新与知识创新的综合体，凡是能够影响集成创新、合作创新及知识创新的因素都势必会对两种创新方式的契合产生直接或间接影响。因此，本节拟从集成创新、合作创新及知识创新影响因素的分析入手，探讨集成创新与合作创新知识螺旋契合的影响因素，并从中筛选出影响集成创新与合作创新知识螺旋契合实现的关键要素，为集成创新与合作创新知识螺旋契合实现机制的确定提供理论基础。

一、企业集成创新影响因素

当前关于集成创新的理论研究大都集中在集成创新的内涵界定、集成创新的意义、集成创新的要素构成及集成创新能力评价等方面，对集成创新的影响因素并未过多涉及，这或许与集成创新的本质特征有关。集成创新是把已有的知识、技术等创新要素创造性地加以集成，以系统集成的方式创造出前所未有的新产品、新工艺、新生产方式或新服务方式，以满足不断发展的新需求。因此，我们似乎可以从企业和集成创新的本质内涵的角度来探究影响企业集成创新的相关因素。

企业是一个社会单位，其各种经营活动不是封闭进行的，会不可避免地与相关组织和机构发生这样或那样的关系，企业集成创新会受到若干外部因素的影响。首先，企业是一个经济单位，这就决定了集成创新活动的最终目的是创造出能够满足现实市场或潜在市场需求的产品或服务，这就要求企业在进行集成创新决策时要以市场需求为依据，对市场需求的把握会影响企业集成创新的经济效果；其次，企业总是处在一定的"产业链条"之上，企业的集成创新动同样会受到来自"产业链条"上各类相关组织和企业的影响（例如，同行业竞争对手）；最后，企业的集成创新活动还会受到政府政策的影响，政府的引导和支持性政策往往会加速企业的集成创新活动；相反，政府的抑制性政策会在一定程度上限制企业的集成创新。

除了上述外部因素，企业集成创新还会受到一些内部因素的影响。集成创新是系统内要素优化组合的动态过程，是各要素之间的重新组合。因此，就其过程而言，集成创新会受到企业已有知识、技术水平及组合方式的影响。现有的知识和技术等要素构成了集成创新的基础，决定了集成创新的高度，而新的组合方式则是集成创新的根本和灵魂，决定了集成创新的深度和最终效果。王众托[2]指出，集成创新中每个部分的知识、技术和部件都是原来就已经存在的，但是集成的思想却是新颖的、前所未有的，其新就新在集成的方式、方法上，而新的方式、方法来源于人的智慧。集成创新过程的核心是创新性思维的发挥，而创新性思维来源于人的智慧。因此，提高人的智慧水平并促使这种智慧得到有效发挥就成为集成创新的动力来源。由此可知，决定集成创新成败的因素不在于已有的物质基础，而在于新颖的创新方法是否有效，这又可以归结为人的因素。

有些学者从提高企业集成创新能力的角度强调了创新人才在集成创新中的重

要性。徐冠华[3]认为，提高企业的集成创新能力首先应提高广大科技人员对集成创新意义的认识，提高对集成创新在当代创新创业活动中主流作用的认识。其次，广大科技人员、创新创业者、各类创新机构都应把全球科技资源及市场上可获得的各种创新资源作为组织集成创新的出发点。最后，广大科技人员、创新创业者应更多地进行跨学科、跨专业的学习和交流。各类创新机构应根据当代科技发展的特点、创新的时代要求，对已有学科资源进行结构调整，鼓励大跨度的学科或专业交叉。以上三项措施的基本目的是提高创新人才的集成创新能力、激发创新人才的创新灵感，强调创新人才在集成创新过程中的核心地位，为促进集成创新，企业应为创新人才提供一个有利于产生新的创新思维的创新环境。

创新环境的建设是一项综合性的系统工作，涉及组织结构、管理方式等企业管理的方方面面，可谓仁者见仁、智者见智，我们似乎无法穷尽其所有方面。从松下公司家用烤面包机开发的案例中，可以得到一些有关集成创新环境建设的具体措施。首先，通过改善其通信基础设施，不同的职能团队和成员之间的信息可以自由流动并得以共享。其次，变更组织结构，导入事业部制度，以更主动地协调部门之间的活动，发挥各个事业部的主动作用。再次，设定共同的知识愿景，引导员工的努力方向，并激发他们的动机。1983 年 5 月，松下公司宣布实施 ACTION61 三年计划，提出了“密切关注成本和营销，改善松下公司的核心业务竞争力”和“集合必要资源，以便进入在传统上由 IBM、日立、NEC 和富士通公司所主导的市场”两个奋斗目标，并用“超越家电”的口号表达出来。最后，强化部门和员工的自治。在新产品开发过程中，松下公司赋予了项目开发团队和成员高度的自治权利，以充分发挥他们的创造空间。

综上所述，影响企业集成创新的因素可以分为外部和内部两大类，外部因素（市场需求状况、竞争者状态、政府政策环境等）构成了企业集成创新的外部环境。企业总是生存在一定的外部环境中，并不断改变自身活动以适应外部环境，可以说，外部环境决定了企业活动的方向和类型，但外部环境并不会决定活动的成败，决定企业活动成败的是企业的自身因素。同理，外部环境仅影响企业集成创新活动的方向和类型，并不会对集成创新过程产生大的影响，决定集成创新最终效果的是企业内部因素。内部因素主要分为物质基础（已有技术、部件、财力支持等）、组织环境和人三大类。物质基础为集成创新提供了基础条件，是集成创新得以顺利进行的物质保障。组织环境主要是指企业内部形成的与创新有关的企业氛围和相应的管理支持。正如前文所述，集成创新是对原有创新要素的重新组合，已有的物质基础决定了集成创新的层次，但集成创新的最终效果取决于新的集成方式、方法是否有效，而这又取决于人的智慧。所以，人的状况是影响企业集成创新成败的关键因素，物质基础和良好的组织环境为人的作用发挥创造了条件。可以说，在集成创新企业中，人才的支撑是整体运作的关键与核心。

二、企业合作创新影响因素

当前，许多学者从不同角度探讨了影响合作创新绩效的因素。Ingham 等[157]通过对欧洲高技术企业参与的 R&D 合作联盟组织学习过程的研究，提出了影响合作创新绩效的六个因素：①合作方的相互信任；②企业中研究开发活动的集成性；③获得足够的互补性资产；④合作过程中各成员的参与程度和合作动机；⑤企业自身的研究开发经验；⑥技术联盟中企业的数量。

美国 Duke University[158]联合知名企业、政府机构对影响研发合作绩效的因素进行了研讨，提出了影响合作创新绩效的三个关键因素：态度及文化背景、组织系统和管理。他们认为，不同的文化背景、合作动机、组织差异、合作规则、激励、沟通信任机制、信息支持等在一定程度上可以左右合作研发的效果。

Cyert 等[159]针对不同企业间合作冲突提出了提高合作创新绩效的七个途径：①选择具有普遍性、易于推广、互利性的课题进行合作；②建立基于团队合作的工作小组；③建立过程监测和应变机制；④建立工作成员间的密切联系；⑤建立有效的知识传播、扩散模式；⑥建立新的组织安排；⑦充分利用信息技术进行知识传播和储存。

也有学者从企业内部角度研究了企业合作创新绩效的影响因素。于冬、刘泽渊[160]借用可视化知识图谱，通过实证研究探讨了企业原发合作能力、即发合作能力和技术能力对合作创新绩效的影响。另外，还有一些学者从知识创新的角度探讨了知识转移和共享与合作创新绩效的关系。他们普遍认为，合作双方的特质（合作动机和意愿、组织结构、组织文化、发送能力、吸收能力等）会影响知识的跨组织转移和共享，进而影响合作创新绩效。[161~164] 同时，有学者指出知识黏性（尤其是隐性知识）也会阻碍知识的跨组织转移，进而对合作创新绩效产生影响。[165~166]

此外，通过卡特彼勒—三菱公司 REGA 合作开发项目的案例分析，我们可以得到如下几个有关合作创新的启示。首先，合作创新的成功必须建立在被双方所认同的知识愿景基础上。在 20 世纪 70 年代，卡特彼勒公司就提出了合作开发新型挖掘机的建议，但由于双方并没有形成共同的知识愿景，合作最终并没有实现。到了 20 世纪 80 年代，市场竞争状况发生了改变，双方都对合作有了新的需求，很快达成了共同的知识愿景，才促使合作得以顺利实现。其次，合作创新过程是双方充分交流和沟通创造共有知识的过程。合作双方由于价值观、生产方式、思维方式等诸多方面存在差异和冲突，充分交流和沟通既有助于解决双方存在的冲突，也有利于新知识的创造。再次，合作创新是双方相互学习的过程。单从知识转换的角度来说，三菱公司通过合作创新学会了知识表出化的重要性和表出方法，而卡特彼勒公司也懂得了知识共同化的重要意义。最后，合作创新是企业获取外部知识、进行知识积累的一种方式。正如三菱公司的安达武二所说："通过共同工作，我们获得了技术知识、经验和诀窍，这些东西是我们的宝贵财富，构成了我们进一步发展的基础。"

由上述分析可知，与集成创新类似，企业合作创新同样受制于企业内外多种因素的影响，而外部因素大都是企业无法控制的。与其把精力放在无法预知和掌控的外部因素，倒不如集中精力完善内部环境，从企业内部角度考虑合作创新绩效提升的方法。虽然并没有充分的证据，但"合作创新过程中的知识转移和共享对最终的合作创新绩效有着重要影响"已基本得到认同。对企业来说，合作创新的最终目的是获得所需的知识、经验和技巧，并在实践中加以应用，而这些知识、经验和技巧的获得大多是通过员工之间的共同工作、共同体验、共同感知等知识共同化过程获得的。因此，创造有利于知识交流和共享的情境，激发员工获取知识、经验和技巧的动机就成为决定企业合作创新能否实现预定目标的重要因素，而这一过程中的人力资源管理的作用不容忽视。

三、集成创新与合作创新知识螺旋契合实现的关键因素

集成创新与合作创新知识螺旋契合是集成创新与合作创新在知识创新层面的协同发展，因此，影响知识创新的相关因素也势必会对集成创新与合作创新知识螺旋契合产生影响。蒋翠清等[136]认为，在知识创新中，有三个因素至关重要：人、技术和组织环境，这三个因素同时作用于知识螺旋模型的每一个阶段。人是知识创新的内生动力，技术和组织环境是知识创新的外生动力，外生动力借助于内生动力的作用对知识创新产生影响。人之所以是知识创新的关键因素，是因为人不仅是隐性知识的载体，而且是知识创造和传播的内生力量。知识螺旋的每个阶段，都离不开人的参与，特别是知识的社会化、内化和应用，几乎完全是人的因素在起作用。在社会化阶段，人们通过师传徒受的方式传播隐性知识，人的观

察、模仿和亲身实践起决定性的作用，在这一阶段，技术几乎不起任何作用。在知识的应用阶段，人们应用知识进行技术创新、产品开发与设计、组织创新和流程创新，这一阶段人的也起着决定性的作用。可以说，人是知识创造、传播和应用的决定性因素。

冯新舟等[72]也认为，组织创新型人力资源的存量和有效利用，决定了组织知识创新能力，是组织知识创新中重要的动力基础。拥有一支知识结构合理、较强创新能力和较高创新动力的人才队伍是决定组织知识创新成败的重要因素。野中郁次郎在提出“吧”的概念时强调，知识螺旋运动的“吧”由硬环境和软环境两部分组成，两者共同构成知识螺旋运动的场景，缺一不可，但相对于硬环境，软环境更加难以模仿和复制，因此显得更加重要。此外，从知识创新的本质来看，一切创新都源自人们头脑中的隐性知识，但隐性知识不会自发产生新的知识，而必须在一定的条件或环境下，通过某种形式的转换，使之显性化，才能创造出新知识，而在这一过程中，隐性知识载体“人”的转换能力和转换动机将发挥着决定性作用[167]

前文的分析已经表明，集成创新与合作创新具有相同的本质属性，集成创新与合作创新知识螺旋契合过程亦即是知识的螺旋运动过程，知识获取、知识内化和知识应用组成了这一过程的三个主要环节，集成创新与合作创新知识螺旋契合过程是由无数次知识获取、知识内化和知识应用的循环过程所组成。知识及其运动构成了集成创新与合作创新知识螺旋契合的主要客体和本质内容，因此，保证知识获取、知识内化和知识应用等活动的正常运转就成为集成创新与合作创新知识螺旋契合能否实现的关键。

知识的运动是借助于一定的载体进行的，在诸多载体中，人（员工）这一活的载体是其中最为重要的载体之一，知识的螺旋运动实际上是知识在不同个体之间的传递和转移。从集成创新与合作创新知识螺旋契合简化模型的运动过程来看，知识载体“人”在其中发挥着主导作用。知识获取是员工在已有知识基的基础上通过直接经验或间接经验获得新知识的过程，虽然在这一过程中会受到资金支持、存储设备等物质条件的制约，但员工自身的知识理解吸收能力和知识获取的主观意愿会直接决定知识获取的效果。知识内化是指组织、团队和组织内员工的显性知识和隐性知识通过各种内化手段为组织或组织中其他成员所共同分享，从而转变为组织的知识财富。在这一过程中，员工的知识内化意愿和动机会直接决定内化水平和效果。知识应用是员工将获得的知识与生产实践相结合产生新知识的过程。知识应用的前提是员工对要应用的知识有充分的理解和掌握，这取决于员工自身的能力水平和意愿。吴志国、石金涛等[168]指出，具有一定知识、思维特质的个体员工决定了创新的可能性，这是影响组织知识创新的内在因素。

从企业集成创新、合作创新与知识创新影响因素的分析中可以看出，企业集成创新与合作创新知识螺旋契合的实现会受到诸多内外因素的影响。外部因素主要是指市场需求状况、竞争者状态和政府政策环境等；内部因素主要是指存在于企业内部的对企业创新产生直接或间接作用的那些要素，包括物质条件、管理环境和人的要素等诸多方面。外部环境通常是企业无法控制的，企业只能学会适应，也只能在特定的外部环境下开展创新活动。所以，以自我为中心，从企业内部角度考虑集成创新与合作创新知识螺旋契合的实现更加现实可行。虽然由技术、物质设备等组成的硬环境在企业集成创新与合作创新知识螺旋契合中发挥着不可替代的作用，但由人等要素组成的软环境相对于硬环境更能促进知识创新过程的实现。

由上述分析可知，知识和知识载体——人是知识创新的本质存在，然而，与非生命的机器处理过程不同，创造新知识与个体的信念和承诺有关，与特定的情境有关，与组织的氛围密切相关。从这一点上看，管理者是无法对知识进行有效管理的，他们必须通过培养适宜的氛围，将组织的知识创新活动引导到组织愿景上来，引导到员工创新动机的激发上来，促进知识创新便成为一门管理艺术。也有学者指出，组织员工是知识的载体和知识创新的主体，如何激发、组织和管理好员工，让他们接受组织创新，具有支持创新的动机，成为实现组织创新战略的关键。[168] 集成创新与合作创新知识螺旋契合实现过程也就是知识载体“人”获取知识、共享知识并应用知识的过程，如何有效激发员工的参与动机，创造有利于知识创新的内部环境，就成为集成创新与合作创新知识螺旋契合实现的关键，在这一过程中，以人为服务对象的人力资源管理扮演着不可或缺的角色，可以说，人力资源管理在某种程度上成为集成创新与合作创新知识螺旋契合实现的关键要素。接下来将以此为基础，通过典型案例分析探讨集成创新与合作创新知识螺旋契合的实现机制。

第二节 集成创新与合作创新知识螺旋契合实现机制探索性案例研究

集成创新与合作创新知识螺旋契合过程是一个复杂的知识运动过程。本部分将在前文理论分析的基础上通过典型案例分析探讨集成创新与合作创新知识螺旋契合的实现过程。

一、洋河酒业股份有限公司洋河蓝色经典创新案例①

（一）公司概况

江苏洋河酒业股份有限公司位于苏北古镇——洋河，地处江苏省宿迁市的宿城、宿豫、泗洪三县区交会处，南临淮河，北靠京杭运河。洋河酒厂是中国老牌八大名酒企业之一，旗下拥有“洋河大曲”和“洋河蓝色经典”两个中国驰名商标。洋河大曲经过多年的沉淀，形成了“甜、绵、软、净、香”的独特风格，被专家和广大消费者誉为“浓香型大曲酒的正宗代表”，于2002年荣获“中国驰名商标”荣誉称号。近年来，洋河酒业全力打造“绵柔型”白酒经典之作——洋河蓝色经典，面市以来得到了消费者的广泛好评，“蓝色魅力”已征服了越来越多的白酒消费者，并已成为竞争激烈的白酒市场中颇受关注的成功营销范例。2007年，洋河蓝色经典单个品牌销售突破14亿元，成为国内白酒行业增长最快的品牌，被评为“最受消费者欢迎的品牌”，洋河酒业被评为“中国白酒百强企业”和“经济效益十佳”企业。同年，洋河蓝色经典系列品牌被评为“中国驰名商标”，洋河酒业成为为数不多的拥有两个国家驰名商标的企业之一。

（二）洋河蓝色经典创新过程分析

洋河蓝色经典产品开发方向的形成是管理层知识创新的结果。20世纪90年代中后期，各区域酒类品牌纷纷通过修炼自身内功来加速企业的发展，苏酒在与川酒、鲁酒等区域酒类品牌的竞争中落于下风，苏酒逐渐退出了中国名酒的阵

① 该案例资料来源于三个方面：一是作者的实地调研；二是洋河酒业公司的网站；三是互联网上相关媒体的报道及期刊网上关于洋河蓝色经典的理论分析文章。

营，洋河酒业进入了发展平缓期。1998 年，江苏省委、省政府提出了“振兴苏酒”的口号，并做出了详细部署和安排。洋河酒业作为苏酒的“领头羊”决定抓住这次机遇重振洋河品牌，研发适应 21 世纪消费者需求的新产品。思路就是一个企业的“路线”，思路正确打胜仗，思路错误打败仗，没有思路打乱仗。寻求品牌与现代生活的结合点，并将之落实到品质上，根据消费者的市场需求不断改进产品的风格特色，就成为洋河酒业品牌战略的着眼点和出发点。公司高层管理者通过对市场大环境的观察提出了新的好酒标准——“满足消费者的情感需要”。随着生活水平的不断提高，人们对白酒的消费理念发生了很大转变，白酒的社会地位也发生了变化，它已经由奢侈品成为日常生活中的情感媒介，消费者可能在饮酒的同时或者之后进行政务、商务洽谈，或者休闲娱乐，这就要求白酒不能与这些现代生活方式相悖。新的好酒标准虽然是一个相对模糊的概念，但它为洋河酒业新产品的开发指明了方向。

新产品“绵柔”概念的开发凝结了研发人员的知识创新。随着人们消费水平的不断提升，白酒的“香型”已经不是消费者最为关注的了，消费者的需求更多地体现在口感、身心和精神等方面的多种享受。在新产品开发战略的指引下，“洋河”针对市场状况和消费者的核心需求，进行了深入细致的市场调研和理性分析，并研究了市场上大量不同风格的白酒对于消费者的适应性和影响力。在此基础上，洋河集团于 1999 年在全国第一次提出了“绵柔型”白酒的新概念，并于同年成立了以江苏省酿酒工程技术中心为平台的“绵柔型”白酒技术攻关小组，专门负责新产品的开发。

白酒是我国的传统产品，又是典型的民族工业产品，要想贴合当代消费需求，且与国际接轨，就必须对消费习惯的变迁进行深入研究，对酒体成分的含量、香味，对人体有益的营养成分、生理功效等问题进行深入研究，从理论上确定酒中特质成分的生成机理和控制理论，从根本上提升产品的质量。

为了更加全面地把握消费者的核心需求，攻关小组使用科学的市场研究与分析统计方法对不同年龄、不同收入和不同职业的人进行口味需求研究，一是广泛采用盲测法研究目标消费者对白酒口味的偏好；二是通过大量消费者（包括志愿者）饮后舒适度实验来研究不同风格的白酒对人体健康的影响。通过对省内 4325 人次的目标消费者口味测试和对 2315 名消费者的饮后舒适度反应进行了综合分析，最终确定了“绵柔型”风格，在确立了“绵柔”的风格体系之后，洋河进行了大量的研发工作，对酒体风格进行了新的定义和研究，尽力打造独特的绵柔风格。历经三年攻关，开发团队提炼出了一套关于绵柔型白酒的特征、优点、工艺要求、微量成分等方面的系统参数，打造出了“绵柔型”白酒的内在品质，做到了“低而不淡、柔而不寡、绵长尾净、丰满协调”，将人体健康对白酒的要求上升到一个新的高度，并实现了专家口味与消费者口味的更好结合。建立在对消费者需求隐性认知基础上开发出的“绵柔”品质深层次地满足了消费者的核心需求。

（三）集成创新与合作创新有机契合成就了“洋河蓝色经典”品牌的诞生

洋河蓝色经典品牌的诞生既是洋河人艰苦努力、自主创新的成果，又是借助外力、开展合作创新的典范，是内部集成与外部合作相互融合的结晶。

洋河酒厂原有的生产工艺主要用于生产“浓香”型大曲酒，新的“绵柔”型产品概念的提出，迫使洋河酒厂必须革新原来的生产工艺，以满足“洋河蓝色经典”的生产需求。在生产工艺改造中一个非常重要的创新是创立了“慢火蒸馏”的方式，经过研发小组的多次试验和论证，发现慢火蒸馏过程中先出来的酒和后出来的酒口味和香气都不同：前段的口味重；后段的寡淡；中段的酒香气比较幽雅，口味比较绵甜、柔软。慢火蒸馏可以把不同“馏段”更好地区分开来。发酵时间长短会影响酒体中香味物质的产生量，为增加酒中的绵柔成分，洋河开发出了缓慢发酵工艺，控制升温使发酵时间延长，从而促使酒体中香味物质的充分形成。尽管这样会影响出酒率，但酒的品质却得到了大幅度提高。经过三年多不间断的开发，被命名为“江淮领域白酒发酵工艺”的新生产工艺宣告诞生，这一新工艺的产生直接催生了“洋河蓝色经典”。

洋河蓝色经典的品质保证来源于多项基础技术的研究，而每一项基础技术的产生都是技术研发人员知识创新的结果。关于白酒饮后舒适度的研究，是洋河蓝色经典提升产品质量的一个重要措施。白酒饮后舒适度主要指饮后不暴辣、不上头、不口渴、肠胃舒适、很快恢复正常。研发人员经过自己的多次品尝、亲身体验，获得了对于白酒饮后舒适度的隐性感受，而这种关于白酒饮后舒适度的隐性知识的获得是这项技术得以突破的关键点。经过研发人员之间的多次交流和知识共享，研发团队找到了白酒饮后是否舒适的决定因素——白酒中各种微量元素的种类、比值是否恰当。其中，最关键的是酯类物质和酸类物质的组合和配伍。酯类物质是芳香物质，酸类物质是呈味物质。酯类物质比重大了，酒就会冲、辣，有粗糙感；酸类物质比重大了，酒就寡淡、尾杂。而酯和酸这两大类物质又各有几十个种类，这些物质的量比关系都会对饮后舒适度产生影响。所以，需要准确掌握、分析各种酒的微量元素的含量，然后设置一个合理的配比。研发人员运用微机勾兑技术，把各种原酒和调味酒，按最佳比例组合在一起，从而保证了洋河蓝色经典饮后的舒适感觉。

白酒货架期稳定性研究，是保证洋河蓝色经典品质的另一个重要集成创新。一般认为，50°以上的高度酒越放越好喝，低度酒则越放口感越差，而洋河蓝色经典属于中低度酒，如何保证产品货架期的品质稳定性就成了研发人员面临的一个难题。研发人员经过对比研究发现，在高度酒中，酒精和风味物质的成分多于水，酒是溶剂，水为溶质；而低度酒则相反，水的成分多于酒，酒为溶质。在大量水的环境下，风味物质会发生变化，有的分解了，这就使得酒内各种微量元素的比例发生变化，形成新的配比，不再是当初勾兑时设置的最佳比例，从而导致酒的口味变差。一般来说，低度酒出厂半年到一年后，酒味就会发生较大的变化。因此，有的酒还在商店的货架上，实际上酒质已经打了折扣。此后，研究人员完善勾兑技术，使酒内的各种微量成分更加平衡，实现了酒质的稳定性，延长了保质时间。该项研究对提高作为中度酒的洋河蓝色经典的质量稳定性，起到了重要作用。

在动态竞争环境下，一家企业不可能拥有发展所需的全部知识，洋河酒业也不例外。洋河酒业一方面注重内部的集成创新和基础研究，另一方面积极寻求外部合作，以解决产品开发过程中遇到的问题，提升产品质量。

生物菌种选育是白酒酿造过程中的关键环节。在新产品研发初期，洋河酒业始终没有选育出合适的菌种。为此，2000 年，洋河酒业与江南大学生物工程学院开展了合作创新，对浓香型白酒发酵过程中酿酒微生物的分布特点、演变规律及其影响因素进行了研究，揭示了主要酿酒功能微生物对白酒香型、风格特征和质量的影响，构建了浓香型白酒酿造微生物数据库和白酒指纹色谱数据库，掌握了生物酶酯化技术在白酒生产中应用的核心指标，并最终利用此技术从洋河的房曲中筛选分离出一株酯化能力强的菌种，该菌株有效提高了酒的质量。该研究成果的应用贯穿到了制曲、发酵、勾兑、产品分析与质量控制等环节，进一步完善了生产工艺，并形成了新颖的技术路线，大大提升了浓香型白酒酿造生产中的制曲、发酵、勾兑、质量控制等工艺技术水平。目前，生物酶酯化技术已经成为浓香型白酒生产创新的关键技术。

洋河酒业在洋河蓝色经典开发过程中，为实现产品的高端品质和定位，尤其注重产品的细节工作，“新型环保胶粘剂产品”项目的开发就是其中一例。当时市场上流行的贴标胶粘剂主要是糊精或淀粉黏合剂，存在易残留、易腐蚀等缺陷，与洋河蓝色经典的市场定位不相吻合。为解决这一难题，洋河酒业和南京工业大学于2001年联合开展了“新型环保胶粘剂产品”项目，合作研制新型环保胶粘剂。研究成果有效解决了公司贴标胶水存在的易霉变、掉胶等问题。洋河酒厂与相关科研院所的一系列合作科研创新成果解决了洋河蓝色经典开发中的若干关键问题，这些研究成果已经积累成了公司宝贵的知识资源，并在新产品开发、产品品质提升等计划中得到了广泛应用，有效地推动了公司的科技进程，提升了公司的持续能力。

（四）洋河酒业股份有限公司在新产品开发过程中促进内部集成与外部合作契合的主要管理活动

在洋河蓝色经典品牌开发过程中，尤其是在实现企业内部集成创新与合作创新融合过程中，公司采取了若干促进措施。

采取多种措施为科研人员创造与外界知识交流的机会。为扩大公司科研人员的知识广度，获得白酒制造领域的最新知识，公司采取了多种措施为员工创造获取外部知识的机会。组织员工到贵州茅台酒厂、宜宾五粮液酒厂等著名白酒企业参观学习；此外，还积极创造科研技术人员与著名专家面对面对交流的机会，不定期地聘请南京农业大学、南京大学、江南大学、南京工业大学、中科院生物研究所等科研院所的知名专家学者进驻企业，开展专业技术讲座，向企业科研技术人员传播最新的技术知识和发展方向。21世纪初期，洋河酒业股份有限公司联合苏、鲁、豫、皖白酒企业创建了“苏鲁豫皖四省白酒峰会”共同探讨适合黄淮流域的酿酒技术。公司每年都会组织企业科研技术人员积极参加四省白酒峰会，通过与四省骨干企业技术人员的相互交流来扩展企业科研技术人员的专业技术知识，寻求企业的不同发展点，创造自己独特的产品风格。

加强知识社区建设，推动组织内的知识交流和共享。为促进公司内部的知识交流和沟通，公司积极开展企业内部的知识社区建设。知识社区是指员工自动、自发（或半自动、半自发）而组成的知识分享的团体，其凝聚的力量是人与人之间的友谊及信任，而不在于正式的任务与职责。社区成员可自行决定是否要积极参与活动，因为大家加入的理由是乐于分享经验和知识，并互相教导和学习，进而从中得到相互的肯定和尊重。知识社区最能发挥内隐知识的传递和知识的创新，由于员工在社区活动中是自动、自发地交换意见与观念、分享外部的新知识，因此形成了组织最宝贵的人力资产。当人离开公司，社区中的其他人可能分别拥有他的部分知识，因而使他的知识得以留存。

为推动知识社区建设，公司投入巨额资金进行了信息化建设，购置了大批个人电脑，创建了公司内部网络。为每位员工分配一个电子邮箱，有目的地引导员工通过电子邮件进行交流，提高了员工间的沟通协调效率。创建了公司论坛，由员工选举产生论坛版主，论坛内容和形式均由员工自主决定。员工可以用真名，也可以用虚拟的网名在论坛注册，消除了部分员工的隐患。员工可以在论坛上畅所欲言，分享自己的工作心得，共同探讨工作中遇到的问题。通过这种虚拟的交流方式，员工实现了沟通的无障碍化，使得个体知识可以在公司内部广为传播，扩大了知识应用范围，提供了知识碰撞的机会，也促进了新知识的创造。此外，论坛还开设了合理化建议、领导专栏板块，员工可以就公司发展等诸多方面发表自己的看法，实现与领导的即时沟通，通过这种方式有效地缩短了公司内部员工之间的距离，增进了彼此之间的信任关系。除此之外，公司的发展战略和重大决策也都会在论坛上即时公布，员工可以及时地了解公司的发展方向。在洋河酒厂，知识社区不但有沟通功能，还具有学习能力，成员之间不但可以交流信息，还可以分享知识和创造知识。

大力推进“全员素质工程”。在推进企业品牌创新工程过程中，洋河集团始终把提高公司全体员工素质的工作放在重要的位置。通过大力实施“全员素质工程”，力争使每个员工都成为企业综合竞争力的动力源。公司对职工的培训是全方位的。近年来，洋河集团举办了各类学习班 150 余期，培训职工 6000 余人次。投资 3000 多万元建成新闻宣传教育阵地、文化教育阵地、理论文化教育阵地等，从而在企业内部形成了多层次、系统化的立体教育网络。洋河集团建立了一套与现代市场机制相衔接的科学的、行之有效的企业教育机制。集团公司对职工全面实施素质教育，以业余为主，采取脱产、半脱产、业余、自办、联办、引进来走出去相结合的职工教育制度，相继开办酿酒中专班、计算机专业班、酿酒勾兑培训班等，对 800 多名班组长以上的生产管理骨干进行管理知识和业务知识的培训，先后选派了 60 多位员工到南京大学参加企业管理培训，30 多名员工到江南大学参加酿酒知识培训。公司深知，提高职工全员素质不会一蹴而就，更不会一劳永逸，他们提出了立足现实，多渠道培训员工的策略，鼓励员工自发、自觉、主动学习，努力提高自身素质。

创新激励制度，充分调动员工创新积极性。建立合理的科研考核体系，激发员工创新活力。实行课题负责制，围绕生产技术课题，选聘课题负责人，实行科研人员工资与科研成果挂钩；对科研成果鉴定，明确规定凡应用型课题，实验室成果和中试成果只作为阶段性成果，只有投入使用，才能作为完整成果鉴定，从而激励科研人员从立项开始就考虑其应用性、经济性，并千方百计使自己的成果尽快地转化为生产力。不断丰富激励措施。公司规定，对课题任务完成并为公司带来切实效益的，按增效比例给予重奖；对于刚上市的新产品，研制人员可以按照年销售收入的一定比例予以提成；设立技术等级制，大力鼓励科技人员大胆创新，设立专项基金，加大奖励有功人员的力度。

二、华为技术有限公司 C&C08 交换机创新案例

（一）公司概括

华为技术有限公司是一家总部位于中国广东深圳市的生产销售电信设备的员工持股的民营科技公司，于 1988 年成立于中国深圳。华为是电信网络解决方案供应商，主要营业范围是交换、传输无线和数据通信类电信产品，在电信领域为世界各地的客户提供网络设备、服务和解决方案，华为是全球领先的电信解决方案供应商。华为基于客户需求持续创新，在电信基础网络、业务与软件、专业服务和终端四大领域都确立了端到端的领先地位。华为坚持在自主创新的基础上进行开放合作，现在已经与 TI、摩托罗拉、英特尔、AT&T、ALTERA、SUN、微软等世界一流企业广泛开展技术创新方面的合作。凭借在固定网络、移动网络和 IP 数据通信领域的综合优势，华为已成为全 IP 融合时代的领导者。目前，华为的产品和解决方案已经应用于全球 100 多个国家，服务全球运营商 50 强中的 45 家及全球 1/3 的人口。2009 年，华为销售额突破 300 亿美元，已跃居成为全球最大的无线网络设备供应商和全球第二大电信设备制造商。

（二）华为 C&C08 交换机创新过程分析①

C&C08 交换机研发过程是集成了外部市场需求知识、企业已有技术和企业战略决策的集成创新过程。

从 20 世纪 80 年代末开始，中国电信业的飞速发展为中国电信设备制造商创造了发展的契机，急需相关的电信设备以满足电信业的发展。华为敏锐地察觉到了电信业的发展趋势，决定开展程控交换机的自主研发。为了使研发产品满足当时的市场需求特征，华为进行了广泛的市场调查，走访了许多家电信企业和该领

① 此部分资料主要来源于 http：//network.51cto.com/art/200509/2766.htm。

域的专家，获得了大量市场需求方面的隐性知识，并将这些知识在团队内广泛传播和共享，最后表出化为显性知识，成为程控交换机的最初原型。华为程控交换机某些关键技术的解决也是知识创新的成果，模块连接是保证交换机稳定运行的关键部件，采用什么样的连接手段才能确保交换机既能满足市话的需求，又能适应农话的要求，因为农话对防雷、功耗、远端模块等要求相比市话要高很多。研发团队经过对农话运行特点的分析，吸收采纳了部分电信商领导和专家的建议，最后确定了光纤作为模块连接的手段，实现了市话和农话的双重需求。经过三年多的团队合作，华为第一台自主研发的 C&C08 程控交换机于 1993 年正式推出，一经上市便受到了众多电信企业的青睐和好评。

华为 C&C08 交换机的市场推广是华为与运营商合作创新满足市场需求的过程。

20 世纪末，互联网的高速发展给 C&C08 交换机提出了新的要求。当时，大量的拨号接入长期占用中继资源造成了话务量的拥塞和呼损。针对这种情况，华为和运营商开展了联合研究，双方依据在该问题上的隐性理解，进行了广泛而又充分的讨论和技术论证，最终提出了解决方案：在 C&C08 机上开发出互联网接入单元，内置接入服务器和话务旁路，通过这种方式有效解决了拥塞的问题。同时，该方案所提供的接入单元也可单独组网成为电信级接入服务器，提供大容量接入和稳定连接。很快，这种电信级接入服务器成为运营商的首选，迅速获得了全国市场过半的份额。这一拥塞问题的解决是华为与运营商合作创新的结晶，扩展了 C&C08 交换机的应用范围，推动了华为在程控交换机领域的技术进程。

商业网是华为与运营商合作创新成功的典范。在国产交换机取得整体突破之后，具有自主产权的通信设备开始从农村进入城市，从底层网向高层网飞跃。商业网是当时华为进军高层网的一次成功尝试。1996 年，华为与广东电信合作，以 C&C08 交换机为核心在深圳建设商业试验网。商业网对于广东电信和华为来说，既是一个面向市场的选择，也是一次严峻的挑战。商业客户的需求是什么？运营商如何满足这些需求？设备商又如何实现这些需求？为了解决这些关键问题，华为组织精兵强将进行了深入的市场调查，准确把握商业客户的需求特征，并把所获得的隐性知识表出化，提出了解决方案。在技术开发方面，华为与广东省邮电科学研究院进行联合攻关。经过双方的共同努力，1996 年 10 月，深圳商业网成功开通，受到广泛好评。

校园卡是华为与运营商合作创新的另一个例子，也是华为 C&C08 交换机功能扩展的一次大胆尝试。1997 年，天津市话局注意到了高校通信市场的巨大潜力，提出了预付费卡业务的需求。华为的工程师对客户需求进行了充分的调研和讨论，很快就推出了解决方案，华为在 C&C08 机的现有业务的基础上，针对校园特点，定制了业务流程和计费方式。同时，为有效推动市场需求，华为与天津市话局共同研究市场，制定了有针对性的经营策略。校园卡业务一经推出，很快就风靡天津各大校园，进而在全国各地得到响应，而且走出校园，迅速进入机关、医院、企业等市场。运营商的创造力和市场潜能得到极大释放。在 C&C08 交换机的支持下，各种各样的"爱心卡"、"小区卡"、"202 卡"等相继面世，层出不穷的卡类业务为运营商带来了可观的社会效益和经济效益，也使华为的 C&C08 交换机业务上了一个新的台阶。

1996 年，华为 C&C08 交换机开始进入中国香港和记电讯网络，但是，香港成熟的运营市场和苛刻的用户要求对华为提出了新的挑战。为了适应香港用户的需求，华为与和记电讯开展了联合创新。为了满足空间狭小的需求，双方开发出了壁挂式的远端模块；为了满足号码自由迁移的要求，开发出了定制化的号码携带 NP 功能。经过一次次与运营商的合作创新，华为 C&C08 交换机在性能和功能上逐步完善，也为 C&C08 进入国际市场奠定了基础。之后，C&C08 陆续进入了俄罗斯、巴西、印度、马来西亚、西班牙等国家和地区，并在俄罗斯、巴西设立了制造工厂。经过国内市场和海外市场的洗礼，华为逐渐从一个交换机领域的后起之秀发展成为全球固网领域的主导厂商。根据咨询公司 Dittberner 的报告，截至 2003 年底，C&C08 机在全球 50 多个国家的应用超过 1.3 亿端口，并且连续三年在全球新增市场上排名第一。

纵观华为 C&C08 程控交换机的发展历程，可以发现，华为在"满足客户需求"的目标指引下，通过内部自主开发（集成创新），研发出了 C&C08 交换机的最初原型，之后与运营商的多次联合开发（合作创新），使 C&C08 交换机的性能和功能逐步完善和拓展，既扩展了 C&C08 交换机的应用领域，又推动了华为内部的技术革新。可以说，华为 C&C08 程控交换机的成功是内部集成创新与外部合作创新相互融合、协同发展的产物。

（三）华为的发展历程凝聚了集成创新（自主创新）与合作创新

在公司发展的最初阶段，如同大多数中国企业一样，华为的技术创新是狭隘的自主创新，过分追求技术的原创性。以至于华为早期在工程师文化引导下开发的交换机和传输设备遭到了运营商的大量退货和维修要求，因为这些产品过度地强调了“自主创新”，而忽视了通信产业“对已有成熟技术的继承是提高产品稳定和降低成本的关键”这一基本事实。这一事件引起了华为人对“创新内涵”的反思，公司总裁任正非更是提出了“在我们未进入的一个全新领域进行产品开发，对公司已拥有的成熟技术及可以向社会采购的技术利用率低于70%，新开发量高于30%，不仅不叫创新，反而是浪费，它只会提高开发成本，增加产品的不稳定性。凡是说：我的项目全部都是我做，未利用别人的成就，这种人一定不能加薪”。正是这场对创新内涵的反思促使了华为公司技术创新由原始性创新向集成创新与合作创新的转变。1996年，华为引入了IBM的集成产品开发模式（IPD）和集成供应链管理模式（ISC），开始强调各部门知识共享在技术创新中的重要作用，该模式的引进为华为带来了一种跨团队的产品开发和运作模式：任何一项产品开发项目从立项到最终投放市场都必须经由市场部、采购部、供应链、研发人员、财务部门、售后等多部门共同参与，以确保新产品能够更好地满足市场需求；同时，成本竞争力的考核也贯穿始终，系统地分析通过合作和自主开发两种方式获得的技术对产品竞争力的影响。至此，华为公司走向了集成创新与合作创新协同发展的技术创新之路，之后的发展事实也证明了这条道路选择的正确性。

华为合作创新的主要方式之一，是与运营商（客户）建立联合创新中心。联合创新中心的建立是华为了解合作运营商深刻需求的有效途径之一，双方的合作研究成果转化为产品后，很快就能形成规模效应。一个典型的事例发生在移动通信领域，2G、2.5G、3G、LTE的网络演进，可以满足运营商提供良好数据业务应用的网络基础，但同时，多路线的网络演进不仅给运营商带来网络部署和运营管理的困难，也造成运营商设备成本和运营成本的高攀。针对运营商的上述挑战，华为在业界首创性地推出SingleRAN解决方案。所谓“SingleRAN”，简单而言就是“一个网络架构、一次工程建设、一个团队维护”。通过该解决方案，运营商能够进一步简化网络结构，保护建网投资，并实现面向未来网络的平滑演进。SingleRAN解决方案一经推出，便获得市场普通认可，在比利时Belgacom、拉丁美洲AméricaMóvil、加拿大Bell、芬兰TeliaSonera、中国联通、Telenor等运营商网络上获得大规模应用，并以其创新性获得IEC（International Engineering Consortium，国际工程协会）颁发的InfoVision大奖。目前，华为已与包括沃达丰、西班牙电信、意大利电信、德国电信、中国电信、中国移动等在内的全球知名运营商合作成立了20多个联合创新中心，广泛开展与客户的联合创新和共同创新。通过与运营商的联合创新，华为不但能够及时掌握运营商的市场需求，还缩短了技术和产品开发周期，加速了新产品的市场化进程。

在创新取得一定成绩和技术积累之后，华为积极开展了与其他企业（行业内竞争者）之间的合作与开放式创新。主要方式之一是与业界的主要设备供应商就某一技术领域展开广泛的开放性合作，共同解决技术难题。例如，与 Global Marine 成立合资公司开发端到端海缆网络解决方案和服务；与 Symantec“联姻”建立开发网络安全与存储设备；与西门子成立了合资公司，专注于 TD-SCDMA 的研发、生产、销售和服务，共同推动 TD-SCDMA 的进一步发展；与摩托罗拉在上海成立了 UMTS 联合研发中心，旨在为全球客户提供功能更强大、全面的 UMTS 产品解决方案和高速分组接入方案。另一主要方式是建立联合实验室，开展前沿技术的研究与开发，目前华为已与高通、惠普、IBM、微软、得州仪器、英特尔、朗讯、ALTERA、SUN 等业界领先的技术领导者建立了 10 多个联合实验室。与行业内竞争者的合作创新强化了企业间的竞争与合作并存的关系，大大提高了公司的研发效率，使华为在技术创新中避免了重复研发和资源浪费，迅速缩短了与世界领先企业技术水平之间的差距，增强了自己的研发实力。现在，华为人已经把合作创新当作了实现企业自主创新、推动企业快速发展的重要方式，华为人对行业内企业的描述也从“竞争对手”转向了“友商”。

值得提出的是，华为合作创新是在企业技术创新战略指导下的有针对性的合作创新。每一个合作创新项目的选择都是建立在提升企业自主创新能力的基础之上，都是为了实现公司的“创造客户需求的产品”的战略目标，合作创新加速了公司的知识积累，扩展了公司知识库，每一项合作创新成果都会在公司内部广泛传递、共享和深入应用。通过华为发展历程的分析和描述可以发现，集成创新与合作创新的协同发展，可以实现在某一研发项目上（例如，C&C08 交换机的发展即是企业集成创新与合作创新的结果），也可以在企业的整体发展中得以实现。集成创新与合作创新契合式发展已经成为企业在动态变化的竞争环境中获得持续发展动力的必由之路。

（四）华为促进内部集成与外部合作协同发展的主要管理活动

制定了明确的创新愿景。“愿景”是公司的目标，是公司之所以存在的理由，为公司指明了发展方向，它可以为员工提供永无枯竭的发展动力。华为公司的发展愿景是以公司基本法的形式表现出来的，其基本愿景：丰富人们的沟通和生活，运用通信领域专业经验，帮助不同地区的人们平等、自由地接入到信息社会，消除数字鸿沟。战略是愿景的具体表现。华为追求的创新是开放的技术创新观念，除了通过自主开发技术提升竞争力，也从未拒绝过以开放的心态，“站在巨人肩膀上”去获取商业的快速成功。关于创新核心思想的理解，华为是以如何解决企业的竞争力，满足“质量好、服务好、运作成本低、优先满足客户需求”这四点要求为标杆。“广泛吸收世界电子信息领域的最新研究成果，虚心向国内外优秀企业学习，在独立自主的基础上，开放合作地发展领先的核心技术体系，用卓越的产品自立于世界通信列强之林”已经成为华为技术创新人员的共同愿景。

广泛开展同国际标准组织与企业的合作，拓宽员工知识源。从 20 世纪 90 年代中期开始，华为启动了知识产权战略，至 2009 年 6 月，华为已加入 ITU、3GPP、3GPP2、OMA、ETSI 和 IETF 等 123 个国际标准组织，并且在一些国际标准组织里担任领导职务。通过与国际标准组织的交流与合作，华为不仅掌握了该领域的最新前沿知识，而且还提高了在该领域国际标准制定方面的话语权。为充分利用全球人才与技术资源平台，进一步提高科技人员的研发水平和能力，华为在美国、印度、瑞典、俄罗斯及国内的上海、北京、南京、西安、成都、武汉等地建立了全球性的研发体系，目前华为在全球共设立了 14 个研究所和海外研发中心。这些研究机构的设立既有助于华为吸纳全球性的高科技人才，也为员工进行跨文化团队交流提供了很好的平台。从 1997 年起，华为开始系统地引入世界级管理咨询公司，在集成产品开发（IPD）、集成供应链（ISC）、人力资源管理、财务管理、质量控制等诸多方面，与 Hay Group、PWC、FhG 等公司展开了深入合作。与企业间的合作不仅使华为及时掌握了业内的最新知识，也为员工提供了与世界知名公司面对面交流的机会，开阔了员工视野。

注重员工的积累和激励。华为在集成创新与合作创新协同发展过程中非常重视对研发人才的积累和激励。首先，华为高度重视人才队伍建设，把人才视为企业最重要的资源。公司在基本法里明确指出“一切工业产品都是人类智慧创造的，华为没有可以依存的自然资源，唯有依靠挖掘员工头脑中的知识；追求人力资本的增值优先于财务资本的增值”。其次，利用多渠道招揽国际性人才。华为利用海外实验基地、研发中心、联合创新中心，以及在国外召开专长招聘会等多种渠道招聘所需的国际性技术人才。再次，华为还十分注重对员工的培训。建立了完善的员工培训体系，针对每一类岗位都设计了系列课程，为培训配备了一流的教师队伍、一流的教学设备和环境。培训不仅促使员工提高了自身的工作能力，而且也成为华为吸引和留住人才的重要举措。最后，华为尤其重视员工激励。为了激发员工的创新热情，华为对创新采取了精神激励和奖金奖励。在公司总部，华为设立了“专利墙”，用以张贴员工创造的各种专利认证。此外，华为司还设有“喜报集结地”、“明星榜”等宣传栏，对员工的成果进行展示，以此对员工进行精神激励。在薪资方面采取更具弹性的收入分配政策，制定了个人能力贡献与企业整体经营状况挂钩的期权和期股激励政策，并出台了“多阶段奖励政策”等一系列创新鼓励办法。此外，华为还创新了员工职业生涯管理策略，建立了管理、专业、技术、营销等各类系统的员工任职资格标准，每个员工都有管理和专业技术双重任职晋升通道。当需要培养的管理者职位、总数确定后，华为启动管理者资源池计划，通过各级主管推荐和素质测评，将具备提升潜质的管理者纳入资源池进行预培养。通过这种方式有效地激发了员工的工作热情和积极性。

三、洋河与华为创新案例的比较分析

本部分将在对上述两个案例描述和分析的基础上，结合前文的理论阐述，进一步通过横向比较进行跨案例分析，以找出集成创新与合作创新知识螺旋契合实现过程中的关键环节。

通过上述案例分析可以发现，洋河酒业股份有限公司“洋河蓝色经典”品牌开发过程与华为技术有限公司“C&C08 交换机”开发过程具有一些相同的属性。

（一）两者都是集成创新与合作创新知识螺旋运动过程，体现了知识创新的本质属性

洋河蓝色经典的开发过程是一系列知识循环运动过程，从高级管理层产品开发方向“新的好酒标准”的确定，到新产品“绵柔”概念的开发，再到产品详细规格的制定无不是知识创新的过程，都经过了隐性知识的共同化、表出化、联结化和内隐化过程，而每一次新的知识循环运动都是建立在上一次知识循环运动的结果之上的更高层次的知识循环。洋河蓝色经典品牌开发过程是内部集成与外部合作创新协同发展的过程。新产品开发团队在目标指引下进行了广泛的市场调研，确立了新产品概念和规格，在公司既有技术的基础上改进了生产工艺（如慢火蒸馏等），并与相关的科研院所就生产工艺中的某些技术进行了联合研发，联合研发的技术成果在新产品生产工艺上的应用，逐步形成了公司内部的知识积累，扩大了企业知识库，夯实了内部集成的知识基础，新的内部集成创新是在吸收联合研发成果基础上的创新，这样，内部集成与外部合作就在知识创新的本质

层面形成了螺旋上升式的运动。从华为技术有限公司“C&C08”交换机开发过程来看，新产品开发决策也是在公司高层对当时市场需求变化趋势的准确把握之后形成的，其产生过程也经历了起源于高层隐性知识共同化，终结于内隐化的知识转换过程。C&C08 的最初原型虽然是公司的自主研发，但却是在公司已有技术基础之上的自主研发。因此，C&C08 首先是集成创新的成果。随着市场需求的日益变化和提高，C&C08 交换机越来越不能满足客户的实际需求，这就要求公司必须改进原型产品的构造，升级原型产品的功能。华为公司与运行商的联合创新满足了客户的新需求，推动了 C&C08 交换机的升级改造。每一次新的改造都是建立在原有基础之上的更高层次的改造，都构成了公司的知识积累，这样，就形成了集成创新与合作创新螺旋式的上升运动。所以，洋河蓝色经典和 C&C08 都是集成创新与合作创新协同发展的结果，都实现了集成创新与合作创新在知识创新层面的契合。

（二）两者都有明确的愿景，都得到了来自公司高层的强有力支持

洋河蓝色经典的开发是公司高层在江苏省政府“振兴苏酒”目标下做出的决策，项目开发是在“新的好酒标准”的愿景指引下进行的，虽然“新的好酒标准”是一个相对模糊的概念，但它为洋河蓝色经典的开发指明了方向。公司董事长杨廷栋多次强调创新的重要性，他指出，创新既是一个民族的灵魂，也是一个企业永葆生机的根本，创新应该成为名酒骨干企业的优势和责任。在创新战略选择上，公司确定了“首先着力于企业内部创新能力的培育，在风格质量、工艺技术、企业管理，酒文化与现代生活的接轨等方面先行一步，引领产业发展（这里主要是指集成创新）；其次加强企业间良性竞争的合作创新，在共同促进行业规范和创新中推动白酒业健康持续地发展”。的创新发展路线。这实际上指出了集成创新与合作创新的共有关系，合作创新是在一定的集成创新基础上的合作，集成创新与合作创新的契合以企业内部的自主创新为主线 。华为 C&C08 交换机的开发是在“在电子信息领域实现顾客的梦想”的知识愿景下进行的，产品开发一开始就以满足客户需求为目标而进行了大量的市场调研，以保证开发出的产品与愿景目标一致。在开发过程中，华为总裁向内部员工阐述了自主创新与合作创新的辩证关系，广泛吸收世界电子信息领域的最新研究成果，虚心向国内外优秀企业学习，在独立自主的基础上，开放合作地发展领先的核心技术体系。这实质上强调了自主创新在集成创新与合作创新共同发展中的主体地位。

（三）两者都强调了沟通和知识共享的重要性

在新产品的开发过程中，两者都强调了部门之间和部门内沟通，以及知识共享的重要性，内部讨论是解决开发中遇到问题和形成决策的主要途径。两家企业也都为促进员工的知识共享和创新提供了便利条件。为促进组织内部沟通和知识共享，洋河公司开展并推动了知识社区建设。与此同时，洋河还注重跨组织知识沟通，自 2004 年每年都积极组织科研技术人员参加苏、鲁、豫、皖四省白酒峰会，以方便本公司科研人员与其他白酒骨干企业技术人员的知识交流；此外，公司还经常聘请知名专家进驻企业开展专业知识讲座，甚至选派员工到高校进行专业知识学习，以增强员工的专业知识沟通能力和知识创新能力。为促进组织内部员工之间的沟通和知识共享，华为公司组建了多种跨部门团队，并加强了员工在部门之间的流动，甚至做出了“每年 5%的销售人员做研发，5%的研发人员做销售”的决策，以增进市场与研发部门之间的沟通和知识共享，保证新产品符合市场需求。在外部，华为与重要客户建立联合创新中心，与世界著名企业联合建立实验室或研发中心，选派员工在国际标准组织任职等多种形式加强员工的外部知识学习。

（四）两者都注重人才的引进、培养和激励

洋河和华为都十分注重人才在项目开发中的重要性，采取了若干措施加强人才的引进、培养和激励。为引进高层次人才，洋河打破了原有的薪酬体系。在实行全员素质工程，从整体上提高员工创新能力的同时，特别注重管理人员的培养。洋河人认为，高素质的管理者是企业的核心层，是企业在竞争中立于不败之地的基石。现代化的企业管理要求每一个管理者都必须具有适应现代市场经济要求的全新的经营理念和较强的市场开拓能力，在管理实践中锻炼和培养合格的管理者已经成为洋河培养管理者的一项重要举措。人才只有被充分调动起来才能发挥其应有作用，因此，洋河在提高员工创新能力的同时，更加注重员工的激励，革新了原有的人力资源管理模式。在薪酬设计、职位设置、员工发展等多方面进行了“大变脸”，每一项新的人力资源管理制度设计都以是否有利于员工积极性的发挥为依据和评判标准。华为是一家国际性公司，特别注重国际性人才的引进，偏重于借助联合创新中心、研发中心等国际平台引进高层次人才。为扩大知识创新的知识基，华为实施了全员培训，包括联合研发中心的员工。为此，华为投入巨资建造了一流的培训大楼、购置了一流的培训设施、聘请了一流的培训师，设计了科学的培训内容。在注重专业知识培训的同时，华为尤为注重员工责任意识、创新精神、敬业精神与团结合作精神的培训。在员工激励方面，华为同样创新了人力资源管理模式，采取多种方式激励员工。此外，华为还融人才培养和激励为一体，实行了末尾淘汰和下岗培训相结合的制度，对于淘汰的员工进行再培训，既激发了员工积极进取的热情，又有助于提高员工创新能力。

由案例描述还可以看出，“洋河蓝色经典”开发过程与“C&C08”开发过程中的集成创新与合作创新的契合也存在着些许差异。集成创新与合作创新的契合主要发生在洋河蓝色经典的产品开发过程中（此处定义为产品研发阶段的契合），而对 C&C08 来说，集成创新与合作创新的契合更多的是在产品投入市场以后的完善和升级改造过程中（此处定义为产品发展阶段的契合）。据此，我们可以将集成创新与合作创新的知识螺旋契合划分为两个类别（或两个层次），一类是项目层次上的契合（对应研发阶段的契合），此类契合是为了某个项目的开发，项目结束，两种创新方式间的契合关系也就随之结束；另一类是组织层次上的契合，此类契合是发展式的契合，它不随单个项目的结束而结束，反而会因为单个项目的契合而得到加强。

在企业的创新实践中，集成创新与合作创新知识螺旋契合可以是项目层次上的，也可以是组织层次上的，但更应该是组织层次的契合。因为，尽管企业不可能拥有发展所需的全部知识，但企业也不大可能就每一项技术开发或产品开发都寻求外部合作，而只能是在企业总体发展框架下有针对性地就某些技术或项目开展外部合作或联合创新。此外，虽然项目层次的契合是为了完成特定项目开发，但项目开发本身是企业战略的一部分，其目的是实现企业的整体目标。例如，洋河蓝色经典的开发是企业打造苏酒“领头羊”地位战略决策的一部分，C&C08 交换机的开发也是企业“创造满足客户需求的产品”战略愿景下的一个重要举措。因此，可以说，项目层次的契合是组织层次契合的构成部分，每一个新的项目层次契合都是建立在企业已有创新成果基础之上的（其中有些成果是由项目层次的契合创造的），这样，不同种类项目层次的契合就构成了螺旋式上升的组织层次契合。正如集成创新与合作创新具有共同的知识创新本质属性一样，虽然不同层次上的集成创新与合作创新知识螺旋契合所涉及的人员、领域和范围、知识类型、组织形式等都会有所差异，但两者在本质上是相同的。

第三节 集成创新与合作创新知识螺旋契合的实现

一、集成创新与合作创新知识螺旋契合实现的 OEM 系统

集成创新与合作创新知识螺旋契合是企业借助于集成创新与合作创新两种方式提升自主创新水平的制度安排，是同时利用内部和外部两种资源实现自身目标的过程。不同的企业有不同的发展重点、不同的规模、不同的技术水平及不同的组织安排，对企业技术创新的要求也各不相同。集成创新与合作创新知识螺旋契合首先要求企业具有自主创新的需求，具备开放的创新意识，并具备一定的创新基点，这构成了集成创新与合作创新契合实现的组织基础（organization foundation），也是集成创新与合作创新知识螺旋契合实现的前提条件。

企业具备了集成创新与合作创新协同发展的组织基础以后，即进入以知识创新为主导的实现过程。知识和员工组成了集成创新与合作创新知识螺旋契合实现的两个关键因素，由洋河酒业股份有限公司和华为技术有限公司的案例分析可知，集成创新与合作创新的契合过程就是企业创建知识创新环境和激发员工参与积极性的过程。环境是一个系统性的概念，包含诸多因素，就本书而言，知识创新环境主要是指能够促进知识获取、共享和应用的要素系统。对应于隐性知识和显性知识的划分，知识创新环境可以进一步细分为隐性知识创新环境和显性知识创新环境。隐性知识创新环境主要包括知识交流、沟通、共享机制、创新型文化等软性环境，显性知识创新环境主要包括数据库、信息系统、知识仓库等硬性环境。显性知识创新环境（硬环境）的创建一方面是为了显性知识的实现，另一方面是有利于隐性知识的实现；而隐性知识创新环境（软环境）的创建对于知识创新则是一种综合性支撑，也是一项系统工程，通过创设知识创新的环境，促进集成创新与合作创新在知识创新层面的协同发展。

知识创新是与人紧密结合的，由人构成的知识创新过程就需要考虑文化、组织、激励等方面的因素，这些问题解决了，才能形成企业内部知识创新的氛围，激发员工知识创新的动机，创造有效的知识创新的人居环境。集成创新与合作创新知识螺旋契合过程也是由人构成的创新过程，员工的积极参与是其实现的关

键。然而组织并不能总是保证员工具备所需要的动机，这就需要企业采取多种管理措施从多方面激发员工参与知识创新的动机，在诸多管理措施中以人为服务对象的人力资源管理居于核心地位。

因此，从总体上来看，企业集成创新与合作创新知识螺旋契合的实现主要表现在组织基础（organization foundation）、环境支撑（environment sustain）和管理支持（management supports），三者形成了集成创新与合作创新知识螺旋契合实现的 OEM 系统，如图 5-1 所示。

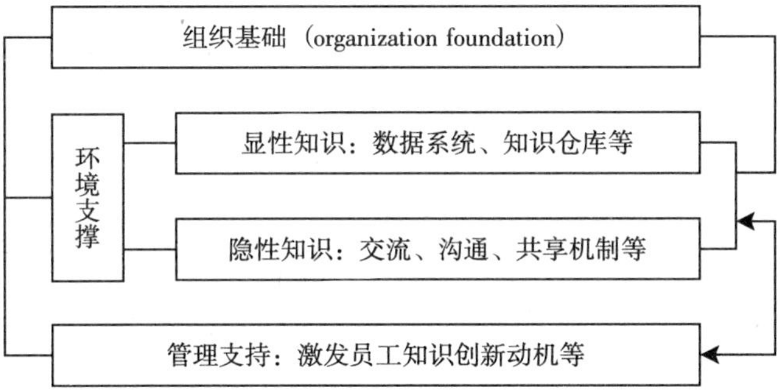

图 5-1 集成创新与合作创新知识螺旋契合实现的 OEM 系统

在这一系统中，组织基础是前提条件，只有具备了一定的组织基础，企业才有实现集成创新与合作创新契合的可能。环境支撑和管理支持贯穿于集成创新与合作创新知识螺旋契合实现的全过程，是决定集成创新与合作创新知识螺旋契合实现的核心。环境支撑与管理支持之间存在相互作用，管理支持可以在一定程度上促进知识创新环境的形成。

二、集成创新与合作创新知识螺旋契合实现机制

组织基础是集成创新与合作创新知识螺旋契合实现的先决条件，对集成创新与合作创新知识螺旋契合过程的影响不甚明显。本书重点探讨知识创新环境的创建和管理支持的实现。根据前文的理论分析和案例研究，此处将知识创新环境和管理支持的实现概括为以下几个方面。

（一）知识愿景引导机制

知识愿景是知识创新环境与管理支持的方向性指标，可以引导知识创新环境和管理支持的方向与重点。

愿景是指所向往的前景，是人们永远为之奋斗希望达到的图景。愿景是一种

意愿的表达，对于个人来说，愿景就是个人在脑海中所持有的意象或景象；对于组织来说，愿景就是组织成员所共同持有的意象或景象。共同愿景的建立可以引导员工的努力方向，并激发员工为愿景的实现做出积极的贡献。彼得·圣吉博士认为，没有共同愿景的组织往往只会导致员工对上级、对组织被动式的遵从，而绝不会导致对组织的真诚奉献。

集成创新与合作创新是组织技术创新的两种最主要形式，两者都具有知识创新的本质属性，为实现两者的协同发展，企业就必须创造出一种为员工所认知并能接受的知识创新愿景（以下简称“知识愿景”），在共同知识愿景的引导下，集成创新与合作创新成为实现知识愿景的两种不同方式，进而有助于实现两者的有机契合。野中郁次郎认为，知识愿景能够为企业员工提供他们所寓居世界的心像地图，还为他们应当追求和创造何种知识提供基本方向。此外，共同的知识愿景除了可以引导员工的努力方向之外，还有助于培养企业员工的高度个人承诺。知识愿景为他们所执行的日常任务赋予含意，并为他们应该追求的知识类型提供方向感，同时对既存知识体系进行重构。如果缺乏愿景，知识可能只是建立在以往的经验，尤其是成功的经验之上，造成“只见树木，不见森林”的假象。

根据集成创新与合作创新知识螺旋契合层次的不同，知识愿景可以分为项目知识愿景和组织知识愿景。项目知识愿景是组织知识愿景的体现和来源，项目知识愿景不能违背组织知识愿景。项目知识愿景是根据企业发展需要，对项目开发方向的一种期望和定位，是项目开发的行动纲领，如本田“Honda City” 汽车开发的知识愿景“让我们一起去冒险”，以及洋河酒业“洋河蓝色经典”产品开发的知识愿景“新的好酒标准”。组织知识愿景是指根据企业经营与管理发展的需要，对企业未来知识创新发展方向的一种期望和预测。例如，华为公司经过最初阶段的探索，提出了“创造客户需求的产品”的知识创新愿景，华为之后的每一项技术和产品开发都以实现这一愿景为目标。

愿景往往是相对宏观和抽象的，又需要长期的奋斗才能接近或实现的目标，因此，企业愿景往往被转化为企业战略，以增加愿景的可实现性。从战略的观点来看，企业的知识愿景为经营战略赋予了灵魂，它是形成发展战略的原因，即通过战略性地利用组织的核心能力造就业务成长的战略，它勾画了未来竞争战略及表现的基础。知识愿景为企业发展战略，尤其是技术发展战略赋予了更多的实质性内容。战略的精髓在于开发组织获得、创造、积累或用在某知识领域内的知识能力，相对于以产品或服务为基础的战略，以知识愿景为基础的战略有助于企业扩大竞争范围和科技视野。好的知识愿景战略将激励企业探索某些领域的知识，并积累可以被企业用来迎接未来业务挑战的知识。此外，为了鼓励组织成员的高度投入精神，知识愿景应当留出模糊或开放的余地。相对模糊的愿景可以使组织成员在制定自己的目标时具有一定的自有空间及自主性，在发现高层管理者提出的理想的实际内涵上，他们会投入更多的精力。本田“Hona City”产品开发的知识愿景和“洋河蓝色经典”产品开发的知识愿景都是此种类型，既为产品开发提出了方向性要求，又给予开发者足够的创新空间。

为使制定的知识愿景成为所有员工共同的知识愿景，组织管理者应在组织范围内向员工灌输和传达这一愿景。知识愿景的灌输和传达体现了组织从机械地制定经营战略向创造整体知识愿景方面的过渡。灌输和传达知识愿景不能简单地靠硬性命令和规定，而只能靠周而复始的沟通和分享，任何强迫和勉强性的举措可能都会适得其反。知识愿景的传输不是一蹴而就的工程，需要细致的工作和漫长的过程，直至组织内的每位成员开始为实施愿景而行动。

总之，知识愿景为集成创新与合作创新的契合提供了引领性目标，它可以保障集成创新与合作创新目标的一致性。只有明确了共同的目标，才能消除集成创新与合作创新的表面差异，实现两者功能的统一。在共同的知识愿景引导下，集成创新与合作创新成为实现知识愿景的两种不同方式，在实现组织知识愿景的过程中相互作用、相互依存、互为基础，从而实现两种创新方式的融合与协同发展。同时，集成创新与合作创新都属于知识创新，两种创新方式间互为基础的运动也就形成了知识的螺旋式运动，从而实现集成创新与合作创新在知识创新层面的契合。

（二）知识转移沟通机制

知识转移沟通机制主要用于隐性知识和显性知识的实现。知识创新的核心是知识的传递和共享，这有赖于良好的交流和沟通机制。集成创新与合作创新知识螺旋契合在本质上是组织内和组织间的联合知识创新，因此，集成创新与合作创新知识螺旋契合的实现也有赖于良好的交流和沟通机制，包括组织内和跨组织的交流与沟通，而组织内沟通机制的建立是整个沟通机制的基础。组织成员关于集成创新与合作创新本质、特征和作用的交流与沟通可以促使他们形成对两种创新方式的共同认识，可以保证两种创新方式在创新实践应用中的统一，有利于集成创新与合作创新的融合与协同发展。

组织沟通是新知识产生的“摇篮”。通过广泛的沟通，个体的知识可以变成他人可以利用的话题。每个参与者均可能发掘新的想法并对他人的观点进行反思，而且对沟通所激发的想法、观点及信念的相互交换是新知识产生的“基石”。沟通机制的作用在于协助组织成员之间的交流。组织活动的本质在于交流，包括组织成员之间的交流及与组织外部人员之间的交流，如供应商、利益相关者、顾客、政府及竞争者等。因此，发现并建立能够协助与知识活动有关的沟通交流机制都是知识创新的关键促进因素。

洋河酒业股份有限公司和华为技术有限公司的案例分析表明，沟通机制的建设是一个系统工程，既有硬件设施的建设，也有软性人际环境的构建，还有组织结构的变革（跨职能团队的组建）等诸多方面。无论是何种沟通机制的建立，目的都是为员工之间的知识交流和共享创造一个适当的情景，因为知识的创新来源于一个可以获得丰富的、原始体验的场所，这种场所被野中郁次郎称为“高密度场”。高密度场是指组织成员间产生频繁且密切的相互作用的环境。这种环境构成了集成创新与合作创新两种创新方式契合的促进条件。一个促进情境，必须建立在组织的关爱基础之上。只有获得了组织的充分支持，组织成员之间才能建立彼此信任的人际关系，而这种良好的人际关系可以一扫不信任和恐惧的阴霾，并且能够打破个体和组织的壁垒。此外，组织成员间良好沟通关系的建立还有赖于人力资源管理实践的支持，组织要通过科学的人力资源管理活动鼓励员工之间的知识交流和共享，良好沟通机制的最终确立需要经过实践中的试误和修正。

集成创新与合作创新知识螺旋契合是组织间知识创新与组织内知识创新的综合体，这就要求企业不仅要在组织内部构建良好的沟通机制，而且还要创造良好的外部沟通环境，以便于组织与其他组织之间的知识转移。具体来说，外部沟通机制的建立包括两个层次。一个层次是组织层次，即以组织为沟通单元建立的沟通机制，主要是指建立良好的外部形象，与相关的科研院所、行业内企业、处于同一条价值链中的企业等相关的组织机构建立正常的组织沟通机制。另一个层次是指项目层次，即以合作创新项目为沟通单元建立的沟通机制，主要是指为保证合作创新项目的顺利进行，实现预定的合作创新目标所建立的有助于合作双方增进信任、促进知识转移的沟通机制。在集成创新与合作创新知识螺旋契合的实现过程中，组织内沟通机制和组织间沟通机制都是不可或缺的。组织间沟通机制主要是为企业获得所需的外部知识提供保障性条件，而组织内流畅的沟通则是实现外部知识与组织已有知识有效融合，进而创造新知识的关键。因而，相对于组织间沟通机制，顺畅的组织内沟通机制的建立对实现集成创新与合作创新知识螺旋契合更为重要。

（三）人才保障和激励机制

管理支持可以通过人才的保障和激励来实现。正如知识是当今社会最重要的生产资源一样，在所有影响集成创新与合作创新知识螺旋契合实现的因素中，知识活的载体“人”是最基本的要素。知识创新是知识所有者运用已有知识创造新知识，并应用新知识的过程。在这一过程中，人对知识的掌控能力和动机直接决定了知识创新的效果。因此，集成创新与合作创新知识螺旋契合过程的实现首先需要有一定能力的人才资源作为保障。洋河与华为公司对人才引进和员工培训的重视就是为了提供知识创新所需要的人才资源。

拥有了一定基础的人才资源不一定能保证知识创新过程的实现。因为员工的能力不能直接决定其对企业的价值，只有其能力得到了充分展示才能创造出本来的价值，而其能力的发挥在很大程度上取决于动机水平的高低。无论一个企业拥有多少技术、设备，除非由被激励起工作动机的员工所掌握，否则这些资源只能成为形式资源而被浪费。詹姆斯教授研究表明，如果没有激励，一个人的能力仅能发挥 20%~30%，如果加以激励则可以发挥到 80%~90%。洋河酒业股份有限公司与华为技术有限公司的应用案例也充分证明了这一点，它们在注重人才引进和培训的同时，更加注重对员工的激励，分别采取了多种不同的激励方式和手段，以调动员工的工作积极性。

野中郁次郎认为，所有参与知识创新的员工都是知识行动者（knowledge activist），只有充分调动知识行动者的积极性才能实现知识创造和创新过程，并在此基础上提出了调动知识行动者的六个目的：①启动并聚焦知识创新过程；②减少知识创新所需的时间和成本；③在整个企业里充分调动知识创新者的积极性；④将知识创新活动与企业的知识愿景联系在一起，以此改善知识创新活动的条件；⑤为知识创新过程的参与者准备他们在新的任务中所需的知识；⑥将微型社群的视角包括在关于组织转型的辩论之内。从野中郁次郎关于调动知识行动者积极性的描述中可以看出，调动知识行动者所要讨论的主要内容是为了激发员工知识创新的“火花”，组织可以做的事情。

从洋河酒业股份有限公司和华为技术有限公司的案例描述中可以看出，两家公司虽然采取了不同形式的员工激励方式，但都对原有的人力资源管理模式进行了革新，在薪酬设计、职位配置、职业发展等多方面的制度设计都强调了对员工的激励。拥有了具备创新能力的员工只是为实现知识创新提供了可能。在很多时候，员工的能力是以潜在的形式存在的，而只有当员工的创新动机被充分激发，员工在主观上愿意参与知识创新活动的时候，员工潜在的创新能力才能转变为现实的创新能力。因此，有效的员工激励机制是集成创新与合作创新实现知识创新层面契合的保障。

知识愿景引导机制、知识转移沟通机制和人才保障与激励机制的提出来源于洋河酒业股份有限公司和华为技术有限公司两个案例的共性分析，以推动知识创新和激发员工知识创新动机为原型，这三个机制构成了知识创新环境建设和管理支持的主体部分，但并没有涵盖所有方面。三个机制构成有机统一的整体，三者相互作用、相互补充，共同推动企业的知识创新活动。知识愿景的建立指明了企业知识创新的努力方向，也激发了员工内在的知识创新动机；知识愿景在组织范围内的灌输和传达有赖于企业内良好的沟通机制，组织成员在彼此之间的相互交流和沟通中达成对知识愿景的统一认识；良好沟通机制的建立会促进组织成员之间的无障碍沟通，而员工之间的密切联系又会对员工积极性的激发起到一定的正向作用。总之，知识愿景引导机制、知识转移沟通机制和人才保障与激励机制三者之间相互依赖、相互促进，共同促进集成创新与合作创新在知识创新层面的契合。

通过上述分析可知，人力资源管理与知识愿景引导机制、知识转移沟通机制和员工激励机制的形成和作用发挥有着密切关系。虽然企业管理者往往是企业知识愿景的发起者，但知识愿景只有得到员工的普遍认同才能真正发挥作用，而人力资源管理的某些职能活动可以促进共有知识愿景的形成。知识转移沟通机制的形成和作用发挥有赖于员工之间的和谐关系和主动交流，人力资源管理的沟通等职能可以促进员工间良好关系的建立，从而推动不同个体间的知识交流和共享。同时，激励作为人力资源管理的主要职能之一，对员工创新动机的激发也必然会起到一定作用。由此可知，人力资源管理在集成创新与合作创新知识螺旋契合实现过程中发挥着重要作用，下一章将重点探讨人力资源管理对集成创新与合作创新知识螺旋契合的作用机理。

第六章　KI-HRM对集成创新与合作创新K-S-F驱动作用研究

第一节　问题的提出

企业创新是建立在一定的物质基础之上的，有什么样的物质基础就会有什么样的创新活动，但仅有物质基础不足以保证企业创新的成功。正如 Barney (1991)[169] 所说，虽然那些具有价值的、稀缺的和难以模仿的资源有助于组织绩效的实现，但要使这些资源的效果更好地发挥出来，组织还必须对这些资源恰当地进行运用。集成创新与合作创新的契合过程即是合理运用企业内外资源以发挥最大功效的过程，通过知识的螺旋运动可以促使集成创新与合作创新两种创新方式的契合，从而使分散的知识资源发挥协同作用。而在这一过程中，作为知识载体和企业创新活动主体的“员工”发挥着主导作用，因此，员工能力的发挥与否就决定了企业创新活动的最终结果，也就决定了企业集成创新与合作创新两种创新方式的契合效果。人力资源管理是以员工为中心，以整合员工资源、激发员工动机为主要功能和目的，人力资源管理的特征必将对员工能力的发挥产生重要影响。

前文已经对集成创新与合作创新知识螺旋契合的内涵、影响因素和实现机制进行了研究。为了实现集成创新与合作创新相契合的知识螺旋运动，企业就必须创建一个利于内外部知识流转和应用的情境，并有效激发员工参与知识创新的积极性。野中郁次郎认为，知识运动的情境可以分为硬性的物理情境和软性的非物理情境（如管理和文化等）两部分，相对于物理情境而言，软性的非物理情境更难以模仿和复制，因而，具有特色的非物理情境的创建对于企业的知识创新具有决定性的意义。人力资源管理由于可以创造支持知识创新的氛围和促进隐性知识转移的环境，并能激发员工的知识创新动机而在知识创新的非物理情景创建中显得尤为重要。集成创新与合作创新知识螺旋契合是在知识创新层面的契合，其契合效果也必然会受到人力资源管理的影响。在知识经济时代，组织绩效越来越依赖于组织创造新知识并应用新知识的能力，知识创新已经成为企业重要的日常经营活动，并成为企业核心竞争力的主要来源。在此背景下，企业人力资源管理也必须做出适当变革以适应企业知识创新的要求，人力资源管理应该成为企业知识创新的重要推力。为此，本书在现有文献研究基础上提出了“知识创新导向人力资源管理”（KI-HRM）的概念。尽管当前已有研究指出，人力资源管理会对知识创新产生影响，但还未成体系，且时常出现相悖的研究结论。特别在国内，由于对知识创新的研究尚处于起步阶段，目前知识创新相关的研究文献则很少，人力资源管理对企业知识创新的作用机理还不清晰，还有待深入研究，现有成果不能有效解释人力资源管理和集成创新与合作创新知识螺旋契合这一协同发展模式的知识创新之间的作用关系。因此，有必要深入研究人力资源管理对企业集成创新与合作创新知识螺旋契合的作用机理。鉴于此，本章将以知识创新导向人力资源管理为切入点，研究知识创新导向人力资源管理对集成创新与合作创新知识螺旋契合的驱动作用，一方面是探寻知识创新导向人力资源管理对集成创新与合作创新知识螺旋契合的作用关系，另一方面是了解知识创新导向人力资源管理不同实践活动对员工知识创新动机的影响，以揭示知识创新导向人力资源管理对集成创新与合作创新知识螺旋契合的影响机理及重要作用，以期为企业人力资源管理实践提供一些参考建议。

第二节　理论框架和研究假设

一、KI-HRM 的内涵与维度

企业集成创新与合作创新本质上都属于知识创新，是知识创新的两种特殊形式。知识创新活动已成为企业的主要活动，是当今企业核心竞争力的最终来源，为满足企业知识创新对人才的需求，企业应对原有人力资源管理模式进行适当变革，据此，本书提出了知识创新导向人力资源管理（KI-HRM）的概念。所谓“知识创新导向人力资源管理”是指能够不断促进组织成员获取知识、共享知识和应用知识，激发其知识创新动机，改善其知识创新行为，以使组织能够在动态变化的环境中保持可持续生存与健康和谐发展的人力资源管理。①

员工知识创新过程是一个不断解决所遇问题的过程，解决问题需要外在条件和内在动机的合理反应，而且，创新效果的产生叠加在无数个解决微小问题的过程中。因此，如何使创新过程保持下去，如何使员工的内在动机和外在动机在解决问题的过程中发挥整合的最大效果，成为决定知识创新成败的关键。为此，就必须要注意保持员工内在动机的强度，这可以归结到保持员工对自身工作的积极性这个问题上来。如何使员工产生对企业较高的组织承诺，并且保持自觉自愿的工作行为，是整个人力资源管理构建的方向。因此，在组织中一定要注重整合内部人力资源，充分发挥现有人力资源的作用，采取自主灵活的管理方式，通过外在的激励措施激发员工的内在动机，提升员工对组织的承诺度。只有这样，才能将存在于员工中的智力资本转化成有形的创新行为，进而提高整个企业的创新绩效。

在华为技术有限公司的案例描述中，我们似乎可以找到企业管理的真谛：企业管理关键是面向市场做要素整合，把资金、技术、人才、市场、研发、生产制造、企业内外产业链等面向市场竞争的所有资源和要素有效整合起来，以期在市场竞争中获胜，这是管理的价值，也是管理的目标。虽然整合前后，企业的要素和资源本身并没有变化，但是有效整合却可以使企业更有可能成功。因此，知识创新导向人力资源管理的重点应该是面向知识创新的人力资源整合。人力资源不同于一般的物质资源，人力资源是唯一具有能动性的资源，人力资源整合的目的在于充分发挥人力资源的主观能动性，所以知识创新导向人力资源管理的主要目的和功能是通过为员工提供有利于知识交流和共享的情境来充分调动员工的知识

① 关于人力资源管理，有学者提出了“基于能力的人力资源管理”和“基于承诺的人力资源管理”的概念，基于能力的人力资源管理强调对员工能力的培养，而基于承诺的人力资源管理强调对员工的激励。一般而言，员工能力的提高是一个长期过程，无法实现短期内的提升，而本书所研究的集成创新与合作创新契合的着重点在于如何在员工既有能力的基础上实现契合目标。此外，吴治国、石金涛等[168]也指出，对于组织创新管理来说，拥有创造型员工只是拥有了进行创新的必要条件而非充分条件。组织的问题不再是某个或者某些员工具有创造性，而是怎么样激发和支持员工的创造潜能，怎么样实现员工创造力到创新行为的有效转化。刘善仕等[170]通过实证研究发现，现阶段我国高技术企业偏向于承诺型的人力资源管理。综合以上分析，借鉴“基于承诺的人力资源管理”的概念，本书所指的知识创新导向人力资源管理主要强调对员工的激励。

创新积极性。

知识创新是从个体开始的，正如 Robert Howard（2003）指出的那样，创造新知识不仅仅是处理客观信息的问题，更是一种主观和极端个人化的活动。因此，知识创造起始于个体对自己信念进行验证或正当化的努力及对工作和企业的投入。如果拥有知识和技能的员工没有得到激励，其行为和绩效就会受到制约，人力资源管理实践则能提供强调合适行为的激励措施。这就要求企业的人力资源管理要努力满足个体对信念的追求，创造富有激情和挑战性的愿景，引导个人对知识创新工作和企业的积极投入。

野中郁次郎认为，为了确保企业充分利用拥有自主精神的多样性人才资源就必须提供富有吸引力的职业晋升系统。职业晋升系统可以使员工知晓自己的发展和努力方向，促使他们努力工作以实现自己的职业发展目标。此外，企业还应该为知识工作者建立不同的绩效评价标准和薪酬体系。对知识工作者来说，传统的处罚式评价方法无法令人满意。对于创造知识的企业来讲，评价标准必须从消极的处罚方式向积极的奖励方式转移，相同的标准也应当适用于所有团队成员。应当利用做出多少新的努力和尝试作为评价团队成员业绩的标准，允许他们犯有意义的错误，尽可能多地让他们获得独创的体验。

赵黎明、潘康宇[171]认为，有效沟通是现阶段我国高科技行业知识创新人力资本激励的最有效途径。沟通不仅影响隐性知识的交流和共享，而且对知识创新过程的所有其他过程均能产生影响。因此，保证部门和员工之间的流畅沟通是实现知识创新的重要条件。部门和员工之间的无障碍沟通有赖于畅通的沟通机制和良好的人际关系。正式的沟通渠道可以使员工知晓如何从组织中获得创新所需要的知识，良好的人际关系可以有效消除员工间知识交流和共享的心理障碍。这就要求企业做出适当的努力，理清上下级之间的关系，在日常管理实践中注重创建和谐的组织氛围。自治是促进知识创新的又一重要因素。拥有自治权利的员工可以更好地发挥知识创新的潜在能力，可以更加自由地选择最适宜知识创新的工作方法。松下公司家用烤面包机的开发过程充分证明了自治对知识创新的推动作用。如果没有自治，开发团队就难以获得面包师揉面技巧的隐性知识，也就难以开发出理想中的产品。

综合以上分析，结合洋河酒业股份有限公司和华为技术有限公司为推动知识创新所采取的管理措施，本书将知识创新导向人力资源管理的维度划分为多样性培训、合理授权、领导支持、强化沟通、激励性薪酬、职业生涯管理六个维度，这六个纬度构成了知识创新导向人力资源管理系统。与传统人力资源管理不同，知识创新导向人力资源管理强调了对企业知识创新的支持，侧重于对员工知识创新动机的激励。从知识创新的角度，多样性培训比传统意义上的培训更加宽泛，在培训内容的设置方面，多样性培训注重对员工文化、价值观和知识愿景，以及工作技能和管理能力的全面培训，在培训方式上采用更加有效的案例学习、交流与讨论、自我主导式学习等方式。领导支持与合理授权均强调了对员工知识创新活动的支持，鼓励员工积极探索、勇于创新；给予员工一定的工作自主权，克服条条框框的限制，在创新工作中能够选择适宜的工作方式和方法，以推动知识创新的进程。强化沟通侧重企业内部门之间、员工之间的知识交流和共享，知识只有得到充分的共享才能为需要者所应用，也才能实现新知识的创造。激励性薪酬可以为员工提供工作结果的反馈，进而促进员工的知识创新行为，激励性薪酬强调了对员工知识创新行为的激励。职业生涯管理主要是为员工持续学习和创新提供合适的路径和强大动力，提供多样化的发展空间和路径，使员工有持续的创新空间。

二、KI-HRM 与员工知识创新动机

企业人力资源管理系统具有对员工实施激励的主要职能，并承担着个体知识共享动机以及组织氛围形成的推动作用。近年来，越来越多的学者开始关注人力资源管理对员工知识创新的激励问题，探讨如何通过实施人力资源管理活动来增强员工知识创新的积极性和主观能动性。国外有学者提出了包含授权、团队导向和领导支持等项目的高绩效人力资源管理实践的概念，认为高绩效人力资源管理实践可以有效激发员工的动机，并对组织绩效产生影响。[172][173] Holsapple 和 Joshi[174] 认为，改变员工知识共享动机的方式有三种：基于工具的（tool-based）、基于激励的（incentive-based）、工具和激励的集成。其中，基于激励的方式，主要是通过人力资源管理实践来改变员工的知识共享动机和行为。我国学者陈国权[175] 提出了“学习导向人力资源管理”的概念，并认为学习导向人力资源管理不但可以提升员工的知识创新能力，而且能够激发员工的知识创新动机。此外，野中郁次郎[98] 指出，员工只有受到激励后才愿意为组织贡献他们的知识和经验。本书所提出的知识创新导向人力资源管理是以激发员工知识创新动机，促使员工产生有利于知识创新的工作行为为功能目标的，主要是通过激励手段激发员工知识创新的动机，基于此，本书提出如下假设：

假设 H1：知识创新导向人力资源管理对员工知识创新动机有显著正向作用。

许多证据都表明培训与员工动机的激发存在明显的正向关系。[176~179] 培训不仅可以促进新的价值观的传递和组织氛围的形成，更为重要的是，可以表明被培训的员工是被重视的，并且通过培训员工可以更好地理解公司知识愿景，以及更好地建立跨部门员工间的沟通关系，从而在很大程度上影响员工的工作动机。[180] Schuler [181] 指出，人力资源管理是激励员工贡献自主性努力的最有效途径。合理授权能够有效促进员工的积极性，并用于试验和探索新知识。[182] 很多研究领导行为的文献表明，积极的领导支持行为可以让员工感受到来自领导层的温暖，进而产生积极的工作动机和强烈的探索意愿。Minbaeva [177] 的研究表明，当员工更多知晓和共享组织信息时，员工会感受到激励。Christina [183] 通过实证研究发现，团队内员工的有效沟通和相互支持可以表明员工是被信任的，这会增强彼此的内部动机，进而对员工产生莫大激励，使其表现出更高的创新性。Huselid [184] 研究指出，人力资源激励措施包括基于绩效的薪酬，也包括强调员工功绩的内部晋升。薪酬系统与员工激励紧密相关。Tsui 等 [185] 通过实证研究发现，当组织以薪酬和提升机会投资于员工时，员工可能会贡献于组织。Preffer [186] 指出，提升机会是影响员工激励的关键因素，当员工关注内部提升机会和组织关注员工胜于外部应聘人员时，组织就能增加员工的激励程度。张正堂 [187] 认为，职业生涯管理活动可以传递出组织愿意维持与员工长期雇佣关系的承诺，加强情感承诺及忠诚度，使得员工与组织间的交换关系中包含了社会情感的要素，并进而提升员工努力为本企业工作的意愿。综合以上考虑，本书在假设 H1 的基础上，提出如下子假设：

H11：多样性培训对员工知识创新动机有正向作用。

H12：合理授权对员工知识创新动机有正向作用。

H13：领导支持对员工知识创新动机有正向作用。

H14：强化沟通对员工知识创新动机有正向作用。

H15：激励性薪酬对员工知识创新动机有正向作用。

H16：职业生涯管理对员工知识创新动机有正向作用。

三、KI-HRM 与集成创新与合作创新知识螺旋契合

近年来，越来越多的学者开始关注人力资源管理对企业知识创新的促进作用。Shipton [188] 通过 35 家英国制造企业纵向数据的观察，指出人力资源管理对企业知识创新有较强的预测作用。Collins [189] 提出“承诺型”人力资源管理系统

能够对企业社会环境产生影响，从而促进知识共享。吴治国、石金涛[168]等也认为，人力资源管理实践对知识创造、知识共享和知识应用等过程均有显著影响。此外，很多学者从人力资源管理的不同职能活动研究了人力资源管理对知识共享和知识创新的影响作用。[190][191][192]他们认为，合理的员工配置能够形成知识型员工社区，实现知识相互交流和学习；多样性的培训与开发能使员工接受组织的价值观，增强知识共享的有效性；基于团队的薪酬设计，可以通过激励员工共同完成任务来增进员工的知识共享行为；知识创新导向的绩效考评和薪酬体系能有效地激发员工知识共享、知识应用和知识创新的欲望和行为，进一步提高组织知识共享、知识创新和知识应用的水平；对员工职业发展路径进行指导同样可以影响组织内的知识共享和应用，因为员工是知识的载体，员工的不同职业路径决定了不同时期组织中各种类别知识的存储和配置，进一步影响各部门的知识共享和应用水平；领导的支持可以为员工知识获取、知识共享和应用活动创造必要的条件，从而保证知识创新过程的顺利实现；工作自主权的获得可以使员工摆脱定式的束缚，更充分地发挥自身潜力。

综合上述分析可知，人力资源管理影响着知识创新的全过程。集成创新与合作创新知识螺旋契合是集成创新与合作创新两种创新方式在知识创新层面的融合与协同发展，本质上属于知识创新的范畴，人力资源管理也必然会对集成创新与合作创新知识螺旋契合产生影响。知识创新导向人力资源管理强调组织和员工间的长期关系，主要是通过塑造员工对组织知识创新目标认同的组织氛围来激励员工，激发员工从事对组织有利的行为，尤其是知识创新行为。因此，可以认为，知识创新导向人力资源管理也必然会对集成创新与合作创新知识螺旋契合产生一定程度的影响。基于此，本书提出如下假设：

假设H2：知识创新导向人力资源管理对集成创新与合作创新知识螺旋契合有正向作用。

由于本书把集成创新与合作创新知识螺旋契合操作化为知识获取、知识内化和知识应用三个关键环节，知识创新导向人力资源管理对集成创新与合作创新知识螺旋契合的正向作用，可以通过对知识获取、知识内化和知识应用三个基本过程的正向作用来体现。因此，假设H2可以细分为以下三个子假设：

H21：知识创新导向人力资源管理对知识获取有正向作用。

H22：知识创新导向人力资源管理对知识内化有正向作用。

H23：知识创新导向人力资源管理对知识应用有正向作用。

如果假设 H21、H22 和 H23 均得到验证，即可认为 H2 的假设关系成立。

四、员工知识创新动机和集成创新与合作创新知识螺旋契合

当前关于员工动机与知识创新关系的研究较为分散，并未形成完整的理论体系，但研究结论基本都认同员工动机决定着企业知识创新的成败。刘伟等[193]认为，员工的积极参与是异构信息系统集成知识创新的关键。Grover 和 Davenport[194]研究认为，强化员工动机是促进知识共享行为的实质。Liu[195]通过实证研究认为，动机不足是影响组织知识共享的重要原因。员工希望从多渠道获取知识并与团队成员共享，但是动力不足。一方面，出于对自身已掌握知识和技能的保护，不愿意在竞争中失去个人的技术地位和优势；另一方面，缺乏从外部获取知识或在与同事共享知识时获取知识的意识。这些问题和障碍主要来自于员工对知识共享行为可能产生的认知结果的判断，导致知识共享动机不足。

已有理论研究表明，组织知识创新起始于高度个人化的员工个体活动，员工是知识的载体，是组织知识创新的主体，在既有能力的基础上，员工的知识创新动机是员工获取知识、共享知识和应用知识的主要决定因素。集成创新与合作创新知识螺旋契合是两种创新方式在知识创新层面的协同发展，可以认为，员工知识创新动机必然会影响集成创新与合作创新知识螺旋契合。基于此，本书提出假设 H3。

假设 H3：员工知识创新动机对集成创新与合作创新知识螺旋契合有正向作用。

由于本书把集成创新与合作创新知识螺旋契合操作化为知识获取、知识内化和知识应用三个关键环节，员工知识创新动机对集成创新与合作创新知识螺旋契合的正向作用，可以通过对知识获取、知识内化和知识应用三个基本过程的正向作用来体现。因此，假设 H3 可以细分为以下三个子假设：

H31：员工知识创新动机对知识获取有正向作用。

H32：员工知识创新动机对知识内化有正向作用。

H33：员工知识创新动机对知识应用有正向作用。

如果假设 H31、H32 和 H33 均得到验证，即可认为 H3 的假设关系成立。

前面已经提出了知识创新导向人力资源管理与员工知识创新动机和集成创新与合作创新知识螺旋契合间的关系假设，结合假设 H3，可以得到假设 H4：

假设 H4：员工知识创新动机在知识创新导向人力资源管理和集成创新与合

作创新知识螺旋契合间具有中介作用。

在以上理论假设的基础上，可以得到本章的理论研究框架，如图 6-1 所示。

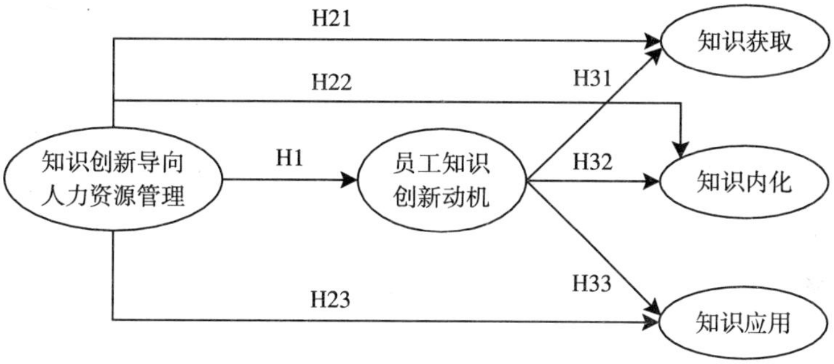

图 6-1 研究假设模型

图 6-1 所示的研究假设模型可以理解为，企业知识创新导向人力资源管理将会推动员工认同企业的知识创新愿景和战略，并使员工感受到公司对他的重视和个人价值，从而表现出对企业的忠诚，激发出参与知识创新的强烈动机，进而促使员工产生与企业要求相一致的创新行为，推动集成创新与合作创新知识螺旋契合的实现。

第三节 研究设计

一、研究基本程序

本书的实证研究（第六章和第七章）经历了如下程序：①研究问卷的设计。本书在现有中外文献的基础上，对各研究变量进行了系统的理论思考，设计了本书的相关调查问卷。②样本的选择。为满足研究的要求，本书选择的调查对象均属制造业，目前正在进行合作创新或曾经有过合作创新经历的企业。选择的样本尽量涉及不同行业、不同地区和不同经济性质类型，从而使选择的样本具有广泛的代表性。③调查问卷的分发及完成方式。针对选择的样本，采用传真、邮寄、电子邮件和上门现场调查的方式向被调查者分发问卷。在问卷中写明完成方式，在计划的时间内再向被调查者询问是否按规定方式完成，并对完成问卷给予及时的指导，以提高问卷完成的准确性。④问卷的回收。问卷的回收采取了多种方式，被调查者可以通过回复电子邮件、发回传真、邮寄方式提交已填答的问卷，此外还采取了上门的方式直接回收问卷。通过多种回收方式，大大提高了问卷的回收率。⑤回收问卷的数据统计分析。为满足后面假设检验的需要，本阶段先对已回收问卷的数据进行基本的描述性统计分析，以了解回收数据的基本情况。⑥假设检验。利用收集的数据，使用社会统计学软件包 SPSS16.0 和结构方程软件 AMOS7.0，对构建的研究假设进行检验。⑦检验结果的分析与讨论。对假设检验的情况进行分析，通过分析，建立起变量之间的关系，并对各变量间的关系检验结果进行分析和讨论。

在研究设计中，研究问卷的设计好坏直接影响最终的假设检验结果，因此就显得尤为重要。研究问卷的设计包括如下几个过程：①初始量表的形成。初始量表的来源有两种情况：一种情况是已存在相关量表，以此量表作为初始量表；另一种情况是没有现成的量表，需根据文献研究设计出初始量表。本书属于第一种情况，在已有研究量表的基础上进行整合而成。为保证量表的可靠性和便于填答，在量表正式发放之前进行了小范围的试测，并修改了个别题项。②信度与效度检验。有效的量表应具备一定的信度和效度，本书利用回收的数据运用内部一致性系数和验证性因子分析对量表的信度和效度进行检验，以保证所得数据的可用性。

二、研究方法

本书采用问卷调查的方法收集相关数据，对收集到的数据运用 SPSS16.0 和 AMOS7.0 统计分析软件，分析数据的有效性，并对所提假设进行验证。

（一）量表验证方法

Straub[196] 建议，研究人员应在研究方法部分下专门准备一个子标题“量表验证”，用来报告对量表信度和效度的测试。

本书的信度分析主要采用两种方法。

第一，Cronbach'α 系数。内部一致性系数最适合同质性检验，检验每一个因素中各个项目是否测量相同或相似的特性。[197] Cronbach'α 系数值越大，说明测量项目的相关度越强，也说明这些测量项目确实反映了所要测量的内容域。多数学者认为 0.70 是一个较为合适的标准临界值。[198][199]

第二，Item-Total 统计量。该统计量也是相当常见的信度分析输出结果，它显示每个项目与由其他项目所构成的量表相比较后的摘要统计量。根据林震岩[200]的研究，“Scale Mean if Item Deleted”表示若该题项被删除后，其余题项得分的平均数；“Scale Variance if Item Deleted”表示若该题项被删除后，其余题项得分的方差；“Corrected Item-Total Correlation”表示该题项与所有题项总分的相关系数，此值越高，代表该题项与总分的相关度越高；“Cronbach’s Alpha if Item Deleted”表示该题项被删除后，其余题项所计算出的 a 值，该值可作为删除条款的依据。

效度也称为正确性，是表示一份量表能真正测量到该量表所要测量的能力或程度。量表的效度是指量表能测量理论的概念和特质的程度。量表的效度主要包括内容效度和构建效度。[201]

内容效度指量表内容是否具有相当高的代表性，即包括被测量所有层面的项目。若量表是以理论为基础，并参照以往学者类似研究的量表内容加以修订，并与实务或学术专家讨论过，即可认为具有相当的内容效度。由于内容效度的检验相当主观，并没有任何统计量可测量。本书重点检验量表的构建效度。许多学者都主张，可以用结构方程中的验证性因子分析来检验量表的构建效度。[202][203][204]本书也采用这一方法。结构方程提供了多种适配度指标，应该慎重参考多个不同类型且性质稳定的指数报告多项测量结果。

根据侯杰泰和温忠麟等[205]的研究，要检验模型是否与数据拟合，可采用的拟合指数有两类：一类是绝对拟合指数，是将理论模型与饱和模型比较得到的一个统计量。常用的包括：①χ^2/df（拟合优度与自由度之比）：能调节模型的复杂程度，比较恰当地选择一个参数不太多的模型。当 χ^2/df 在 2.0~5.0 时，模型可以接受。不过因为它易受样本容量的影响，对于评价单个模型意义不大。②RMSEA（近似误差均方根）：受样本的影响较小，对于参数过少的模型还稍微敏感一些，是比较理想的指数。[206]近似误差指数越小越好。Steiger[207]认为，RMSEA 低于 0.1 表示好的拟合；低于 0.05 表示非常好的拟合；低于 0.01 表示非常出色的拟合，这种情形在应用上几乎碰不到。③GFI（拟合优度指数）和 AGFI（调整的拟合优度指数）：这类指数越高，模型拟合得越好。但有研究[208]显示，GFI 和 AGFI 对总体的渐近值的估计是有偏的。二类是相对拟合指数，是将理论模型与基准模型相比得到的统计量。常用的包括：①NFI（赋范拟合指数）用来衡量模型的拟合改进程度。NFI 的取值范围是 0~1，其中 NFI = 1 对应于最好的拟合，NFI = 0 对应于最差的拟合。②CFI（比较拟合指数），取值范围为 0~1，其中 CFI = 1 对应于最好的拟合，CFI = 0 对应于最差的拟合。③IFI（增值拟合指数），取值范围为 0~1，其中 IFI = 1 对应于最好的拟合，IFI=0 对应于最差的拟合。

本书主要采用 χ^2/df、GFI、AGFI、NFI、IFI、CFI、RMSEA 作为检验指标，拟合标准为 χ^2/df 大于 10 表示模型不理想，小于 5 表示模型可以接受，小于 2 表示模型较好；GFI、AGFI、NFI、IFI、TLI、CFI 的最低要求是大于 0.80，最好是大于 0.90，越高越好；RMSEA 小于 0.10，最好小于 0.08，越小越好。

（二）研究假设检验方法

研究假设检验主要分为两部分：一是要素间的直接影响作用；二是要素间的间接影响作用的检验。要素间的直接影响作用采用结构方程中的路径分析。此处主要介绍间接（中介）作用的检验方法。

Baron 和 Kenny[209] 提出检验中介作用的方法，若要检验变量 B 是自变量 A 和因变量 C 之间的中介变量，变量 B 必须同时满足以下三个条件：①自变量 A 对因变量 C 有着显著的解释力；②自变量 A 对中介变量 B 有着显著的解释力；③当自变量 A 和中介变量 B 同时出现在模型中的时候，自变量 A 和因变量 C 之间的影响力不再显著。

在辛自强和郭素然、卢谢峰和韩立敏[210] 等[211] 的研究中，具体提到了检验方法。在检验中介作用时要考察三个变量之间的关系。首先假定预测变量与因变量之间有显著的相关，预测变量与中介变量也存在着显著的相关，当中介变量加入时，如果预测变量与因变量之间的相关或者回归系数显著降低，就可以认为中介效应较为明显，当回归系数降低为 0 时，称为完全中介作用。

根据上述学者的研究，本书将采用的检验方法分为三个步骤。第一步：使用 AMOS7.0 软件，在自变量与因变量两个变量的结构模型中，通过回归系数及 P 值等指标，检验自变量对因变量的影响作用；若影响显著，进入第二步。第二步：使用 AMOS7.0 软件，在自变量与中介变量两个变量的结构模型中，通过回归系数及 P 值等指标，检验自变量对中介变量的影响作用；若影响显著，进入第三步。第三步：使用 AMOS7.0 软件，在自变量、中介变量、因变量三个变量的结构模型中，通过回归系数、P 值等指标，检验中介变量的中介作用；若自变量对因变量的影响不再显著或显著下降，则中介变量的中介作用得到验证。

三、研究变量的测量

概念化和操作化是测量的两个关键环节。概念化（conceptualization）是社会测量的第一个环节，是对概念和应用范围给予清晰说明的过程，即在理论层次上对概念进行名义定义（nominal defination）。变量通常是由抽象定义界定的，但作为对变量的测量是出现在经验层次的，要进行测量，需要把概念抽象的名义定义进一步具体化，使其转化成能从经验上进行观察和测量的变量和指标，这个过程通常被称作操作化（operationalization），即在经验层次对概念进行操作化定义。[212][213] 吴明隆[201]认为，操作化定义是以明确的、可观察的、可测量的方式来对变量下的定义。通过操作化定义，概念转变为变量形式，即转变成能有不同取值的概念。

（一）知识创新导向人力资源管理的测量

在本书中，知识创新导向人力资源管理是指能够不断促进组织成员获取知识、共享知识和应用知识，激发其知识创新动机，改善其知识创新行为，以使组织能够在动态变化的环境中保持可持续生存与健康和谐发展的人力资源管理。具体包含多样性培训、合理授权、领导支持、强化沟通、激励性薪酬和职业生涯管理六个测量纬度。

从知识创新的角度而言，多样性培训比传统意义上的培训更加宽泛，在培训内容的设置方面，多样性培训既注重对企业知识创新愿景及意义的宣传，又注重知识创新所需技能和管理能力的全面培训，在培训方式上采用更加有效的讨论式、自我主导式学习等方式。本书在陈国权、[175]程金林[179]和Collins[189]等研究基础上，设计了多样性培训的五个测量条款。

A11：我们既强调企业文化和价值观的培训，又强调员工工作技能的培训。

A12：我们强调根据员工实际需求和企业创新要求进行培训。

A13：我们在培训中强调学员的积极参与和互动交流。

A14：我们在培训时强化员工知识创新的主体地位。

A15：我们强调将自己内部经验总结成培训课程。

授权是指在一系列认知中表现出来的加强内在的任务激励，[179]本书从变量测量的角度将授权定义为员工自身和他们所处的团队具有的工作自主权的程度。本书在Jaw、[214] Thomas[215]和程金林[179]研究量表的基础上，设计了合理授权的四个测量条款。

A21：员工能够决定完成工作的方式和手段。

A22：工作团队能够选择不同的方式完成其工作。

A23：工作团队能够决定做哪些工作。

A24：工作团队无须上级批准就能做出自己的工作决定。

领导支持是指领导鼓励和支持组织知识创新的程度。本书在Baetz[216]和程金林[179]的研究基础上设计了领导支持的六个测量条款。

A31：我们做决策时能够积极听取员工的观点和建议。

A32：我们鼓励员工积极寻求外部资源以实现既定目标。

A33：我们鼓励员工寻找更好的方法完成工作。

A34：我们鼓励员工从错误和失败中总结经验教训。

A35：我们鼓励员工通过实践检验新的观点或者想法。

A36：我们鼓励并奖励分享知识和经验的行为。

强化沟通是指组织内部沟通基础设施和沟通机制的有效性。有效沟通可以使员工感受到自己是受重视的，不但会对员工产生激励，而且会促使员工使用组织中的知识并最大化地利用这些知识。本书在程金林[179]研究的基础上，设计了强化沟通的六个测量条款。

A41：我们及时向员工告知公司的愿景和战略目标。

A42：我们通常以讨论的方式解决创新活动中的冲突和矛盾。

A43：公司在制定创新战略时会充分考虑员工意见。

A44：员工能够获得必要的信息和知识以完成工作。

A45：公司鼓励跨部门信息交流和沟通。

A46：公司和部门内部经常举行工作交流会。

公平理论认为，员工对组织给予的薪酬的感知将会影响他们对工作的投入和努力程度。薪酬不应该成为保健因素，应更多地体现出对员工的激励和组织知识创新导向。本书在 Jaw[214]和程金林[179]的研究基础上，设计了激励性薪酬的四个测量题项。

A51：公司实行与员工绩效挂钩的薪酬。

A52：公司会对员工主动进行的交流学习行为给予相应的表彰和奖励。

A53：公司对提出合理化建议和创新性想法的员工给予奖励。

A54：采用新方法完成工作的员工能够获得额外奖励。

当员工关注到自己在企业有良好的发展空间时，就能增加自己的激励程度，并对组织产生更高的承诺，从而更加努力地工作。本书在张小兵[217]和陈国权[175]的研究基础上，设计了职业生涯管理的五个测量题项。

A61：公司为员工提供了多样化的晋升途径和发展机会。

A62：能力和绩效出众的员工有机会得到晋升。

A63：公司做出晋升决策时高度重视员工的创新能力。

A64：上层职位空缺从公司内部来补充。

A65：员工清楚自己的职业发展路径。

（二）员工知识创新动机的测量

所谓“动机”，是激发并维持个体行为的内在心理过程或内部动力，它是个体产生达到目标行为的前因变量。目前，在创造过程尤其是在以组织目标为引导的知识创新过程中，将动机分为内在动机和外在动机已经为学者所认同。内在动机是指有自我奖励意味的能够驱动个体行为的动机，常常受兴趣和好奇心的影响。White（1960）指出，那些对挑战与掌握产生特别追求的个体，为了体验完成任务后的快乐，受到自我效能的认识驱动；而 Berlyne（1970）描述了好奇心在内在动机中的作用，他将认知的动机作为持续奋斗的内在动机和内在奖励。外在动机则是能够促使个体形成行为的各种外部诱因。内在动机到外在动机是一个因果点的连续体，产生内在激发行为的个体具有内控的因果点，外在引发出的行为被认为具有外控的因果点。内部动机和外部动机在员工的创新过程中起到共同的行为激发作用。

由上述分析可知，动机是一个较为抽象的概念，难以直接进行量化测量。一般认为，员工动机与其对待工作的态度和在工作中的投入有着因果关系，较强的工作动机可以引发员工对待工作的积极态度和较强的投入水平，较弱的工作动机则对应员工的消极工作态度和较低的工作投入水平。因此，可以从员工对待工作的态度和工作投入情况来间接测量员工动机。本书将员工知识创新动机操作化为员工对待知识创新的态度和在知识创新工作中所投入的能量强度，该变量不是对员工个体知识创新动机的测量，而是对员工整体知识创新动机的测量。

本书参考 Minbaeva、Pederson、Fey 和 Park[177] 研究中对员工激励的测量方法与条款，设计了员工知识创新动机的六个测量题项。

B1：我公司员工对企业知识愿景的认同度较高。

B2：我公司员工在完成工作时积极寻找并利用外部资源。

B3：我公司员工理解创新对公司长远发展的重要意义。

B4：我公司员工工作积极性高。

B5：我公司员工工作投入高。

B6：我公司员工以积极的方式贡献于公司创新。

（三）集成创新与合作创新知识螺旋契合的测量

如前所述，本书将集成创新与合作创新知识螺旋契合简化为三个关键环节和内容：知识获取、知识内化和知识应用。因此，对集成创新与合作创新知识螺旋契合的测量可以分解为对知识获取、知识内化和知识应用的测量。

知识获取指组织及组织成员通过直接经验和间接经验获得相关知识或信息的过程。本书在李正卫[218]、Jantunen[219]和董小英[220]研究的基础上，设计了知识获取的六个测量条款。

C11：我公司员工经常主动地开展与顾客的交流活动。

C12：我们能够掌握供应商和分销商的需求。

C13：我们总能获取客户需求信息。

C14：我公司员工积极参与同伙伴企业的合作。

C15：我们能够从合作中获得所需的知识和信息。

C16：我们通过获取对手信息辅助决策。

知识内化是指组织成员将获得的个体知识转变为组织知识，以产生共同理解或方案的过程，主要表现为组织成员的知识交流和知识共享。本书在张小兵[217]、李正卫[218]、董小英[220]和Yeung[221]的研究基础上设计了知识内化的六个测量条款。

C21：在公司内部，共享知识和经验是习以为常的事。

C22：企业核心知识在部门间转移速度快。

C23：员工经常就新观点和新方法展开讨论。

C24：员工很容易从其他员工或部门那里得到所需的客户信息。

C25：部门或团队能共享重要的客户信息。

C26：员工通过彼此交流而共享知识和经验。

知识应用是将知识应用在具体实践活动中的过程，更多的是指组织的整体应用。本书在张小兵[217]、李正卫[218]、董小英[220]和Yeung[221]研究的基础上设计了知识应用的六个测量条款。

C31：公司各部门具有足够的能力理解新知识。

C32：我们能很快根据新技术/知识引入工艺创新。

C33：我们能很快使用已消化的新技术/知识进行新产品开发。

C34：我们致力于新产品和新工艺的商业化。

C35：我们经常试验，努力成为行业内的开拓者。

C36：我们能将已消化的新技术与其他技术融合。

第四节 数据收集与样本描述

一、数据收集

由于本书调查问卷题项多为主观性题目，对问题的回答建立在回答者的主观评价之上，因此可能会导致问卷结果出现较大偏差。Fowler（1988）认为主要有三种情况可能会导致问卷应答者对测量条款做出非准确性的回答：①应答者不知道所提问问题答案的信息。②虽然知道这些问题答案的信息，但是应答者出于某种考虑不想回答这些问题。③应答者不能理解所问的问题。尽管没有措施能够完全消除上述三个因素可能带来的问题，但在问卷的设计和发放中可以尽可能限制这些问题可能带来的影响。对于第一种情况，本书选择的应答者大多为主管人力资源和研发的企业中高层领导，因此对于企业的整体情况比较熟悉，此外在问卷发放和回收中我们给应答者提供了相对较长的时间，他们有比较多的时间考虑企业信息来做出较为准确的回答。对于第二种情况，问卷基本采取匿名方式填写，虽然在问卷最后也给出了企业名称等选项，但这些都是可选项，填答者可以选择不回答，对问卷结果并无影响；同时在问卷中承诺其所填答的资料纯供研究之用，内容绝对保密，最后呈现的只是统计结果，而且最后分析的内容和结果可以提供给需要者。此外，为了尽量避免填答者的主观抵触，研究者把单位信息和联系人信息安排在了问卷的末尾。对于第三种情况，最终问卷是经过团队讨论和专家审阅才确定的，而且在正式调查之前进行了小范围的测试，以尽量排除由于不理解问题而得不到理想的问卷结果的可能性，问卷中还标明了联系人的姓名、通信地址和联系方式，以方便应答者在不理解问题题意的情况下与作者联系，降低由于不理解题意而可能造成的问题。除此之外，为了避免单一填答者造成的主观偏差，研究者在发放问卷时每家企业均发放两份以上，供不同人员填写，最后取平均值作为一份有效问卷。对确实无法做到两名以上人员填写，不能取平均值的，研究者将之列为备用数据，待有效问卷数量达不到分析的最低要求时退而求其次当作有效问卷看待。

在中国情境下，针对企业高层管理者的大样本随机抽样调查难度非常大，考虑到时间、精力、财力和企业界中高层管理者关系网络有限等方面的限制，借鉴已有采取滚雪球抽样方法研究。[222] 本研究采取了滚雪球抽样的原则，同时辅助以关系调查。样本选择的标准主要有两个：①企业年龄在 4 年以上；① ②目前正在进行或曾经有过合作创新经历的企业。

正式调查从 2009 年 10 月 8 日开始，至 2009 年 12 月 31 日结束，历时 2 个月 23 天。研究者通过有关渠道在上海、北京、广州和重庆分别确立了四位联系人。其中一位供职于广东佛山某著名电器制造企业；一位供职于北京某政府机关；一位供职于上海某汽车制造企业；最后一位供职于重庆某高校。四位联系人均与企业有着非常广泛的联系。作者将电子问卷发送给四位联系人，由联系人按照“滚雪球”的方式分别发放和回收调查问卷，最后由作者汇总。在整个过程中，作者不间断地与各联系人保持联系，以保证问卷调查的顺利进行。此外，作者所在的科研团队还利用“2009 浦江创新论坛”的机会，在会议期间发放和回收了部分问卷，并就问卷的内容设计等问题咨询请教了若干专家学者，为以后的修正和深入研究奠定了基础。

本次调查共发放问卷 1689 份，回收问卷 637 份，问卷回收率 37.7%。收回问卷后将不符合要求的问卷进行剔除，剔除问卷的标准主要有四个：①问卷填答不完整、漏填者，共剔除 68 份；②检查填答者是否认真填写问卷，对所有测量项目或者大多数测量项目打分一致者进行剔除，共剔除 39 份；③中间值 3 选择过多地予以剔除，共剔除 63 份；④公司年龄在 4 年以下的，共剔除 2 份。剔除无效问卷后，得到有效问卷 465 份。问卷的回收有效率为 27.5%，回收问卷的有效率为 73.0%。之后，对属于一家企业的问卷进行合并取平均值，最后得到有效数据问卷 260 份。

二、样本描述

众多研究都认为，数据收集过程中一个关键的问题是样本量的大小。验证性因子分析对样本量有一定的要求，一般认为样本量与测量项目的比应在 5:1 以上。[201] 前面各研究变量的初始量表的测量项目最多为 30 个，有效数据问卷可以满足验证性因子分析的需要。

---

① Man（2001）在对中小企业进行实证研究中将样本标准定为企业寿命要大于 3 年。李乾文（2006）的实证研究中的样本标准为 42 个月。考虑到组织创新绩效的滞后性，本研究的样本选择标准界定为 4 年以上。

对于样本的频次分析，本书使用 SPSS16.0 进行统计，得到样本分布情况如表 6–1 和表 6–2 所示。

表 6–1　样本基本统计量分布

	统计内容	样本数	百分比（%）
单位性质	国有企业	98	37.7
	民营企业	119	45.8
	三资企业	43	16.5
	合计	260	100
所属行业	电子通信及电子设备制造业	28	10.8
	医药制造业	10	3.8
	新材料制造	9	3.5
	化工、纺织机械制造业	32	12.3
	软件制造	10	3.8
	其他	171	65.8
	合计	260	100
公司规模	远远小于	37	14.2
	小于	83	31.9
	差不多	105	40.4
	大于	27	10.4
	远远大于	8	3.1
	合计	260	100
公司年龄	5~8 年	126	48.5
	9~11 年	66	34.3
	12 年以上	45	17.2
	合计	260	100

表 6–2　被调查企业地区分布

省（市）	数量	百分比（%）
上　海	50	19.2
北　京	41	15.7
广　东	32	12.3
江　苏	26	10.0
山　东	18	6.9
浙　江	12	4.6
安　徽	11	4.2
河　北	7	2.7
陕　西	7	2.7
湖　北	6	2.3

续表

省（市）	数量	百分比（%）
湖　南	5	1.9
福　建	5	1.9
重　庆	5	1.9
四　川	4	1.5
辽　宁	4	1.5
吉　林	3	1.2
河　南	3	1.2
甘　肃	3	1.2
广　西	3	1.2
宁　夏	3	1.2
陕　西	3	1.2
海　南	2	0.8
黑龙江	2	0.8
江　西	2	0.8
内蒙古	1	0.4
贵　州	1	0.4
云　南	1	0.4
合　计	260	100

由表 6–1 和表 6–2 可以看出，被调查企业中民营企业最多，国有企业次之，两者占样本总数的 83.5%；公司所属行业覆盖面较广；公司规模以大中企业为主；公司年龄以 5~11 年的为最多，占总数的 82.8%；企业所在地分布较为广泛，但主要分布在经济较发达地区，其中以上海为最多，北京次之。

第五节　研究结果分析

一、研究量表的验证

（一）知识创新导向人力资源管理验证性分析

1. 多样性培训验证性分析

从多样性培训测量条款信度分析（见表 6–3）来看，多样性培训五个测量条款的 Cronbach'α 达到了 0.853，而且五个条款的删除 Cronbach'α 值并没有高过整体值，因此整体信度 0.853>0.7，符合信度要求。

表 6-3 多样性培训测量条款信度分析

	Scale Mean if Item Deleted	Scale Variance if Item Deleted	Corrected Item-Total Correlation	Cronbach's Alpha if Item Deleted	Standardized Cronbach'α
A11	14.25	14.862	0.664	0.821	0.853
A12	14.52	14.189	0.648	0.827	
A13	14.70	14.058	0.688	0.815	
A14	14.22	15.647	0.648	0.826	
A15	14.51	14.822	0.678	0.818	

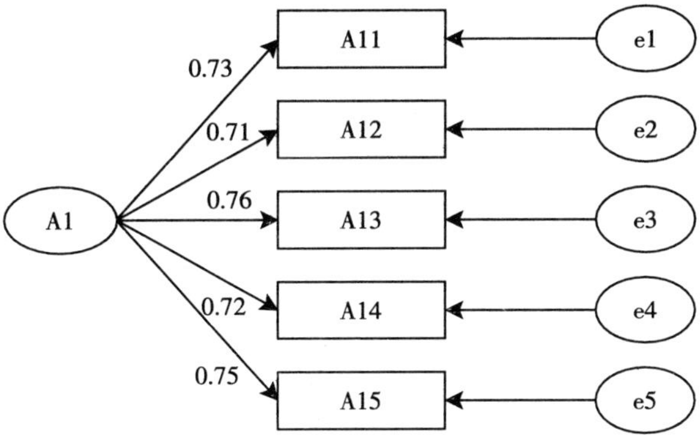

Standardized estimates

自由度 = 5；卡方值 = 16.545（p = 0.005）；卡方自由度比 = 3.309

RMSEA = 0.094；GFI = 0.976；AGFI = 0.972；NFI = 0.968；IFI = 0.978；CFI = 0.977

图 6-2 多样性培训测量条款验证性分析

从多样性培训测量条款的验证性分析来看（见图 6-2），整体模型拟合良好，GFI、AGFI、NFI、IFI 和 CFI 均大于 0.9，RMSEA 小于 0.1，适配度指标都超过了建议值，各个回归指标都已通过显著性检验，而其各个条款的因子载荷都在 0.7 以上，大于 0.5 的最低要求。因此，表现出了良好的效度。

2. 合理授权验证性分析

从合理授权测量条款信度分析（如表 6-4 所示）来看，合理授权四个测量条款的 Cronbach'α 达到了 0.736，而且四个条款的删除 Cronbach'α 值均低于 0.7 的最低要求，因此，整体信度 0.736>0.7，符合信度要求。

表 6-4　合理授权测量条款信度分析

	Scale Mean if Item Deleted	Scale Variance if Item Deleted	Corrected Item-Total Correlation	Cronbach's Alpha if Item Deleted	Standardized Cronbach'α
A21	8.90	6.180	0.535	0.669	0.736
A22	8.65	6.778	0.510	0.685	
A23	9.09	6.181	0.542	0.665	
A24	9.72	6.102	0.519	0.680	

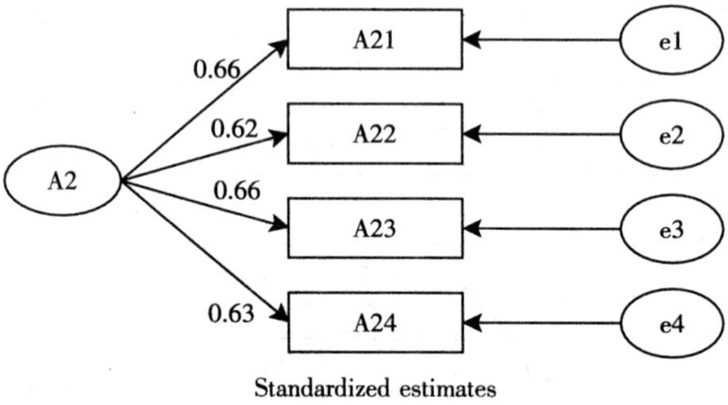

自由度 = 2；卡方值 = 8.828（p = 0.012）；卡方自由度比 = 4.414
RMSEA = 0.105；GFI = 0.982；AGFI = 0.911；NFI = 0.958；IFI = 0.968；CFI = 0.967

图 6-3　合理授权条款验证性分析

从合理授权条款的验证性分析来看（见图 6-3），整体模型拟合情况可以接受，GFI、AGFI、NFI、IFI 和 CFI 均大于 0.9，RMSEA 接近于 0.1，适配度指标除 RMSEA 稍大于建议值外，其他均超过了建议值，各个回归指标都已通过显著性检验，而其各个条款的因子载荷都在 0.6 以上，大于 0.5 的最低要求。因此，模型拟合情况可以接受。

3. 领导支持验证性分析

由表 6-5 可知，领导支持六个测量条款的 Cronbach'α 达到了 0.850，而且六个条款的删除 Cronbach'α 值均没有超过整体信度值，只有在 A32 项删除后，整体信度值与原信度值相同。因此，整体信度 0.850>0.7，符合信度要求。

表 6-5　领导支持测量条款信度分析

	Scale Mean if Item Deleted	Scale Variance if Item Deleted	Corrected Item-Total Correlation	Cronbach's Alpha if Item Deleted	Standardized Cronbach'α
A31	19.31	13.876	0.624	0.824	0.850
A32	19.13	14.608	0.487	0.850	
A33	19.25	13.939	0.685	0.813	
A34	19.08	13.523	0.688	0.811	
A35	19.32	13.854	0.680	0.813	
A36	19.11	13.613	0.631	0.822	

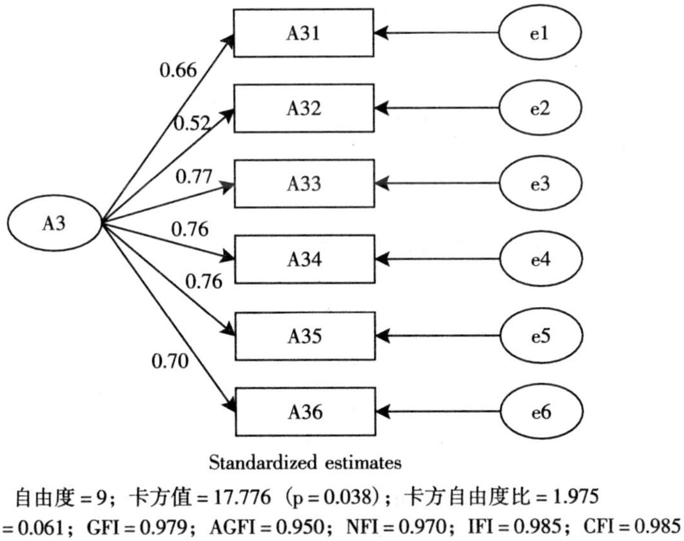

图 6-4 领导支持条款验证性分析

从领导支持条款的验证性分析来看（见图 6-4），整体模型拟合良好，卡方自由度比小于 2，GFI、AGFI、NFI、IFI 和 CFI 均大于 0.9，RMSEA 小于 0.08，适配度指标均超过了建议值，各个回归指标都已通过显著性检验，而其各个条款的因子载荷都在 0.5 以上，因此，表现出了良好的效度。

4. 强化沟通验证性分析

从强化沟通测量条款信度分析（见表 6-6）来看，强化沟通六个测量条款的 Cronbach'α 达到了 0.820，而且六个条款的删除 Cronbach'α 值并没有高过原整体值，因此整体信度 0.820>0.7，符合信度要求。

表 6-6 强化沟通测量条款信度分析

	Scale Mean if Item Deleted	Scale Variance if Item Deleted	Corrected Item-Total Correlation	Cronbach's Alpha if Item Deleted	Standardized Cronbach'α
A41	17.81	14.439	0.588	0.790	0.820
A42	17.73	14.082	0.664	0.773	
A43	18.20	14.202	0.627	0.781	
A44	17.77	15.306	0.584	0.791	
A45	17.84	14.769	0.603	0.787	
A46	17.84	16.144	0.442	0.819	

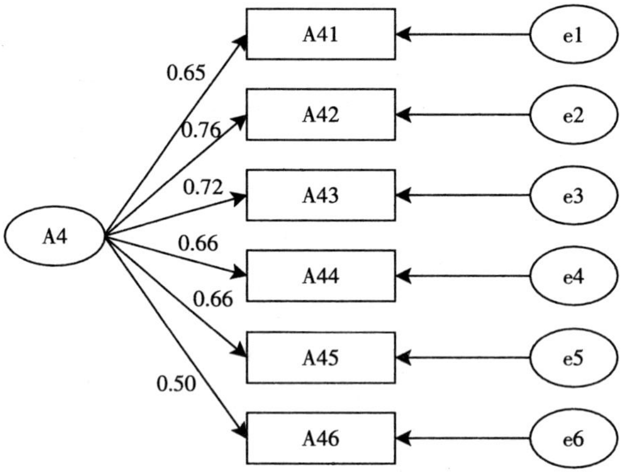

图 6-5　强化沟通条款验证性分析

由图 6-5 可以看出，强化沟通条款的验证性分析的整体模型拟合良好，GFI、AGFI、NFI、IFI 和 CFI 均大于 0.9，RMSEA 小于 0.1，适配度指标均超过了建议值，各个回归指标都已通过显著性检验，而其各个条款的因子载荷都在 0.5 以上，因此，表现出了良好的效度。

5. 激励性薪酬验证性分析

由表 6-7 可以看出，激励性薪酬四个测量条款的 Cronbach'α 达到了 0.784，而且四个条款的删除 Cronbach'α 值并没有高过原整体值，因此整体信度 0.784>0.7，符合信度要求。

同时，由图 6-6 可以看出，激励性薪酬条款的验证性分析的整体模型拟合良好，GFI、AGFI、NFI、IFI 和 CFI 均大于 0.9，甚至接近于 1，RMSEA 小于 0.08，适配度指标均超过了建议值，各个回归指标都已通过显著性检验，而其各个条款的因子载荷都在 0.5 以上，因此，表现出了良好的效度。

表 6-7　激励性薪酬测量条款信度分析

	Scale Mean if Item Deleted	Scale Variance if Item Deleted	Corrected Item-Total Correlation	Cronbach's Alpha if Item Deleted	Standardized Cronbach'α
A51	10.68	7.699	0.526	0.762	0.784
A52	10.41	7.641	0.534	0.758	
A53	10.64	6.594	0.682	0.681	
A54	10.94	6.842	0.622	0.714	

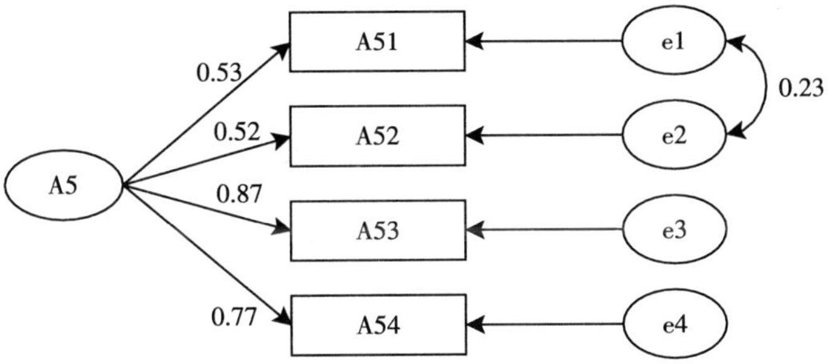

自由度 = 1；卡方值 = 1.935（p = 0.164）；卡方自由度比 = 1.935
RMSEA = 0.060；GFI = 0.996；AGFI = 0.963；NFI = 0.994；IFI = 0.997；CFI = 0.997

图 6-6 激励性薪酬条款验证性分析

6. 职业生涯管理验证性分析

由表 6-8 可以看出，职业生涯管理五个测量条款的 Cronbach'α 达到了 0.754，但是删除条款 A64 后，整体信度可提升至 0.782，因此删除条款 A64，删除后的整体信度 0.782>0.7，符合信度要求。

表 6-8 职业生涯管理测量条款信度分析

	Scale Mean if Item Deleted	Scale Variance if Item Deleted	Corrected Item-Total Correlation	Cronbach's Alpha if Item Deleted	Standardized Cronbach'α
A61	14.45	7.284	0.617	0.676	0.754
A62	13.80	8.464	0.525	0.713	
A63	14.32	7.863	0.598	0.686	
A64	14.25	9.439	0.310	0.782	
A65	14.33	7.915	0.579	0.692	

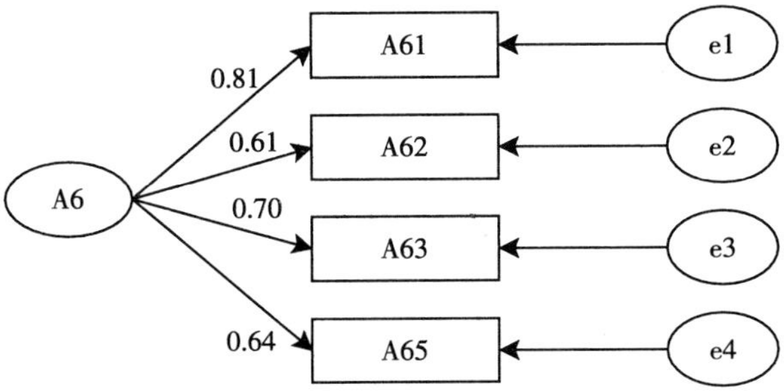

自由度 = 2；卡方值 = 2.872（p = 0.238）；卡方自由度比 = 1.436
RMSEA = 0.041；GFI = 0.995；AGFI = 0.973；NFI = 0.990；IFI = 0.997；CFI = 0.997

图 6-7 职业生涯管理条款验证性分析

从职业生涯管理条款的验证性分析来看，如图 6-7 所示。整体模型拟合良好，GFI、AGFI、NFI、IFI 和 CFI 均大于 0.9，其中 GFI、NFI、CFI 和 IFI 接近于 1，RMSEA 小于 0.05，适配度指标均超过了建议值，各个回归指标都已通过显著性检验，而其各个条款的因子载荷都在 0.6 以上，大于 0.5 的最低要求。因而，表现出了良好的效度。

7. 知识创新导向人力资源管理量表整体验证性分析

前面已对知识创新导向人力资源管理各个因子分别进行了验证，各因子均通过了信度和效度检验。陈国权[175]从促进员工知识学习的角度提出了学习导向人力资源管理。他认为，学习导向人力资源管理可以分为一阶模型和二阶模型，一阶模型适用情况：需要详细具体地了解每种人力资源管理实践的状况，或需要研究每种人力资源管理实践与简单的前因后果变量之间的关系时；二阶模型适用情况：需要精确地了解组织学习导向人力资源管理的状况，或需要研究学习导向人力资源管理与复杂的前因后果变量之间的关系时。本书所提出的知识创新导向人力资源管理与陈国权所提出的学习导向人力资源管理同属人力资源管理系统，而且本书需要考察知识创新导向人力资源管理与员工知识创新动机间的整体作用效果，因此，本书借鉴陈国权关于学习导向人力资源管理一阶模型和二阶模型的划分方法，验证知识创新导向人力资源管理二阶模型的信度和效度。

本书运用 SPSS16.0 对知识创新导向人力资源管理量表的信度进行了分析，结果显示，量表内部一致性系数达到了 0.934，大于多样性培训 0.853、合理授权 0.736、领导支持 0.850、强化沟通 0.820、激励性薪酬 0.784 和职业生涯管理 0.782 测量因子的内部一致性系数，说明六个测量因子可以聚合为更高阶的知识创新导向人力资源管理，知识创新导向人力资源管理量表符合信度要求。

从知识创新导向人力资源管理的验证性分析来看（见图 6-8 和表 6-9），整体模型拟合较好，卡方自由度比小于 2，GFI、AGFI、NFI、IFI 和 CFI 均大于 0.8，其中 CFI 和 IFI 大于 0.9，RMSEA 小于 0.08，适配度指标均达到或超过了建议值，各个回归指标都已通过显著性检验，除 A46 的因子载荷小于 0.5 之外，其他各个条款的因子载荷都在 0.5 以上，因此，知识创新导向人力资源管理量表的效度可以接受。

表 6-9 知识创新导向人力资源管理结构模型拟合度指标

检验参数	χ^2/df	GFI	AGFI	NFI	IFI	CFI	RMSEA
分析结果	1.920	0.844	0.812	0.826	0.903	0.901	0.060

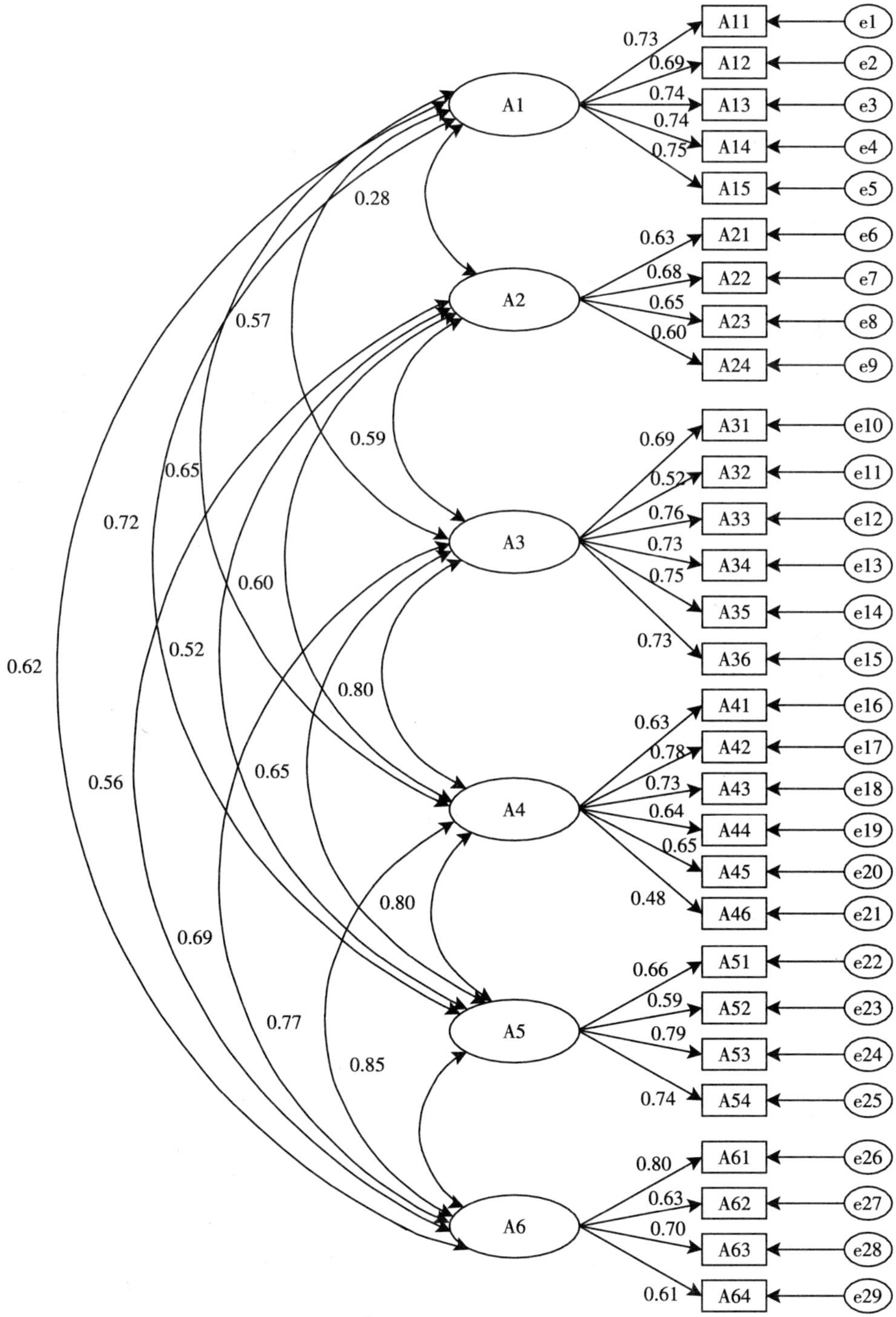

图 6-8　知识创新导向人力资源管理验证性分析

（二）员工知识创新动机验证性分析

从员工知识创新动机测量条款信度分析（见表 6-10）来看，员工知识创新动机六个测量条款的 Cronbach'α 达到了 0.872，而且六个条款的删除 Cronbach'α 值并没有高过原整体值，因此整体信度 0.872>0.7，符合信度要求。

表 6-10 员工知识创新动机测量条款信度分析

	Scale Mean if Item Deleted	Scale Variance if Item Deleted	Corrected Item-Total Correlation	Cronbach's Alpha if Item Deleted	Standardized Cronbach'α
B1	17.16	13.963	0.662	0.852	0.872
B2	17.30	13.224	0.751	0.836	
B3	17.49	12.861	0.753	0.835	
B4	17.12	14.249	0.584	0.865	
B5	17.13	14.764	0.587	0.864	
B6	17.42	13.835	0.703	0.845	

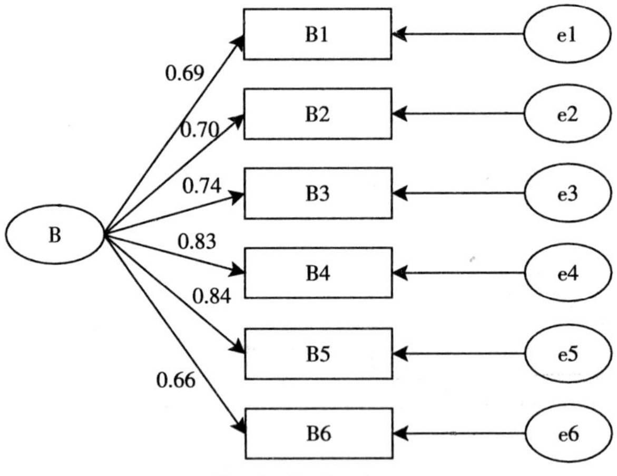

自由度 = 9；卡方值 = 29.982（p = 0.010）；卡方自由度比 = 3.331
RMSEA = 0.095；GFI = 0.965；AGFI = 0.919；NFI = 0.960；IFI = 0.972；CFI = 0.971

图 6-9 员工知识创新动机测量条款验证性分析

从员工知识创新动机测量条款的验证性分析来看，如图 6-9 所示，整体模型拟合良好，GFI、AGFI、NFI、IFI 和 CFI 均大于 0.9，其中 GFI、NFI、IFI 和 CFI 大于 0.95，RMSEA 小于 0.1，模型拟合良好。各个回归指标都已通过显著性检验，其各个条款的因子载荷也都在 0.6 以上。因此，表现出了良好的效度。

（三）集成创新与合作创新知识螺旋契合验证性分析

1. 知识获取验证性分析

从知识获取测量条款信度分析（见表 6-11）来看，知识获取六个测量条款的 Cronbach'α 达到了 0.802，而且六个条款的删除 Cronbach'α 值并没有高过原整体值，因此整体信度 0.802>0.7，符合信度要求。

表 6-11 知识获取测量条款信度分析

	Scale Mean if Item Deleted	Scale Variance if Item Deleted	Corrected Item-Total Correlation	Cronbach's Alpha if Item Deleted	Standardized Cronbach'α
C11	17.14	14.045	0.514	0.782	0.802
C12	17.39	13.405	0.503	0.784	
C13	17.23	13.555	0.542	0.775	
C14	17.84	12.736	0.556	0.773	
C15	17.71	11.990	0.663	0.746	
C16	17.58	13.086	0.579	0.767	

从知识获取条款的验证性分析来看，如图 6-10 所示，C11 和 C12 条款的因子载荷不高，但接近 0.5 的可接受值。就模型拟合情况而言，GFI、AGFI、NFI、IFI 和 CFI 均大于 0.9，RMSEA 小于 0.1，适配度指标都达到或超过建议值，其他因子载荷都在 0.5 以上，模型可以接受。

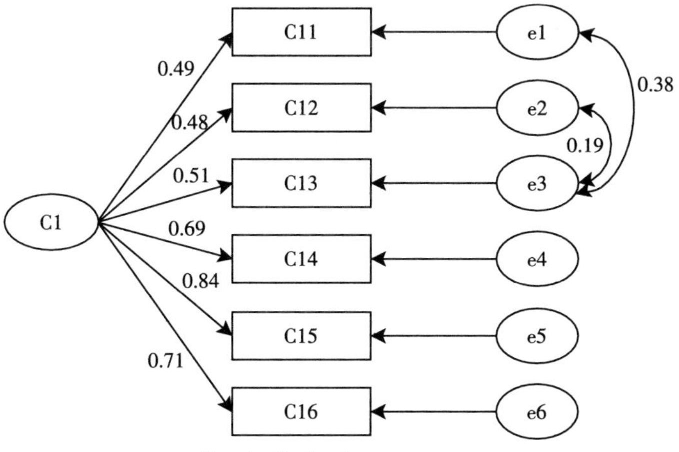

自由度 = 7；卡方值 = 20.729（p = 0.004）；卡方自由度比 = 2.961

RMSEA = 0.087；GFI = 0.975；AGFI = 0.924；NFI = 0.956；IFI = 0.971；CFI = 0.970

图 6-10 知识获取条款验证性分析

2. 知识内化验证性分析

如表 6-12 所示，知识内化六个测量条款的 Cronbach'α 达到了 0.877，而且六个条款的删除 Cronbach'α 值均低于原整体信度值，故整体信度 0.877>0.7，符合信度要求。

表 6-12 知识内化测量条款信度分析

	Scale Mean if Item Deleted	Scale Variance if Item Deleted	Corrected Item-Total Correlation	Cronbach's Alpha if Item Deleted	Standardized Cronbach'α
C21	16.19	18.465	0.671	0.858	0.877
C22	16.45	18.002	0.696	0.853	
C23	16.43	18.068	0.719	0.850	
C24	16.45	18.226	0.680	0.856	
C25	16.41	18.174	0.647	0.862	
C26	16.14	18.707	0.680	0.856	

从知识内化条款的验证性分析来看，如图 6-11 所示，整体模型拟合良好，GFI、AGFI、NFI、IFI 和 CFI 均大于 0.9，RMSEA 小于 0.08，各个回归指标都已通过显著性检验，其各个条款的因子载荷都在 0.7 左右，因此，整体测量模型表现出了良好的效度。

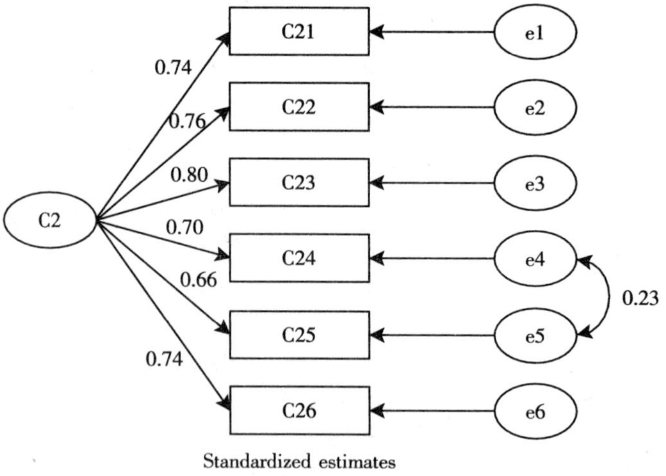

自由度 = 8；卡方值 = 20.178（p = 0.010）；卡方自由度比 = 2.522

RMSEA = 0.077；GFI = 0.976；AGFI = 0.938；NFI0 = 0.972；IFI = 0.983；CFI = 0.983

图 6-11 知识内化条款验证性分析

3. 知识应用验证性分析

如表 6-13 所示，知识应用六个测量条款的 Cronbach'α 达到了 0.893，而且六个条款的删除 Cronbach'α 值均低于原整体信度值，故整体信度 0.893>0.7，符合信度要求。

表 6-13 知识应用测量条款信度分析

	Scale Mean if Item Deleted	Scale Variance if Item Deleted	Corrected Item-Total Correlation	Cronbach's Alpha if Item Deleted	Standardized Cronbach'α
C31	17.04	18.628	0.625	0.887	0.893
C32	17.18	18.002	0.695	0.877	
C33	17.20	17.437	0.734	0.871	
C34	17.15	17.137	0.742	0.870	
C35	17.03	16.953	0.726	0.872	
C36	17.00	16.730	0.759	0.867	

从知识应用条款的验证性分析来看，如图 6-12 所示。GFI、AGFI、NFI、IFI 和 CFI 均大于 0.9，RMSEA 小于 0.1，整体模型拟合良好，各个回归指标都已通过显著性检验，其各个条款的因子载荷基本都在 0.7 以上，大于 0.5 的最低要求，故表现出了良好的效度。

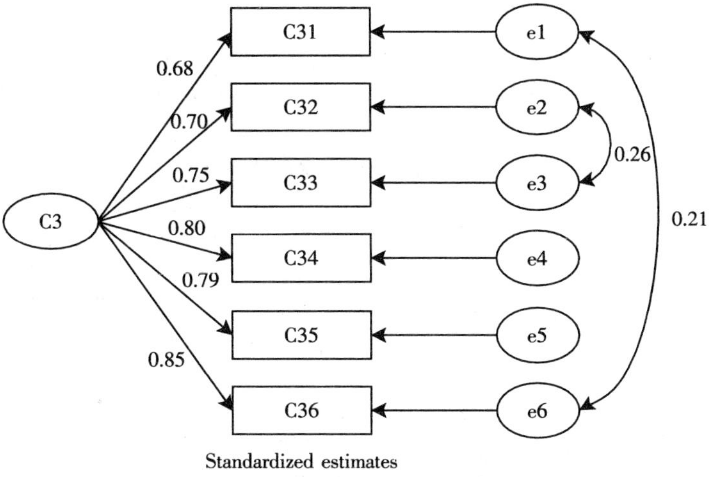

自由度 = 7；卡方值 = 19.086 (p = 0.008)；卡方自由度比 = 2.727
RMSEA = 0.082；GFI = 0.976；AGFI = 0.928；NFI = 0.977；IFI = 0.985；CFI = 0.985

图 6-12 知识应用条款验证性分析

4. 集成创新与合作创新知识螺旋契合量表整体验证性分析

同前所述，本书运用 SPSS16.0 对集成创新与合作创新知识螺旋契合量表的信度进行了分析，结果显示，量表内部一致性系数达到了 0.932，大于知识获取 0.802、知识内化 0.877 和知识应用 0.893 的内部一致性系数，说明量表符合信度要求。

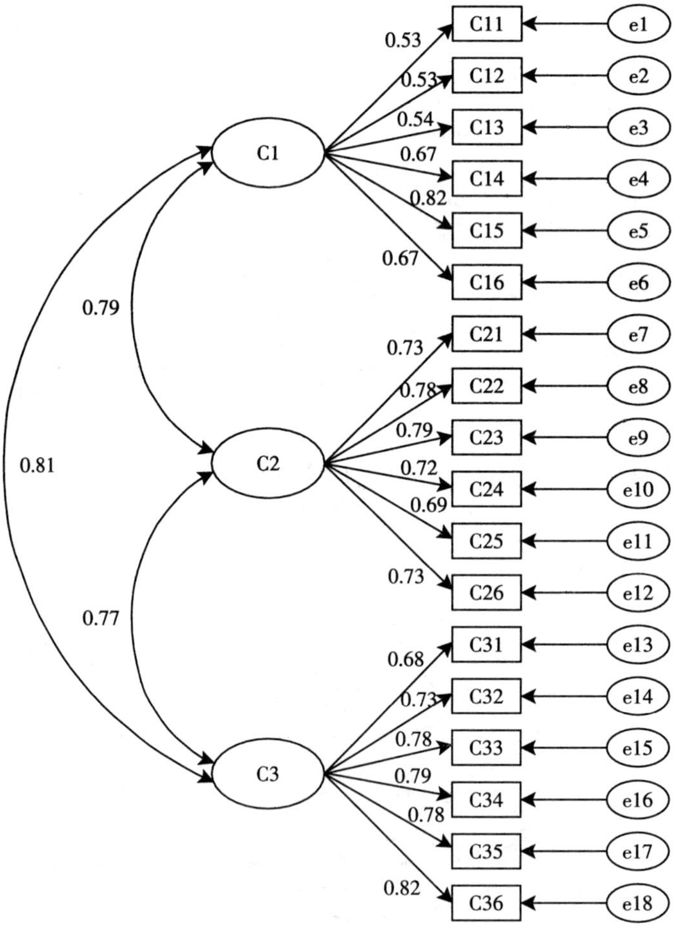

图 6-13　集成创新与合作创新 K-S-F 量表验证性分析

表 6-14　集成创新与合作创新 K-S-F 结构模型拟合度指标

检验参数	χ^2/df	GFI	AGFI	NFI	IFI	CFI	RMSEA
分析结果	2.435	0.874	0.837	0.875	0.922	0.922	0.074

从集成创新与合作创新知识螺旋契合量表的验证性分析来看，如图 6-13 和表 6-14 所示。整体模型拟合良好，GFI、AGFI、NFI、IFI 和 CFI 均大于 0.8，其中 CFI 和 IFI 大于 0.9，RMSEA 小于 0.08，适配度指标均达到或超过了建议值，

各个回归指标都已通过显著性检验，而其各个条款的因子载荷都在 0.5 以上，因此，表现出了良好的效度。

二、KI-HRM 与员工知识创新动机的关系

（一）知识创新导向人力资源管理与员工知识创新动机的整体作用关系

根据前面提出的两变量之间影响作用的检验方法，对于 KI-HRM 对员工知识创新动机的影响作用假设检验如下。

1. KI-HRM 与员工知识创新动机相关性检验

为检验知识创新导向人力资源管理对员工知识创新动机的相关性，首先将知识创新导向人力资源管理各测量条款加总得到因子分，分别记为 A1（多样性培训因子得分）、A2（合理授权因子得分）、A3（领导支持因子得分）、A4（强化沟通因子得分）、A5（激励性薪酬因子得分）、A6（职业生涯管理因子得分）、B（员工知识创新动机因子得分），A1、A2、A3、A4、A5、A6 构成知识创新导向人力资源管理 A 的六个测量题项。由于这些变量均为等距变量，适于计算 Pearson 相关系数，使用 SPSS16.0 软件计算各因子间的相关系数，结果如表 6-15 所示。

表 6-15　KI-HRM 与员工知识创新动机的相关系数

	A	A1	A2	A3	A4	A5	A6	B
A	1	0.751**	0.596**	0.812**	0.855**	0.821**	0.825**	0.720**
A1		1	0.213**	0.485**	0.535**	0.592**	0.563**	0.407**
A2			1	0.449**	0.453**	0.387**	0.426**	0.413**
A3				1	0.672**	0.538**	0.591**	0.471**
A4					1	0.643**	0.634**	0.503**
A5						1	0.727**	0.623**
A6							1	0.625**
B								1

注：**P < 0.01（2-tailed）。

从表 6-15 中分析结果可知，KI-HRM 各因子与员工知识创新动机，在 0.01 的显著水平下，均呈现出显著相关性，可以进行影响程度检验。

2. KI-HRM 对员工知识创新动机的影响程度检验

运用 AMOS7.0 软件构建了知识创新导向人力资源管理与员工知识创新动机作用关系结构模型并计算，结果见图 6-14。

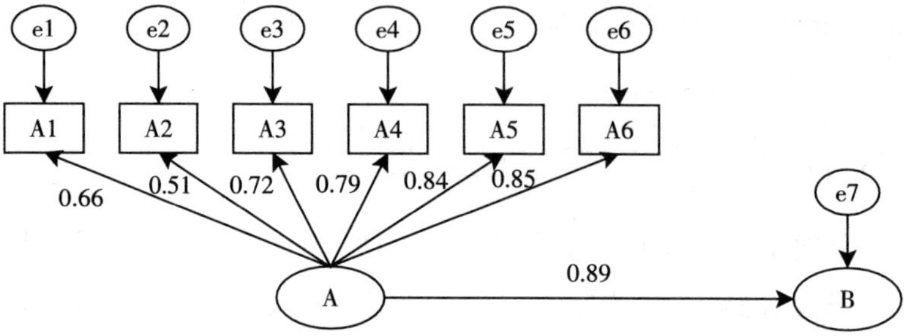

$\chi^2/df = 3.520$；RMSEA = 0.099

GFI = 0.935；AGFI = 0.876；NFI = 0.940；IFI = 0.956；CFI = 0.956

图 6-14　KI-HRM 对员工知识创新动机作用路径模型

由图 6-14 可以看出，该模型拟合效果较好，GFI、NFI、IFI、CFI 均大于 0.9，AGFI 大于 0.85，RMSEA 小于 0.1，所有拟合指标均超过了建议值，各因子载荷也都在 0.5 以上，说明模型拟合情况良好。

运用路径分析的测量模型，分析知识创新导向人力资源管理对员工知识创新动机影响作用结构模型的测量效果见表 6-16。

表 6-16　KI-HRM 对员工知识创新动机作用结构模型分析

			Estimate	Standardized estimate	S.E.	C.R.	P
B	←	A	0.553	0.893	0.063	8.737	***
A1	←	A	1.000	0.662			
A2	←	A	0.528	0.513	0.070	7.543	***
A3	←	A	1.018	0.720	0.100	10.193	***
A4	←	A	1.147	0.787	0.104	10.981	***
A5	←	A	0.927	0.836	0.080	11.516	***
A6	←	A	0.834	0.846	0.072	11.612	***

注：***P < 0.001。

从表 6-16 可以看出，知识创新导向人力资源管理对员工知识创新动机的作用路径系数显著，且为正值，各个因子载荷也都达到了显著水平。所以，假设 H1——知识创新导向人力资源管理对员工知识创新动机有显著正向作用，得到了验证。

（二）知识创新导向人力资源管理各维度与员工知识创新动机间作用关系检验

战略人力资源管理认为，不同人力资源管理实践影响和激励员工的行为也有所不同，[223] 因此，本书分别检验知识创新导向人力资源管理的不同实践活动对员工知识创新动机的作用关系。

1. 多样性培训与员工知识创新动机关系检验

前文已验证了多样性培训与员工知识创新动机具有显著相关性，为验证多样性培训对员工知识创新动机的影响程度，本书使用 AMOS7.0 软件，构建了多样性培训对员工知识创新动机作用的路径模型，如图 6–15 所示。

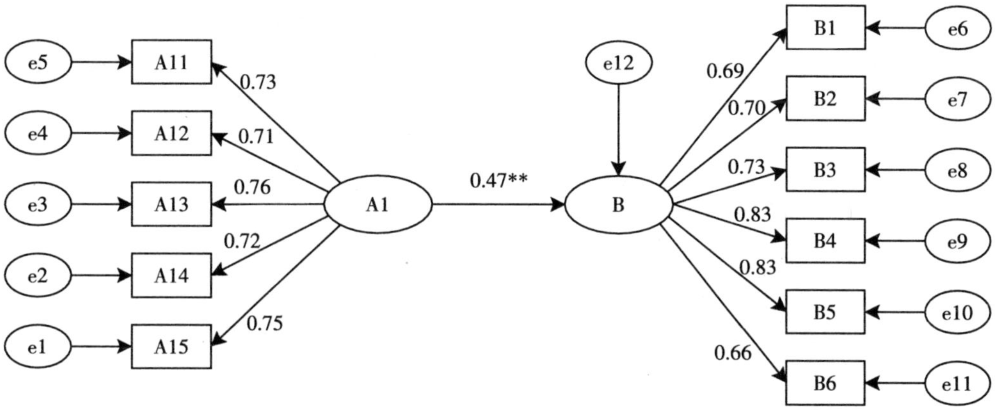

$\chi^2/df = 1.789$；RMSEA = 0.055

GFI = 0.952；AGFI = 0.926；NFI = 0.943；IFI = 0.974；CFI = 0.974

图 6–15　多样性培训对员工知识创新动机作用路径模型

根据前面提出的检验拟合标准，由图 6–15 可以看出，卡方自由度比小于 2，GFI、AGFI、NFI、CFI 和 IFI 均大于 0.9，RMSEA 小于 0.08，说明模型拟合效果良好。

同时由图 6–15 可知，多样性培训 A1 对员工知识创新动机 B 的回归系数，P 值在 0.001 的显著性水平下达到了显著，且回归系数为正值。所以，假设 H11——多样性培训对员工知识创新动机有正向作用，得到了验证。

2. 合理授权与员工知识创新动机关系检验

前文已验证了合理授权与员工知识创新动机具有显著相关性，为验证合理授权对员工知识创新动机的影响程度，本研究使用 AMOS7.0 软件，构建了合理授权对员工知识创新动机作用的路径模型，结果见图 6–16。

如图 6–16 所示，χ^2/df 小于 5，GFI、AGFI、NFI、IFI 和 CFI 均大于 0.9，RMSEA 小于 0.08，说明模型拟合程度良好。

由图 6–16 还可以看出，合理授权 A2 对员工知识创新动机 B 的回归系数，P 值在 0.001 的显著性水平下达到了显著，且回归系数为正值。所以，假设

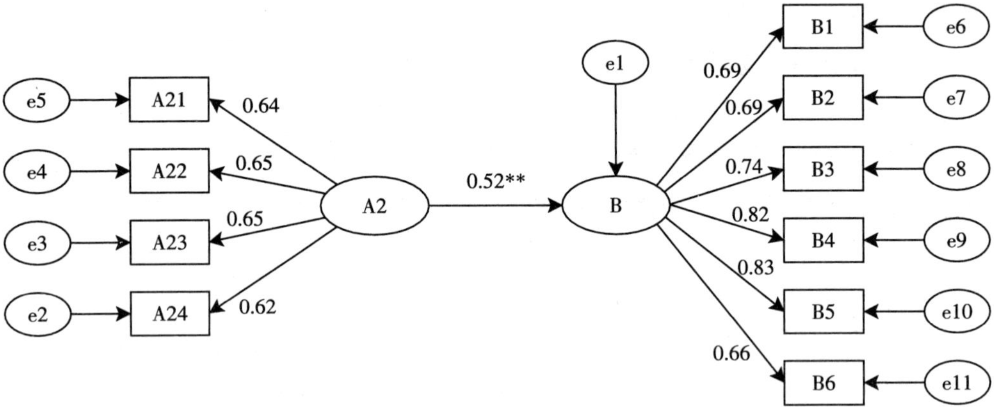

$\chi^2/df = 2.348$；RMSEA = 0.072

GFI = 0.945；AGFI = 0.911；NFI = 0.924；IFI = 0.955；CFI = 0.954

图 6-16　合理授权对员工知识创新动机作用路径模型

H12——合理授权对员工知识创新动机有正向作用，得到了验证。

3. 领导支持与员工知识创新动机关系检验

前文已验证了领导支持与员工知识创新动机具有显著相关性，为验证领导支持对员工知识创新动机的影响程度，本研究使用 AMOS7.0 软件，构建了领导支持对员工知识创新动机作用的路径模型，结果见图 6-17。

如图 6-17 所示，χ^2/df 小于 2，GFI、AGFI、NFI、IFI 和 CFI 均大于 0.9，RMSEA 小于 0.08，说明模型拟合程度良好。

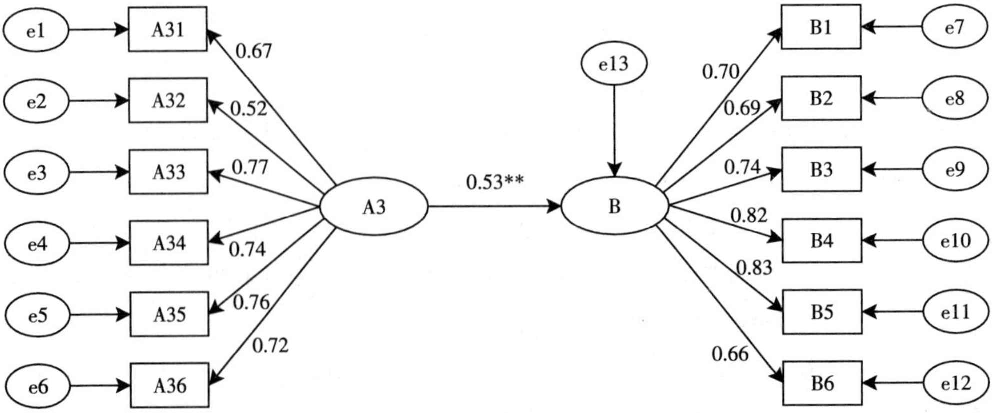

$\chi^2/df = 1.912$；RMSEA = 0.059

GFI = 0.945；AGFI = 0.915；NFI = 0.930；IFI = 0.966；CFI = 0.965

图 6-17　领导支持对员工知识创新动机作用路径模型

由图 6-17 还可以看出，领导支持 A3 对员工知识创新动机 B 的回归系数，P 值在 0.001 的显著性水平下达到了显著，且回归系数为正值。所以，假设 H13——领导支持对员工知识创新动机有正向作用，得到了验证。

4. 强化沟通与员工知识创新动机关系检验

前文已验证了强化沟通与员工知识创新动机具有显著相关性，为验证强化沟通对员工知识创新动机的影响程度，本书使用 AMOS7.0 软件，构建了强化沟通对员工知识创新动机作用的路径模型，结果见图 6-18。

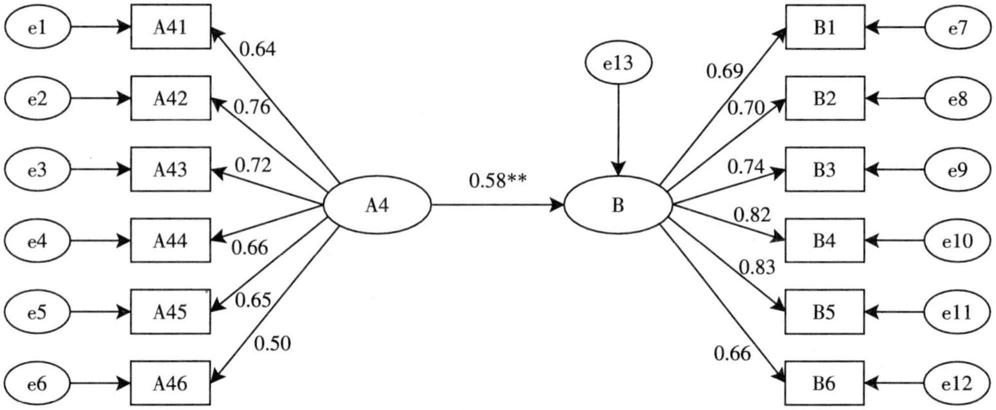

χ^2/df = 2.134；RMSEA = 0.066

GFI = 0.936；AGFI = 0.905；NFI = 0.917；IFI = 0.954；CFI = 0.954

图 6-18 强化沟通对员工知识创新动机作用路径模型

如图 6-18 所示，χ^2/df 小于 5，GFI、AGFI、NFI、IFI 和 CFI 均大于 0.9，RMSEA 小于 0.08，说明模型拟合程度良好。

同时，由图 6-18 还可以看出，强化沟通 A4 对员工知识创新动机 B 的回归系数，P 值在 0.001 的显著性水平下达到了显著，且回归系数为正值。所以，假设 H14——强化沟通对员工知识创新动机有正向作用，得到了验证。

5. 激励性薪酬与员工知识创新动机关系检验

前文已验证了激励性薪酬与员工知识创新动机具有显著相关性，为检验激励性薪酬对员工知识创新动机的影响程度，本书使用 AMOS7.0，构建了激励性薪酬对员工知识创新动机作用的路径模型，结果如图 6-19 所示。

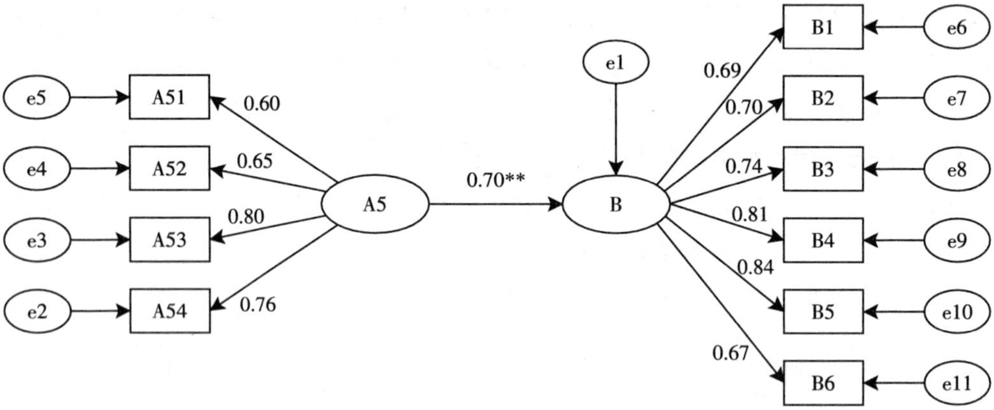

$\chi^2/df = 3.524$；RMSEA = 0.099

GFI = 0.916；AGFI = 0.864；NFI = 0.904；IFI = 0.929；CFI = 0.929

图 6–19　激励性薪酬对员工知识创新动机作用路径模型

如图 6–19 所示，χ^2/df 小于 5，除 AGFI 略小于 0.9 之外，GFI、NFI、IFI 和 CFI 均大于 0.9，RMSEA 小于 0.1，说明模型拟合程度较好。

同时，由图 6–19 还可以看出，激励性薪酬 A5 对员工知识创新动机 B 的回归系数，P 值在 0.001 显著性水平下达到了显著，且回归系数为正值。所以，假设 H15——激励性薪酬对员工知识创新动机有正向作用，得到了验证。

6. 职业生涯管理与员工知识创新动机关系检验

前文已验证了职业生涯管理与员工知识创新动机具有显著相关性，为检验职业生涯管理对员工知识创新动机的影响程度，本书使用 AMOS7.0 软件，得到了职业生涯管理 A6 对员工知识创新动机 B 作用的路径模型，如图 6–20 所示。

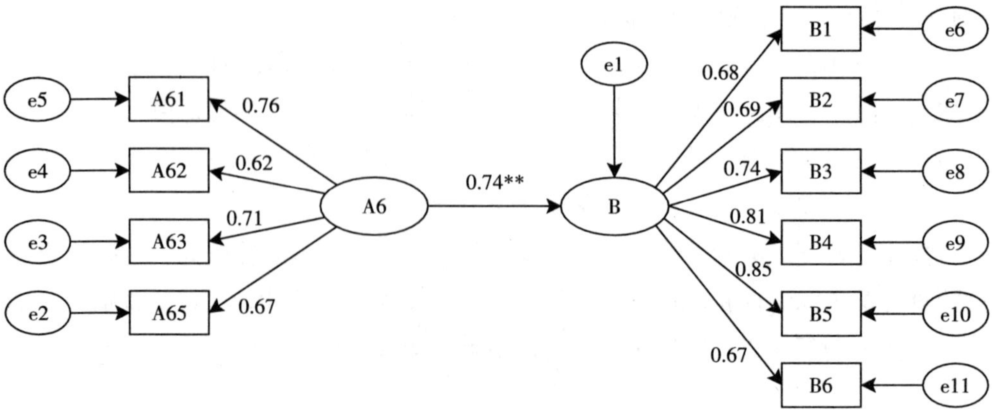

$\chi^2/df = 2.484$；RMSEA = 0.076

GFI = 0.939；AGFI = 0.902；NFI = 0.930；IFI = 0.957；CFI = 0.957

图 6–20　职业生涯管理对员工知识创新动机作用路径模型

如图 6-20 所示，χ^2/df 小于 5，GFI、AGFI、NFI、IFI 和 CFI 均大于 0.9，RMSEA 小于 0.08，说明模型拟合程度较好。

同时，由图 6-20 还可以看出，职业生涯管理 A6 对员工知识创新动机 B 的回归系数，P 值在 0.001 的显著性水平下达到了显著，且回归系数为正值。所以，假设 H16——职业生涯管理对员工知识创新动机有正向作用，得到了验证。

三、KI-HRM 和集成创新与合作创新知识螺旋契合的关系

根据前面提出的两变量之间影响作用的检验方法，对于 KI-HRM 对集成创新与合作创新知识螺旋契合的影响作用假设检验如下。

（一）KI-HRM 和集成创新与合作创新知识螺旋契合相关性检验

为检验 KI-HRM 和集成创新与合作创新知识螺旋契合的相关性，首先将集成创新与合作创新知识螺旋契合量表的各测量题项得分加总得到因子分，分别记为 C1（知识获取因子得分）、C2（知识内化因子得分）、C3（知识应用因子得分）。由于这些变量均为等距变量，适于计算 Pearson 相关系数，结合前面知识创新导向人力资源管理各因子加总得分，使用 SPSS16.0 软件计算各因子间的相关系数，结果如表 6-17 所示。

表 6-17 KI-HRM 和企业集成创新与合作创新知识螺旋契合的相关系数

	A	A1	A2	A3	A4	A5	A6	C1	C2	C3
A	1	0.751**	0.596**	0.812**	0.855**	0.821**	0.825**	0.620**	0.675**	0.654**
A1		1	0.213**	0.485**	0.535**	0.592**	0.563**	0.430**	0.426**	0.437**
A2			1	0.449**	0.453**	0.387**	0.426**	0.373**	0.463**	0.409**
A3				1	0.672**	0.538**	0.591**	0.470**	0.500**	0.489**
A4					1	0.643**	0.634**	0.562**	0.632**	0.587**
A5						1	0.727**	0.532**	0.550**	0.539**
A6							1	0.535**	0.614**	0.619**
C1								1	0.650**	0.674**
C2									1	0.689**
C3										1

注：**$P < 0.01$（2-tailed）。

从表 6-17 的分析结果可知，KI-HRM 各因子和集成创新与合作创新知识螺旋契合各因子，在 0.01 的显著水平下，均呈现出显著相关性。

（二）KI-HRM 对集成创新与合作创新知识螺旋契合的影响程度检验

本书使用 AMOS7.0 软件，构建了如图 6-21 所示的 KI-HRM 对集成创新与合

作创新知识螺旋契合作用的结构方程模型。

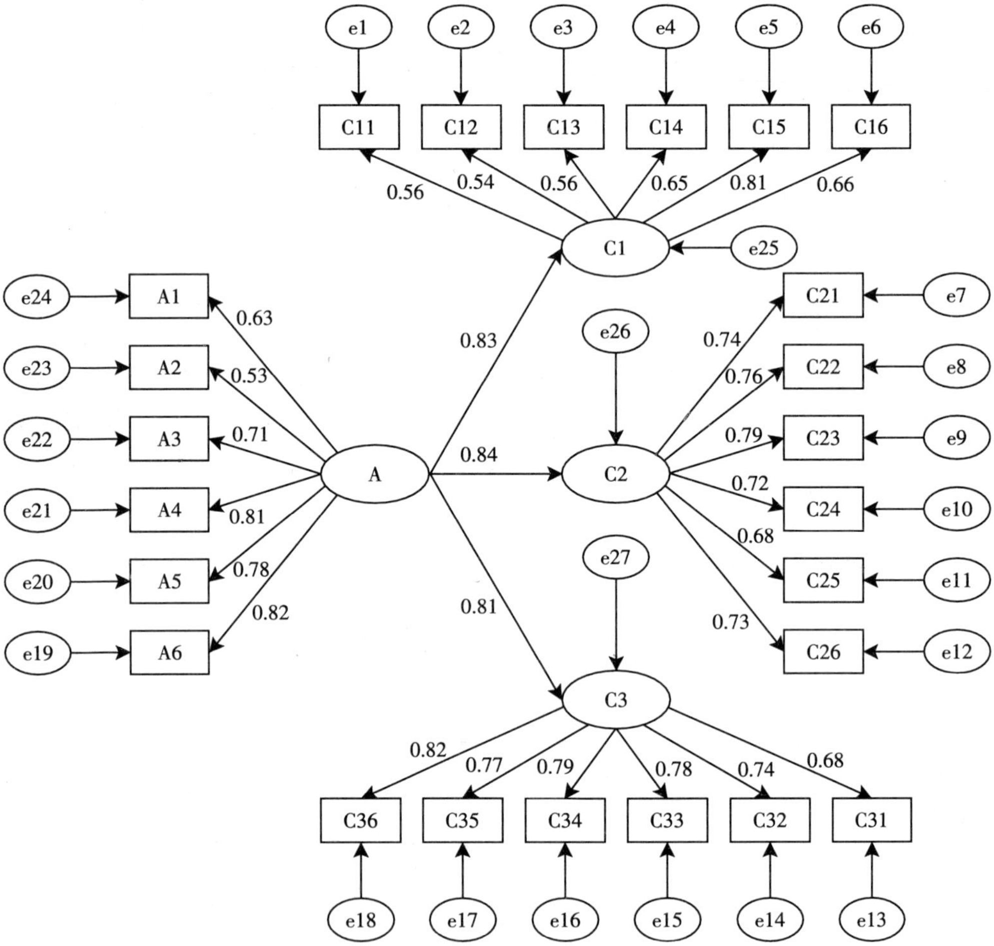

图 6-21　KI-HRM 对集成创新与合作创新知识螺旋契合作用的结构模型

KI-HRM 对集成创新与合作创新知识螺旋契合作用的结构模型的拟合度检验指标如表 6-18 所示。

表 6-18　KI-HRM 对集成创新与合作创新知识螺旋契合作用的结构模型拟合度检验指标

检验参数	χ^2/df	GFI	AGFI	NFI	IFI	CFI	RMSEA
分析结果	2.390	0.832	0.811	0.840	0.900	0.900	0.073

根据前面提出的检验拟合标准，从表 6-18 中可以看出，χ^2/df 小于 5，GFI、AGFI、NFI、IFI、CFI 均大于 0.8，RMSEA 小于 0.08，说明模型拟合程度较好。

运用结构方程模型，分析 KI–HRM 对企业集成创新与合作创新知识螺旋契合影响作用的结构模型测量效果如表 6–19 所示。

表 6–19 KI–HRM 对企业集成创新与合作创新知识螺旋契合影响作用的结构模型分析

			Estimate	Standardized estimate	S.E.	C.R.	P
C1	←	A	0.160	0.826	0.019	8.239	***
C2	←	A	0.260	0.837	0.023	11.267	***
C3	←	A	0.208	0.810	0.020	10.178	***

注：***P < 0.001。

从表 6–19 中可以看出，KI–HRM 对 C1、C2 和 C3 的标准化路径系数，P 值在 0.001 的显著性水平下达到了显著，且为正值，各个因子载荷也都达到了显著水平。所以，假设 H21——知识创新导向人力资源管理对知识获取有正向作用；H22——知识创新导向人力资源管理对知识内化有正向作用；H23——知识创新导向人力资源管理对知识应用有正向作用；假设 H2——知识创新导向人力资源管理对企业集成创新与合作创新知识螺旋契合有正向作用，均得到验证。

四、员工知识创新动机和集成创新和合作创新 K–S–F 之间的关系

根据前面提出的两变量之间影响作用的检验方法，对于员工创新动机对集成创新与合作创新知识螺旋契合的影响作用假设检验如下。

（一）员工知识创新动机和集成创新和合作创新知识螺旋契合相关性检验

根据前面关于员工知识创新动机和知识获取、知识内化与知识应用的因子加总得分，使用 SPSS16.0 软件计算各因子间的相关系数，结果如表 6–20 所示。

表 6–20 员工知识创新动机和企业集成创新与合作创新知识螺旋契合的相关系数

	B	C1	C2	C3
B	1	0.661**	0.659**	0.636**
C1		1	0.650**	0.674**
C2			1	0.689**
C3				1

注：**P < 0.01（2–tailed）。

从表 6–20 中的分析结果可知，员工知识创新动机和集成创新与合作创新知识螺旋契合三个因子，在 0.01 的显著水平下，相关性均显著。

（二）员工知识创新动机对集成创新与合作创新知识螺旋契合的影响程度检验

本书使用 AMOS7.0 软件，构建了员工知识创新动机对集成创新与合作创新知识螺旋契合作用的结构方程模型，如图 6-22 所示。

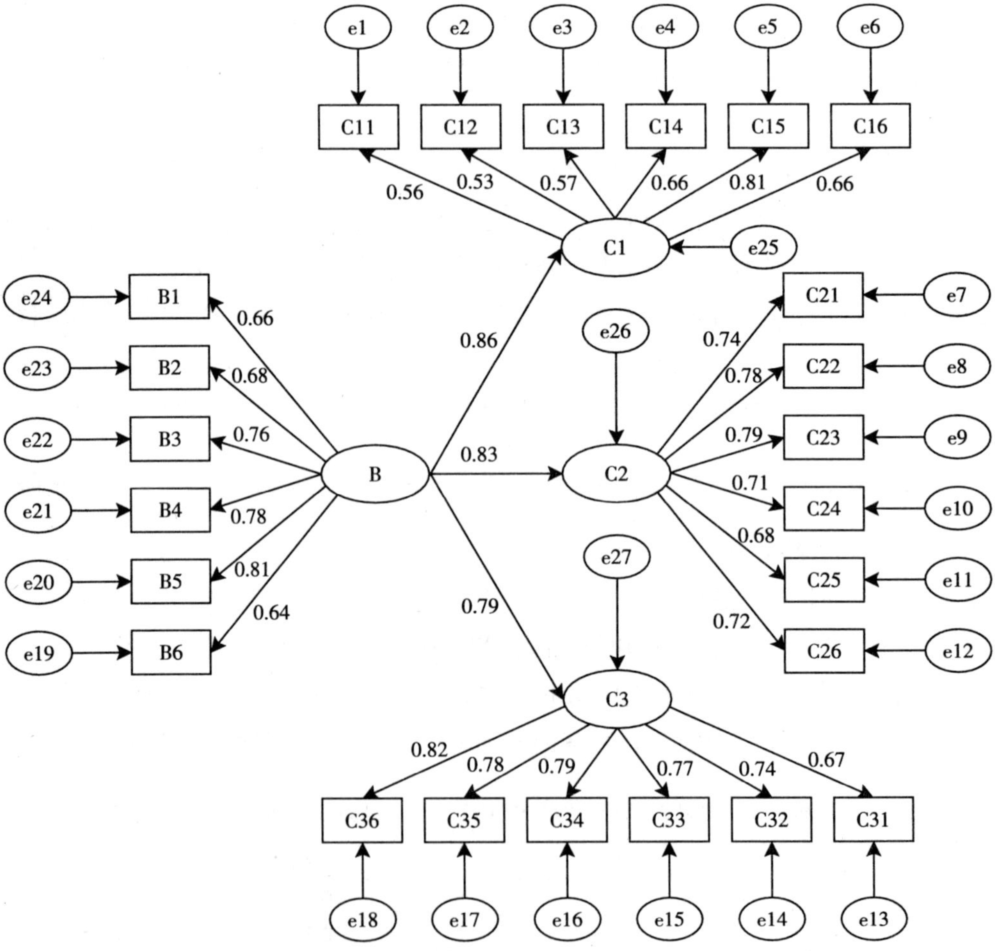

图 6-22　员工知识创新动机对集成创新与合作创新知识螺旋契合作用的结构模型

上述员工知识创新动机对集成创新与合作创新知识螺旋契合作用的结构模型的拟合度检验指标如表 6-21 所示。

根据前面提出的检验拟合标准，从表 6-21 中可以看出，χ^2/df 小于 5，GFI、AGFI、NFI、IFI、CFI 均大于 0.8，RMSEA 小于 0.08，说明模型拟合程度较好。

表 6-21 员工知识创新动机对集成创新与合作创新知识螺旋契合作用模型的拟合度指标

检验参数	χ^2/df	GFI	AGFI	NFI	IFI	CFI	RMSEA
分析结果	2.388	0.835	0.801	0.840	0.900	0.899	0.073

运用结构方程模型，分析员工知识创新动机对企业集成创新与合作创新知识螺旋契合影响作用的结构模型测量效果如表 6-22 所示。

表 6-22 员工知识创新动机对企业集成创新与合作创新知识螺旋契合作用结构模型分析

			Estimate	Standardized estimate	S.E.	C.R.	P
C1	←	B	0.696	0.861	0.092	7.535	***
C2	←	B	1.050	0.828	0.116	9.082	***
C3	←	B	1.152	0.794	0.121	9.498	***

注：***$P < 0.001$。

从表 6-22 中可以看出，员工知识创新动机对 C1、C2 和 C3 的标准化路径系数，P 值在 0.001 的显著性水平下均达到了显著，且为正值，各个因子载荷也都达到了显著水平。所以，假设 H31——员工知识创新动机对知识获取有正向作用；H32——员工知识创新动机对知识内化有正向作用；H33——员工知识创新动机对知识应用有正向作用；H3——员工知识创新动机对企业集成创新与合作创新知识螺旋契合有正向作用，得到验证。

五、员工知识创新动机的中介作用检验

前文已验证了知识创新导向人力资源管理对员工知识创新动机的作用，以及知识创新导向人力资源管理对企业集成创新与合作创新知识螺旋契合的作用。按照前述中介作用的检验方法，直接进入第三步。本书使用 AMOS7.0 软件，构建了知识创新导向人力资源管理、员工知识创新动机和集成创新与合作创新知识螺旋契合之间的结构模型并计算，结果见图 6-23。

员工知识创新动机中介作用路径模型的拟合优度检验如表 6-23 所示。

根据前面提出的检验拟合标准，从表 6-23 中可以看出，χ^2/df 小于 5，除 AGFI 略小于 0.8 之外，GFI、NFI、IFI、CFI 均大于 0.8，RMSEA 小于 0.08，说明模型拟合程度可以接受。

运用路径模型，分析员工知识创新动机在知识创新导向人力资源管理和企业集成创新与合作创新知识螺旋契合之间中介作用的模型效果如表 6-24 所示。

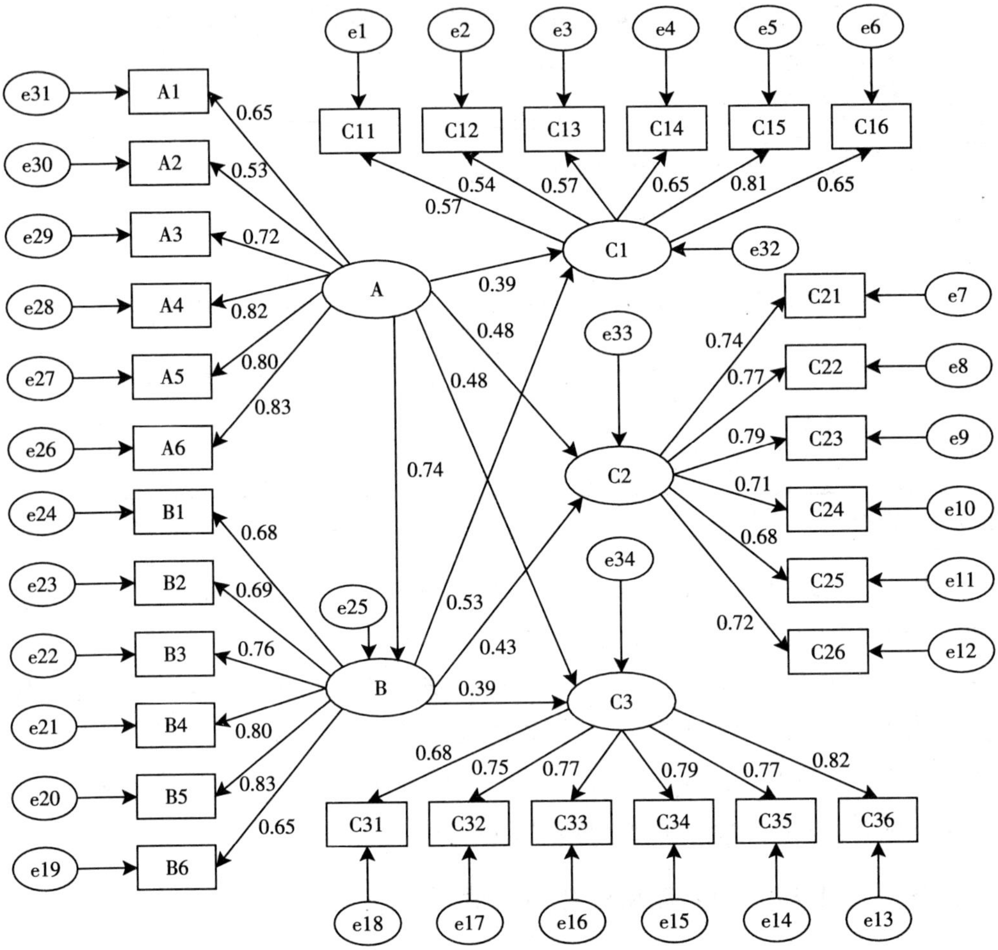

图 6-23　员工知识创新动机中介作用路径模型

表 6-23　员工知识创新动机中介作用路径模型拟合度指标

检验参数	χ^2/df	GFI	AGFI	NFI	IFI	CFI	RMSEA
分析结果	2.084	0.820	0.790	0.831	0.904	0.904	0.065

表 6-24　员工知识创新动机中介作用路径模型的效果分析

			Estimate	Standardized estimate	S.E.	C.R.	P
B	←	A	0.180	0.736	0.020	9.169	***
C1	←	A	0.076	0.388	0.017	4.397	***
C2	←	A	0.147	0.480	0.025	5.894	***
C3	←	A	0.165	0.476	0.028	5.797	***

续表

			Estimate	Standardized estimate	S.E.	C.R.	P
C1	←	B	0.426	0.532	0.081	5.274	***
C2	←	B	0.538	0.430	0.106	5.099	***
C3	←	B	0.558	0.394	0.119	4.685	***

注：***P < 0.001。

由表 6-24 可知，在加入中间变量后，A 对 C1、C2 和 C3 的作用路径系数，P 值在 0.001 的显著性水平下依然显著，且为正值。对照表 6-19 可知，在加入中介变量后，A 对 C1、C2 和 C3 的路径系数分别由原来的 0.826、0.837、0810 减小至 0.388、0.480 和 0.476，路径系数虽然显著，但明显降低。Allen 等[224]认为，在加入中介变量后自变量的回归系数明显减小，但仍然达到显著性水平时，中介变量只起到部分中介作用，即自变量不仅通过中介变量间接影响因变量，同时也对因变量产生直接影响。由此可知，员工知识创新动机在知识创新导向人力资源管理与集成创新与合作创新知识螺旋契合之间起到部分中介作用。所以，假设 H4——员工知识创新动机在知识创新导向人力资源管理和集成创新与合作创新知识螺旋契合间具有中介作用，得到验证。

第六节 实证研究结果讨论

本章在前述理论研究的基础上，通过实证研究分析了知识创新导向人力资源管理对企业集成创新与合作创新知识螺旋契合的驱动作用。结合前面的实证检验过程，对研究假设的检验结果分析与解释如下。

1. 知识创新导向人力资源管理对员工知识创新动机具有显著正向作用，且知识创新导向人力资源管理作为一个系统对员工知识创新动机的影响大于单项人力资源管理实践活动对员工知识创新动机的影响

现有理论研究普遍认为，有效的人力资源管理实践能够正向影响员工动机。因此，本书提出了知识创新导向人力资源管理对员工知识创新动机具有正向作用的理论假设。从前面的相关性检验和影响程度检验结果可以看出，知识创新导向人力资源管理与员工知识创新动机的相关系数为 0.720，达到了显著相关。从要

素间作用关系检验结果来看，知识创新导向人力资源管理对员工知识创新动机的标准化作用路径系数为0.893，其P值在0.001的显著水平也达到了显著，说明知识创新导向人力资源管理对员工知识创新动机具有显著正向作用，高效的知识创新导向人力资源管理能够激发员工的知识创新动机，促使员工对知识创新活动的积极投入。

从知识创新导向人力资源管理各因子与员工知识创新动机相关性检验结果来看，A1（多样性培训）、A2（合理授权）、A3（领导支持）、A4（强化沟通）、A5（激励性薪酬）、A6（职业生涯管理）与B（员工知识创新动机）的相关系数分别为0.407、0.413、0.471、0.503、0.623、0.625，均达到了显著相关，但A5、A6与B的相关系数明显高于其他因子与员工知识创新动机的相关系数，这可能说明激励性薪酬和职业生涯管理对员工知识创新动机的影响程度大于其他因子。为验证这一假想，本书进一步检验了知识创新导向人力资源管理各因子对员工知识创新动机的影响程度。结果显示，A1、A2、A3、A4、A5、A6对B的标准化路径系数分别为0.47、0.52、0.53、0.58、0.70、0.74，均达到了显著，激励性薪酬和职业生涯管理对员工知识创新动机的影响程度（从路径系数来看）明显大于其他因子对员工知识创新动机的影响程度。在所有六个因子中，职业生涯管理对员工知识创新动机的影响程度最大。这与当前的理论研究结论一致。赵黎明、潘康宇[225]认为，宽松的个人发展空间是知识创新人力资本自我激励的原动力，在当前我国高科技企业中，员工出于对个人职业规划和就业环境的综合考虑，他们中的大部分更加重视个人发展空间。一方面，他们愿意从事自主性强且具有一定创造性的工作，希望不断提高自己，吸收新知识；另一方面，担忧未来的发展，感到对个人前途的无力掌控。在行为上，他们倾向于在现有职位上继续工作，谋求进一步发展。所以，企业构建知识创新导向人力资源管理体系时应注重为员工提供宽松的发展环境，使员工可以看到自己的事业每隔几年就会有新的发展，用员工自己的工作成效作为激励的手段，最终促成组织内部知识创新人力资本激励内生性的形成。

此外，通过对知识创新导向人力资源管理对员工知识创新动机的整体作用与知识创新导向人力资源管理各实践活动与员工知识创新动机间关系检验结果的比较分析，可以发现，知识创新导向人力资源管理对员工知识创新动机的作用路径系数（0.893）大于多样性培训、合理授权、领导支持、强化沟通、激励性薪酬、职业生涯管理对员工知识创新动机的作用路径系数（0.47、0.52、0.53、0.58、

0.70、0.74）。这说明，知识创新导向人力资源管理作为一个系统对员工知识创新动机的影响程度大于单项人力资源管理实践活动对员工知识创新动机的影响。这一研究结果支持了战略人力资源管理理论强调人力资源管理实践作为一个系统对员工施加影响的观点。知识创新导向人力资源管理是一个系统，它既强调内部契合的横向一致性，又强调外部与企业战略、组织价值等契合的纵向一致性。因此，企业在构建知识创新导向人力资源管理体系时，应综合考虑各实践活动的互补效应，尽量将各项人力资源管理实践活动整合成一个强有力的系统。

2. 知识创新导向人力资源管理能够正向影响集成创新与合作创新知识螺旋契合，且知识创新导向人力资源管理对集成创新与合作创新知识螺旋契合主要环节（知识获取、知识内化和知识应用）的影响程度不存在显著差异

集成创新与合作创新知识螺旋契合是在知识创新层面的协同发展，本书将之操作化为知识获取、知识内化和知识应用三个关键环节和内容。如果知识创新导向人力资源管理对知识获取、知识内化和知识应用均有显著正向作用，即可认为知识创新导向人力资源管理能够正向影响集成创新与合作创新知识螺旋契合。

从前面的相关性检验结果可以看出，知识创新导向人力资源管理（A）、多样性培训（A1）、合理授权（A2）、领导支持（A3）、强化沟通（A4）、激励性薪酬（A5）、职业生涯管理（A6）与知识获取（C1）、知识内化（C2）、知识应用（C3）的相关系数均达到了显著水平。从要素间作用关系检验结果来看，知识创新导向人力资源管理对知识获取、知识内化和知识应用的标准化作用路径系数分别为0.83、0.84和0.81，其P值在0.001的显著水平下均达到了显著，知识创新导向人力资源管理对知识获取、知识内化和知识应用均有显著正向作用，这说明知识创新导向人力资源管理对集成创新与合作创新知识螺旋契合具有显著正向作用。

深入比较知识创新导向人力资源管理对知识获取、知识内化和知识应用的影响程度发现，知识创新导向人力资源管理对知识获取、知识内化和知识应用的标准化作用路径系数不存在显著差异。这说明知识创新导向人力资源管理对知识获取、知识内化和知识应用的影响程度不存在显著差异。

3. 知识创新导向人力资源管理部分通过员工知识创新动机的中介作用间接影响企业集成创新与合作创新知识螺旋契合

为检验员工知识创新动机在知识创新导向人力资源管理和集成创新与合作创

新知识螺旋契合间的中介作用，本书首先检验了员工知识创新动机和企业集成创新与合作创新知识螺旋契合之间的关系。一般认为，员工是组织知识的载体，同时也是企业所有创新活动的最终实施者，员工的参与动机决定员工所采取的行为，进而影响企业的知识创新活动。所以，员工知识创新动机会影响企业知识创新活动的最终效果。据此，本书认为，员工知识创新动机对企业集成创新与合作创新知识螺旋契合具有显著正向作用。

从前面的相关性检验和要素影响程度检验结果可以看出，员工知识创新动机与知识获取、知识内化和知识应用的相关系数分别为 0.661、0.659、0.636，在 0.01 的显著水平下均达到了显著；员工知识创新动机对知识获取、知识内化和知识应用的标准化作用路径系数更是达到了 0.86、0.83 和 0.79 的高水平，P 值在 0.001 的显著性水平下达到了显著，这说明员工知识创新动机对集成创新与合作创新知识螺旋契合具有显著正向作用。

在明确了知识创新导向人力资源管理与员工知识创新动机间的关系、知识创新导向人力资源管理和集成创新与合作创新知识螺旋契合间的关系，以及员工知识创新动机和企业集成创新与合作创新知识螺旋契合之间的关系后，本书检验了员工知识创新动机的中介作用。由前面的实证检验过程和结果可知，在加入员工知识创新动机这一中介变量后，知识创新导向人力资源管理对知识获取、知识内化和知识应用的标准化路径系数分别由原来的 0.826、0.837 和 0810 减小至 0.388、0.480 和 0.476，路径系数虽仍然显著，但明显降低。Allen[224] 认为，在加入中介变量后自变量的回归系数明显减小，但仍然达到显著性水平时，中介变量只起到部分中介的作用，即自变量不仅通过中介变量间接影响因变量，同时也对因变量产生直接影响。由此可知，员工知识创新动机在知识创新导向人力资源管理和集成创新与合作创新知识螺旋契合之间起到部分中介作用。

综合上述分析可知，知识创新导向人力资源管理对集成创新与合作创新知识螺旋契合的驱动作用通过两条路径实现：一是知识创新导向人力资源管理对集成创新与合作创新知识螺旋契合的直接作用；二是通过激发员工知识创新动机间接影响集成创新与合作创新知识螺旋契合。这与当前关于人力资源管理对知识创新作用的研究结论基本一致。吴志国、石金涛等[168] 认为，人力资源管理在组织知识创新管理中的作用可以分为两个方面：一是本身的功能，即对知识创新的直接作用；二是对组织其他机能的影响，即通过其他组织过程的中介传导对知识创新产生间接作用。袁勇志、何会涛、彭纪生[226] 也认为，承诺型人力资源实践在组织知识共享中的作用可能来自于两个方面：一是本身的功能，即对知识共享的直接影响；二是对其他组织机制的影响，即通过其他组织过程的中介传导对知识共享产生间接作用。以上论述多是在理论层面的分析，缺少相关实证研究，本书通过实证研究间接检验了这一结论。

第七章　集成创新与合作创新 K-S-F 组织效应研究

第一节　问题的提出

集成创新与合作创新知识螺旋契合是两种创新方式在本质属性层面上的一种协同发展模式，理论上该协同发展模式可以实现两种创新方式功能上的统一，有利于企业更好地利用外部资源，实现外部资源与内部资源的交互和累加效应。在前面的研究中，已经对集成创新与合作创新知识螺旋契合的可行性、影响因素及实现机制进行了分析，并通过实证研究阐释了影响集成创新与合作创新知识螺旋契合的关键要素（KI-HRM）及集成创新与合作创新知识螺旋契合间的关系。这实际上已经证明了集成创新与合作创新的协同发展模式是可以实现的，但并没有指明其实际效果。企业集成创新与合作创新知识螺旋契合对组织创新绩效是否有影响？如果有，影响程度如何？通过什么途径影响组织创新绩效？这些问题都是企业集成创新与合作创新知识螺旋契合需要明确的问题。因此，本部分将对集成创新与合作创新知识螺旋契合的组织效应进行研究，一方面在于检验集成创新与合作创新知识螺旋契合的有效性；另一方面是来看集成创新与合作创新两种创新方式的契合会对组织创新绩效产生多大效应，以及通过什么途径产生作用。以期为企业的技术创新管理实践提供理论指导和借鉴意义。

第二节 理论框架与研究假设

在现代社会化大生产过程中，技术的相互依存度日益增强，单项技术的突破再不能独柱擎天，必须要通过整合相关配套技术、建立相应的创新模式才能最终形成生产力和竞争力。在现代科技发展中，相关技术的集成创新及由此形成的竞争优势，往往远远超过单项技术突破的意义。对于大多数中国企业而言，现阶段集成创新可能比原始创新更具现实意义，相比原始创新集成创新更关注实用性，同企业生产和管理的关联度更高，企业更容易找到切入点，有的放矢地进行，效果也更明显。可以说，集成创新是我国现阶段企业自主创新的最主要方式。

集成创新虽然也强调创新过程中用户需求等外部资源的引入，但集成创新主要发生在企业内部，是企业内部资源的集成。在当今动态变化的竞争环境中，任何一家企业都不可能拥有发展所需要的全部资源，都不可避免地与相关企业、竞争者、科研院所等外部组织和机构建立或直接或间接的合作关系，以克服自身创新资源不足的“瓶颈”，实现企业发展目标。合作创新已经成为企业实现自主创新的一条有效途径。[43] 总的来说，集成创新与合作创新是我国企业现阶段最主要的两种创新方式。在此背景下，任何一家企业的发展都不可能完全依靠自己的力量，封闭起来搞创新，更不可能完全依靠外部力量来实现企业技术发展目标，而只能是以自我为主，辅以外部力量，在统一的企业战略目标指引下合理利用内部和外部两种资源，发挥集成创新与合作创新两种创新方式的优势，借助于两种创新方式的协同作用达到企业自主创新的目的。集成创新与合作创新本质上都属于知识创新，在知识创新的本质属性上具有目标一致性，因此，可以通过某种机制或途径实现两种创新方式的协同发展，以发挥两者的合力作用。集成创新与合作创新知识螺旋契合即是集成创新与合作创新两种创新方式在知识创新层面的结合，是一种协同发展模式。在此模式下，集成创新与合作创新构成了企业知识创新的两种方式，在企业知识愿景引导下，集成创新与合作创新两种创新方式为实现企业知识创新目标而进行优化组合，两种创新方式互为基础、相互作用，既拓展了企业知识边界，扩充了企业知识库，又增加了企业可供利用的创新资源，最终促进企业创新绩效的提升。基于此，本研究提出如下命题：

命题 H1：集成创新与合作创新知识螺旋契合对企业创新绩效有显著正向作用。

如前文所述，本研究将集成创新与合作创新知识螺旋契合进一步简化为知识创新的三个关键环节：知识获取、知识内化和知识应用。知识获取是指企业为实现某一目标，运用多种技术和方法努力搜寻并最终获得所需知识的一系列活动的总称，包含知识搜索和知识转移两个主要环节。知识与知识获取是企业提高竞争力的关键因素之一，[227] 不断地从外部获取知识对企业技术创新有着显著的推动作用，并最终影响着企业创新绩效。[228] 集成创新与合作创新知识螺旋契合中的知识获取在两个方面影响着企业技术创新：一是影响企业创新战略和契合目标的制定；二是满足企业对创新知识资源的暂时性需求并进一步增强企业知识基础，以服务于企业持续创新。

知识内化是将外部知识或显性知识纳入隐性知识的过程，即通过知识交流和共享，企业员工吸收和理解新知识，知识交流和共享是知识内化的主要活动和表现形式。[61] Polanyi [105] 认为，知识内化是知识创新过程中的关键环节，只有真正内化的知识才能得到正确的应用，知识内化能够巩固企业获取的新知识，让员工深入理解创新。就集成创新与合作创新知识螺旋契合而言，知识内化是将员工个体获取的知识转换成可转移的形式并分布于企业内部为大多数企业员工所认知和消化的过程。Tsai [229] 认为，知识的交流和共享能够提供成员互相学习与合作的机会，使组织内部通过交换与流动的方式将新知识转移给所需要的人，进而刺激知识的创造及创新能力的增进。Wijk、Jansen 和 Lyles [230] 提出，不管是组织内部还是组织间的知识共享行为都将对组织绩效和创新发挥促进作用。通过大范围的组织知识交流和共享，企业能够形成难以被竞争对手模仿的独特能力，并最终增强企业创新绩效。Cassiman 和 Veugulers [231] 的研究结果显示，与伙伴组织间频繁进行知识转移的团队具有更高的创新绩效，并且外部知识获得比内部知识获得更有利于创新绩效的提高。Knudsen [232] 通过实证研究认为，如果企业能够与他们最紧密的企业密切合作，并获得所需的互补性知识，则会对创新绩效产生积极影响。当前，大多数学者都认为，知识共享的程度越高，对创新效益与创新效率的影响也就越明显。

知识应用是企业将已有知识在生产实践活动中加以运用，以提高生产效率或创造新价值的综合过程。就集成创新与合作创新知识螺旋契合而言，知识应用是运用经过知识获取和知识内化阶段积累下来的知识进行技术创新或产品研发的过程。知识获取、知识内化和知识应用是一个具有内在联系性的活动和过程，知识获取强调从企业外部、团队外部和他人那里获取知识；知识内化强调知识在企业内部或团队内部的交流和转移；知识应用强调试验性学习。知识获取、知识内化和知识应用共同构成集成创新与合作创新在知识创新层面契合的完整过程。知识获取和知识内化为知识应用创造了条件和基础，也只有通过合适的方法将获取的新知识与企业已有知识进行充分的整合与集成，才能实现知识创新的最终目的，也才能提升企业创新绩效。董小英等[220]认为，知识应用从三个方面促进或支持企业创新：①决策与指导，即应用知识来选择方案，指导人们的行为；惯例化，即对于企业内已达成共识的知识，企业可以将其嵌入程序、规则和认知形态中，形成企业的共同文化、认知或技术规范。②知识商品化，即企业知识创造的最终目标是产生超额利润，这必须通过商品化来实现。在某种程度上可以认为，企业技术创新成败是组织知识应用效果的展现。基于以上分析，本研究在命题（H1）的基础上提出如下假设：

H11：知识获取对企业创新绩效有正向作用。

H12：知识内化对企业创新绩效有正向作用。

H13：知识应用对企业创新绩效有正向作用。

如果假设 H11、H12 和 H13 均得到验证，即可认为命题 H1 成立。

知识创新与组织学习是密不可分的，知识创新同时也是组织学习的过程。Nevis 等[233]认为组织学习主要表现在知识的获取、分享和利用等方面。芮明杰更是提出，知识创新过程本身就是组织员工的学习过程。金鑫、陈劲[234]在论述合作创新知识共享特征时也提出，当知识比较复杂，或者被包含在一系列复杂的技术或组织框架之中，最合适的共享方法可能就是“干中学”或“从经验中学习”。罗志勇[235]也认为知识共享是指在知识开发和利用的层面上，通过个体之间相互接触和会话或组织之间建立紧密互利关系（知识联盟、协同竞争、技术授权等），以实现知识资源的复用和知识创新的不断推进，知识共享是一种组织学习过程。

组织学习是个体和组织自我学习、自我提高的过程，可以增进个体成长，提高个体的问题解决能力和知识创新能力。中国台湾中正大学吴明烈教授认为，组织学习是指组织透过持续性的且有效的个人学习、团队学习与组织学习，进而有效解决组织所面临的问题，并提升组织创新与应变的能力，以促进组织成员与整体组织的发展。Senge[236]从学习的角度出发，认为知识共享和创新并不是单纯给予和获取的动作，而是一种通过学习使他人获得有效行动能力的过程。Calantone 等[237]指出，组织学习将更能够强化企业改善旧有规范的能力，从而提升组织完成新的想法、产品和程序的能力。Davenport 和 Prusak[238]提出了自学习的知识共享观点，强调知识未经接受者吸收，并带来行为的改变或产生新的行为模式，就不能称为真正的分享成功，知识转移的目的在于改善组织做事的能力，进而提升组织的价值。周晓、何明升[239]认为，知识是组织创新的基础，组织创新离不开众多知识及信息的支持，组织中学习倾向将有助于帮助组织成员解释和使用内外部知识，提升组织成员的创造性，从而增进组织整体创新能力。

集成创新与合作创新知识螺旋契合是在知识创新实践中的契合，其实现过程是个体—组织学习过程，通过不间断地、持续地进行知识搜索、获取、传递、分享、整合与应用等活动，实现组织知识创新的目标。员工通过这种持续的学习实践，不仅能丰富自身的知识储备，还可以掌握和熟练运用更多的知识获取方法与工具，掌握知识共享的技巧，熟知隐性知识表出化方法，实现各种知识的交叉组合，达到更好利用知识创造价值的目的。综合以上分析可知，集成创新与合作创新知识螺旋契合过程是员工不断进行学习，以提高自身知识创新能力的过程。因此，本研究提出如下命题：

命题 H2：集成创新与合作创新知识螺旋契合对员工知识创新能力具有显著正向作用。

基于集成创新与合作创新知识螺旋契合简化模型和上述分析，命题 H2 可以进一步分解为以下三个子假设：

H21：知识获取对员工知识创新能力有正向作用。

H22：知识内化对员工知识创新能力有正向作用。

H23：知识应用对员工知识创新能力有正向作用。

如果假设 H21、H22 和 H23 均得到验证，即可认为命题 H2 成立。

人力资本理论认为，企业技术创新最终是由人力资本推动的，企业技术创新活动的开展直接依赖于高素质人才。作为企业技术创新的载体，人力资本的多少直接决定着企业创新的程度。知识、经验、技能和能力等人力资本属性显著影响企业技术创新绩效，人力资本的质量能显著地解释企业间技术创新绩效的差异。[240] Leiponen[241]研究了雇员能力与创新活动两者的关系，认为员工如果没有足够的能力，创新绩效将比较少，因为他们没有必要的知识吸收能力，无法有效地获取、转移和应用知识。高技能的员工进行技术研发合作和互补性产品或工艺的创新有利于提高团队的创新绩效，因为有更佳的知识转移与吸收能力。人力资本因此可以看做是影响创新绩效的因素。Chen[242]认为，一家企业拥有的人力资本越多，其创新能力就越强。张炜[243]以浙江省中小技术企业为实证研究对象，得出了人力资本显著影响组织创新绩效水平的研究结论。蒋天颖、王俊江[244]通过实证研究也验证了人力资本与组织创新绩效间的正向关系。员工知识创新能力是企业人力资本的主要构成部分，因此，本研究提出命题 H3。

命题 H3：员工知识创新能力对企业创新绩效具有显著正向作用。

前面已经提出了集成创新与合作创新知识螺旋契合和企业创新绩效、员工知识创新能力间的关系假设，结合命题 H3，可以得到命题 H4。

命题 H4：员工知识创新能力在集成创新与合作创新知识螺旋契合和企业创新绩效间具有中介作用。

在以上理论假设的基础上，可以得到本章的研究框架，如图 7–1 所示。该框架可以理解为集成创新与合作创新知识螺旋契合通过提升员工知识创新能力作用于组织创新绩效。

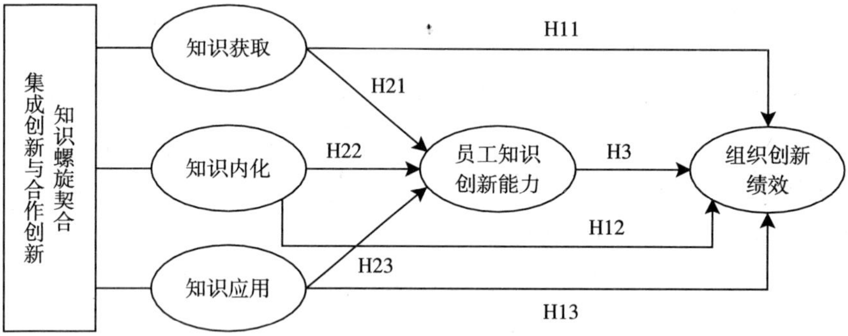

图 7–1 研究假设模型

第三节 研究设计

一、研究对象与方法

本研究采用问卷调查的方法收集相关数据，对收集到的数据运用 SPSS16.0

和 AMOS7.0 统计分析软件，分析数据的有效性，并对所提研究假设进行检验。由于本章实证研究与第六章实证研究所用数据分析方法和所调查的样本均相同，上一章已对数据收集过程、样本基本情况，以及所用的数据统计分析方法等进行了详细描述，此处不再赘述。

二、研究变量的测量

本研究涉及三组变量，分别为：企业集成创新与合作创新知识螺旋契合（知识获取、知识内化和知识应用）、员工知识创新能力和企业创新绩效。上一章已对知识获取、知识内化和知识应用的测量进行详细阐述，此处仅对员工知识创新能力和企业创新绩效的测量进行阐释。

（一）员工知识创新能力的测量

能力是符合活动要求、影响活动效率的个性心理特征的综合，知识创新能力是符合知识创新活动要求、影响知识创新效率的个性特征的综合。它是在一定情景下，生产本质上是新的、先前不知道的、没有的，思想、构思、观点、作品、办法等知识产物的能力倾向。企业员工的知识创新能力是指企业员工在智力活动中善于发现和创造新知识的能力，它需要员工具有探索精神、独创意识、批判能力。它有三个最根本的特征：一是它的新颖性和创造性，即这一活动或结果新奇独特、前所未有；二是它的有效性和现实性，即有一定的社会价值，有益于企业的发展和繁荣；三是它的批判性，知识创新是以对现有知识的否定性评价为前提，是对现有知识中所没有东西的探索与建构，它力求改变现有知识，创造更理想的新知识。[245] [246] 知识创新能力是与员工的知识创新活动联系在一起的，员工的知识创新能力不但能在知识创新活动中得以体现，而且更为重要的是，可以通过创新实践活动得以发展和提升，也就是员工知识创新能力是处于动态变化之中的。现有关于员工知识创新能力的评价大都是静态的，测量某一时点上的员工知识创新能力，而本研究旨在研究集成创新与合作创新知识螺旋契合对员工知识创新能力的影响，所以本研究对员工知识创新能力的测量是动态的，是某一段时期内员工知识创新能力的变动情况，该变量不是对员工个体知识创新能力的测量，而是对员工整体知识创新能力的测量。本研究借鉴 Minbaeva、Pederson 等[177] 关于员工能力的测量方法，采用了主管评价的方式，设计了以下六个题项：

D1：近三年来，我公司员工的整体能力有了较大提升。

D2：近三年来，我公司员工的工作技能有了较大提升。

D3：近三年来，我公司员工的团队工作意识明显增强。

D4：近三年来，我公司员工的知识获取意识和能力明显增强。

D5：近三年来，我公司员工的知识共享意识和能力明显增强。

D6：近三年来，我公司员工学以致用的意识和能力明显增强。

（二）企业创新绩效的测量

有关某些或某个因素与企业创新关系的实证研究，通常以创新绩效作为企业创新的衡量指标，因为这一指标既能够表明企业创新活动的强度，又能反映企业创新活动的效果。然而，国际上对企业创新绩效的概念却很少提及，仅有的研究也多是从影响因素及改进的角度进行，对创新绩效没有形成明确的定义。[160] Jantunen。[219]研究认为，企业创新绩效是指由于产品创新或过程创新活动带来的企业绩效的提高。Drucker [100] 认为，创新绩效是对企业技术创新结果的综合反映，不只是一种过程，也是一种所有创新元素的组合，元素中主要包含了环境需求不一致性、生产程序的需求、产业与市场的改变，以及消费者对产品或服务认识的改变等。我国学者对“创新绩效”的理解主要集中在效率和效果上。高建等 [247] 认为，创新绩效是指企业创新过程的效率、产出的成果及其对商业成功的贡献，包括创新产出绩效和创新过程绩效。

从目前的研究来看，学者很少对创新绩效进行界定，也很少对这个变量进行维度划分。但从他们对创新绩效的度量来看，其所指的创新活动主要是技术创新活动。创新绩效一般指对企业技术创新活动效率和效果的评价。正如 Drucker [100] 研究认为创新绩效是对企业技术创新结果的综合反映，很难明确界定。许多学者都提出了创新绩效的不同衡量标准，一般认为企业创新绩效的评价可以从工艺创新和结果创新两个角度进行。[248][249][250] 关于创新绩效的测量方式，Lall（1992）研究认为，对于发展中国家而言，采用问卷调查的方式获取企业层面数据对创新研究更为合适。

综合以上分析，本研究将创新绩效操作化为经理感知到的创新结果。此外，创新绩效不是指某个创新项目的特定绩效，而是经理感知到的通过集成创新与合作创新的协同发展所带来的企业整体上的显著变化。当前并没有成熟的创新绩效测量量表可用，经过咨询相关专家学者，作者在现有创新绩效量表的基础上，[106] 最终从结果创新的角度设计了以下六个测量条款。

E1：近三年来，我公司新产品数量明显增多。

E2：近三年来，我公司新申请专利数量明显增多。

E3：近三年来，我公司品牌的公众知晓率明显提升。

E4：近三年来，我公司产品开发速度明显加快。

E5：近三年来，我公司产品开发成功率明显提升。

E6：近三年来，我公司技术水平明显提升。

第四节 研究结果分析

一、研究量表验证

上一章研究中已经对集成创新与合作创新知识螺旋契合量表（知识获取、知识内化和知识应用）进行了验证，所以，此处仅对员工知识创新能力和企业创新绩效两个分量表进行信度和效度检验。

（一）员工知识创新能力验证性分析

如表 7-1 所示，员工知识创新能力是单维度变量，其六个测量条款的 Cronbach'α 达到了 0.899，而且六个条款的删除 Cronbach'α 值均不高于原整体信度值，故整体信度 0.899>0.7，符合信度要求，员工知识创新能力量表具有良好的信度。

表 7-1 员工知识创新能力信度分析

	Scale Mean if Item Deleted	Scale Variance if Item Deleted	Corrected Item-Total Correlation	Cronbach's Alpha if Item Deleted	Standardized Cronbach'α
D1	15.90	20.863	0.648	0.892	0.899
D2	16.53	20.767	0.727	0.878	
D3	16.04	21.636	0.723	0.879	
D4	16.09	21.528	0.689	0.884	
D5	16.19	21.072	0.759	0.873	
D6	16.21	20.296	0.801	0.866	

从员工知识创新能力测量条款的验证性分析来看，如图 7-2 所示，整体模型拟合良好，卡方自有度比小于 5，GFI、AGFI、NFI、IFI 和 CFI 均大于 0.9，RMSEA 小于 0.08，各个回归指标都已通过显著性检验，其各个条款的因子载

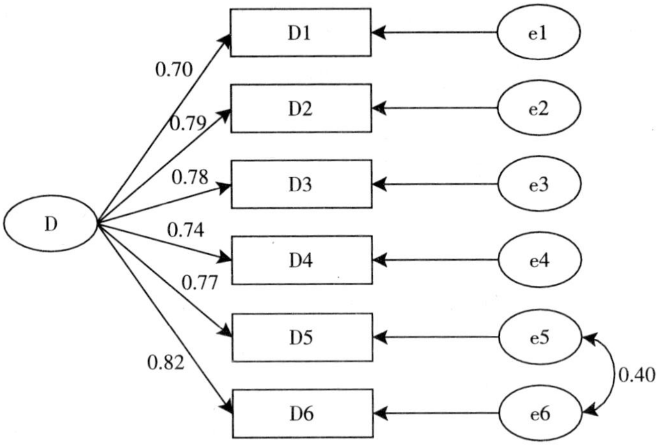

自由度 = 8；卡方值 = 16.933（p = 0.031）；卡方自由度比 = 2.177

RMSEA = 0.066；GFI = 0.979；AGFI = 0.944；NFI = 0.981；IFI = 0.990；CFI = 0.990

图 7-2　员工知识创新能力条款验证性分析

荷基本都在0.7 以上，大于 0.5 的标准要求，因此，员工知识创新能力量表具有良好的效度。

（二）企业创新绩效验证性分析

本研究运用 SPSS16.0 软件对企业创新绩效测量条款的信度进行了检验，结果如表 7-2 所示。企业创新绩效是单维度变量，其六个测量条款的 Cronbach'α 达到了 0.937，而且六个条款的删除 Cronbach'α 值均低于原整体信度值，故整体信度 0.937>0.7，符合信度要求。

表 7-2　企业创新绩效信度分析

	Scale Mean if Item Deleted	Scale Variance if Item Deleted	Corrected Item-Total Correlation	Cronbach's Alpha if Item Deleted	Standardized Cronbach'α
E1	17.08	22.249	0.790	0.927	0.937
E2	17.16	21.801	0.817	0.924	
E3	17.11	21.899	0.829	0.922	
E4	17.00	21.919	0.844	0.920	
E5	16.97	22.134	0.792	0.927	
E6	16.89	22.200	0.789	0.927	

如图 7-3 所示，从企业创新绩效条款的验证性分析来看，整体模型拟合良好，卡方自由度比小于 2，GFI、AGFI、NFI、IFI 和 CFI 均大于 0.9，RMSEA 小于 0.08，各个回归指标都已通过显著性检验，其各个条款的因子载荷都在 0.8 以

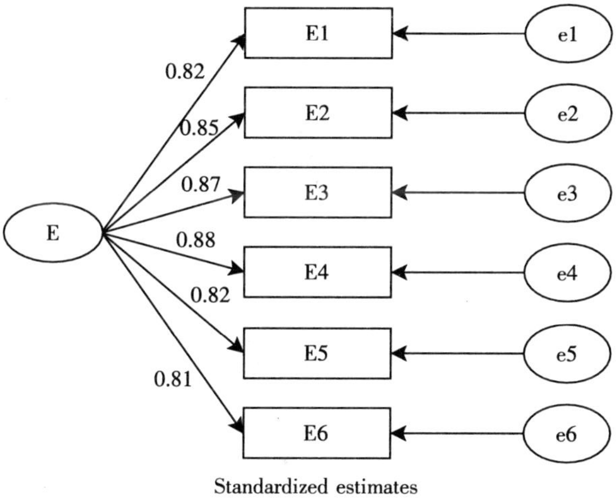

自由度 = 9；卡方值 = 17.705（p = 0.039）；卡方自由度比 = 1.967
RMSEA = 0.061；GFI = 0.979；AGFI = 0.950；NFI = 0.986；IFI = 0.993；CFI = 0.993

图 7–3 企业创新绩效测量条款验证性分析

上，大于 0.5 的标准要求，因此，表现出了良好的效度。

二、集成创新与合作创新 K–S–F 对企业创新绩效的影响

根据前面提出的两变量之间影响作用的检验方法，对于集成与合作创新知识螺旋契合对企业创新绩效的影响作用检验如下。

（一）集成创新与合作创新知识螺旋契合和企业创新绩效相关性检验

为检验集成创新与合作创新知识螺旋契合和企业创新绩效的相关性，首先将集成创新与合作创新知识螺旋契合，以及企业创新绩效量表的各测量题项得分加总得到因子分，分别记为 C1（知识获取因子得分）、C2（知识内化因子得分）、C3（知识应用因子得分）、E（企业创新绩效因子得分）。由于这些变量均为等距变量，适于计算 Pearson 相关系数，使用 SPSS16.0 软件计算各因子间的相关系数，结果如表 7–3 所示。

表 7–3 企业集成创新与合作创新知识螺旋契合和企业创新绩效的相关系数

	C1	C2	C3	E
C1	1	0.650**	0.674**	0.572**
C2		1	0.689**	0.507**
C3			1	0.697**
E				1

注：**P < 0.01（2–tailed）。

从表 7-3 中的分析结果可知，集成创新与合作创新知识螺旋契合三个因子与企业创新绩效，在 0.01 的显著水平下，相关性均显著，可以进行两变量的作用程度检验。

（二）集成创新与合作创新知识螺旋契合对企业创新绩效的影响程度检验

本研究使用 AMOS7.0 软件，构建了集成创新与合作创新知识螺旋契合对企业创新绩效作用的结构方程模型，如图 7-4 所示。

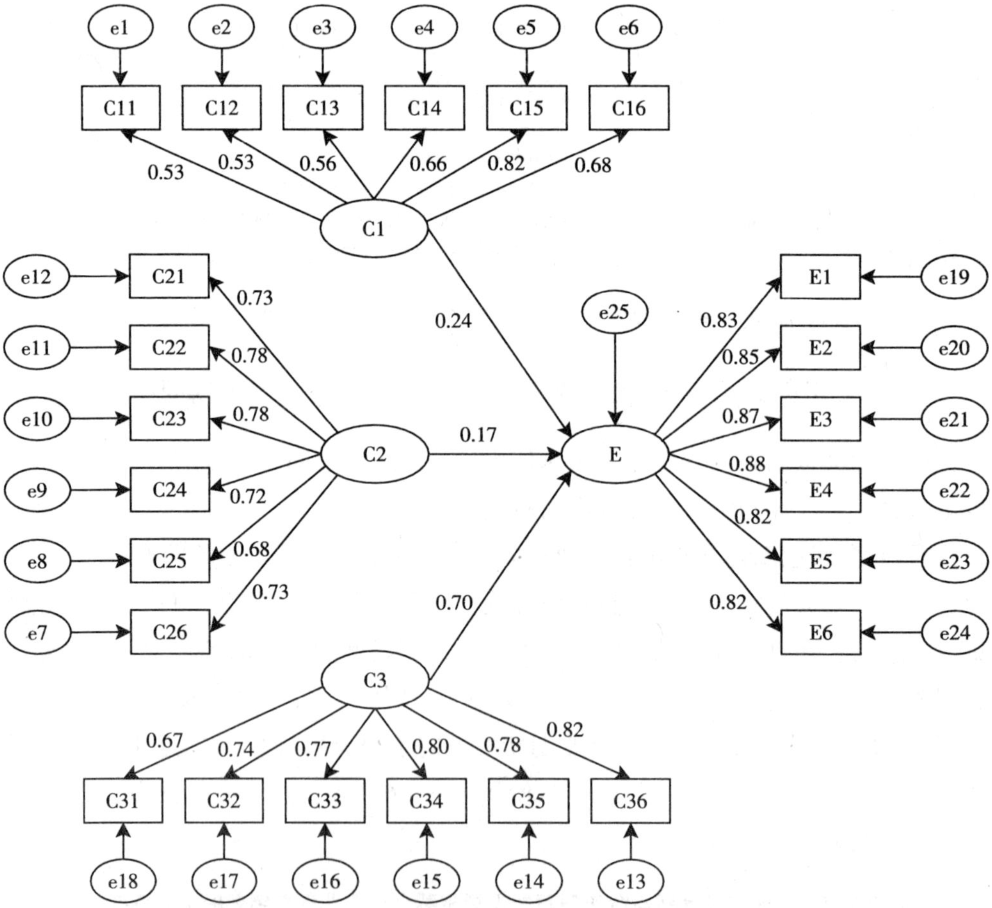

图 7-4 集成创新与合作创新知识螺旋契合对企业创新绩效作用模型

上述集成创新与合作创新知识螺旋契合对企业创新绩效作用的结构模型拟合度检验指标如表 7-4 所示。

根据前面提出的检验拟合标准，从表 7-4 中可以看出，X2/df 小于 2，GFI、AGFI、NFI、IFI、CFI 均大于 0.8，RMSEA 小于 0.08，说明模型拟合程度较好。

表 7-4　集成创新与合作创新知识螺旋契合对企业创新绩效作用模型的拟合度指标

检验参数	x^2/df	GFI	AGFI	NFI	IFI	CFI	RMSEA
分析结果	1.883	0.869	0.841	0.888	0.944	0.944	0.058

运用结构方程模型，分析企业集成创新与合作创新知识螺旋契合对企业创新绩效影响作用的结构模型测量效果如表 7-5 所示。

表 7-5　企业集成创新与合作创新知识螺旋契合对企业创新绩效作用结构模型分析

			Estimate	Standardized estimate	S.E.	C.R.	P
E	←	C1	0.454	0.239	0.135	3.361	***
E	←	C2	0.343	0.170	0.105	3.267	***
E	←	C3	0.693	0.702	0.113	6.116	***

注：***$P < 0.001$。

从表 7-5 可以看出，集成创新与合作创新知识螺旋契合的 C1、C2 和 C3 三因子对企业创新绩效 E 的标准化路径系数，P 值在 0.001 的显著性水平下达到了显著，且为正值，各个因子载荷都达到了显著水平。所以，假设 H11——知识获取对企业创新绩效有正向作用；假设 H12——知识内化对企业创新绩效有正向作用；假设 H13——知识应用对企业创新绩效有正向作用，均得到验证。因此，命题 H1——企业集成创新与合作创新知识螺旋契合对企业创新绩效有显著正向作用，也得到了验证。

三、集成创新与合作创新 K-S-F 对员工知识创新能力的影响

根据前面提出的两变量之间影响作用的检验方法，对于集成与合作创新知识螺旋契合对员工知识创新能力的影响作用检验如下。

（一）集成创新与合作创新知识螺旋契合和员工知识创新能力相关性检验

为检验集成创新与合作创新知识螺旋契合和员工知识创新能力的相关性，首先将集成创新与合作创新知识螺旋契合，以及员工知识创能力量表的各测量题项得分加总得到因子分，分别记为 C1（知识获取因子得分）、C2（知识内化因子得分）、C3（知识应用因子得分）、D（员工知识创新能力因子得分）。由于这些变量均为等距变量，适于计算 Pearson 相关系数，使用 SPSS16.0 软件计算各因子间的相关系数，结果如表 7-6 所示。

从表 7-6 中的分析结果可知，员工知识创新能力和集成创新与合作创新知识螺旋契合三个因子，在 0.01 的显著水平下，相关性均显著，可以进行两变量间

表 7-6 企业集成创新与合作创新知识螺旋契合和员工知识创新能力的相关系数

	C1	C2	C3	D
C1	1	0.650**	0.674**	0.589**
C2		1	0.689**	0.602**
C3			1	0.747**
D				1

注：**P < 0.01（2-tailed）。

作用程度检验。

（二）集成创新与合作创新知识螺旋契合对员工知识创新能力的影响程度检验

本研究使用 AMOS7.0 软件，构建了集成创新与合作创新知识螺旋契合对员工知识创新能力作用的结构方程模型，如图 7-5 所示。

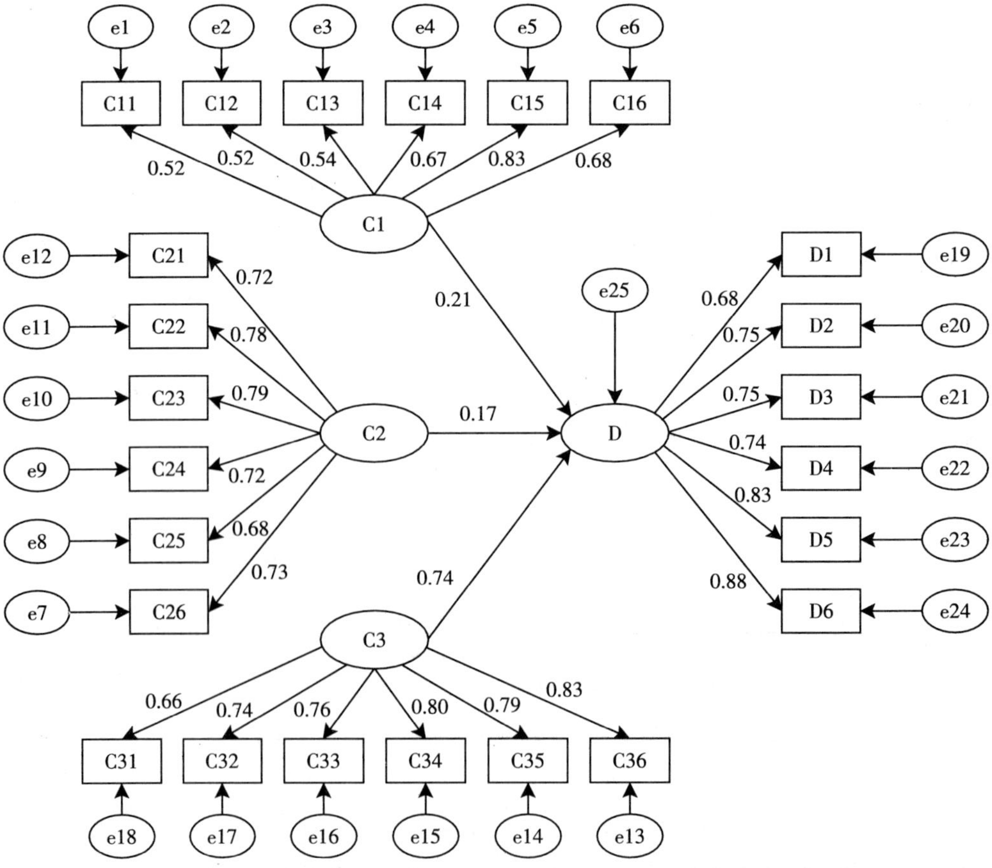

图 7-5 集成创新与合作创新知识螺旋契合对员工知识创新能力作用模型

上述集成创新与合作创新知识螺旋契合对员工知识创新能力作用的结构模型的拟合度检验指标如表 7-7 所示。

表 7-7 集成创新与合作创新知识螺旋契合对员工知识创新能力作用模型的拟合度指标

检验参数	x^2/df	GFI	AGFI	NFI	IFI	CFI	RMSEA
分析结果	2.388	0.847	0.813	0.861	0.919	0.919	0.068

根据前面提出的检验拟合标准，从表 7-7 中可以看出，χ^2/df 小于 5，GFI、AGFI、NFI、IFI、CFI 均大于 0.8，RMSEA 小于 0.08，说明模型拟合程度较好。

运用结构方程模型，分析企业集成创新与合作创新知识螺旋契合对员工知识创新能力影响作用的结构模型测量效果如表 7-8 所示。

表 7-8 企业对集成创新与合作创新知识螺旋契合对员工知识创新能力作用结构模型分析

			Estimate	Standardized estimate	S.E.	C.R.	P
D	←	C1	0.327	0.207	0.094	3.484	***
D	←	C2	0.163	0.171	0.051	3.181	***
D	←	C3	0.583	0.739	0.066	8.852	***

注：***P < 0.001。

从表 7-8 可以看出，集成创新与合作创新知识螺旋契合的 C1、C2 和 C3 三因子对员工知识创新能力 D 的标准化路径系数，P 值在 0.001 的显著性水平下达到了显著，且为正值，各个因子载荷都达到了显著水平。所以，假设 H21——知识获取对员工知识创新能力有正向作用；H22——知识内化对员工知识创新能力有正向作用；H23——知识应用对员工知识创新能力有正向作用，均得到验证。因此，命题 H2——企业集成创新与合作创新知识螺旋契合对员工知识创新能力有显著正向作用，得到验证。

四、员工知识创新能力与企业创新绩效的关系

按照前述检验两变量间关系的方法，首先检验员工知识创新能力与企业创新绩效之间的相关性。为此，将员工知识创新能力和企业创新绩效两变量各测量题项得分加总得到变量分，分别记为 D（员工知识创新能力）和 E（企业创新绩效），由于两个变量均为等距变量，适于计算 Pearson 相关系数，使用 SPSS16.0 软件计算各因子间的相关系数，结果显示在 0.01 的显著性水平下两变量的相关系数为 0.811，达到了显著水平。可以进行两变量的作用程度检验。

本研究使用 AMOS7.0 软件，构建了员工知识创新能力对企业创新绩效作用的路径模型，如图 7–6 所示。

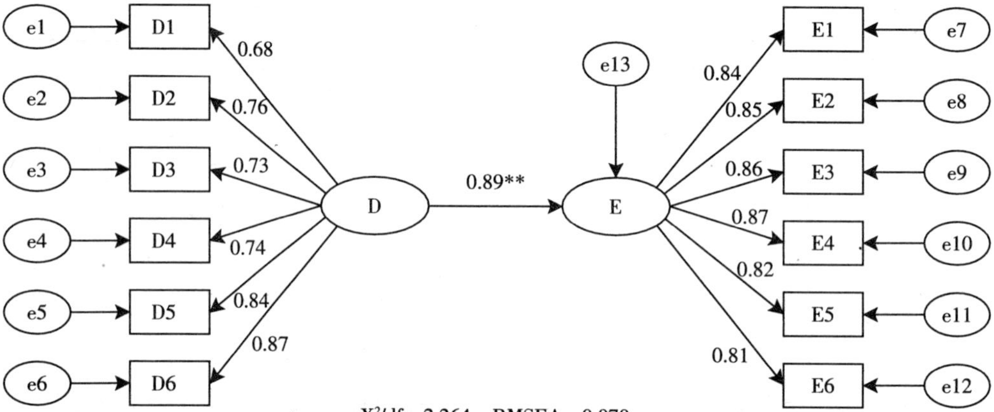

X²/df = 2.264；RMSEA = 0.070

GFI = 0.928；AGFI = 0.895；NFI = 0.952；IFI = 0.972；CFI = 0.972

图 7–6　员工知识创新能力对企业创新绩效作用路径模型

如图 7–6 所示，χ^2/df 小于 5，除 AGFI 略小于 0.9 外，GFI、NFI、IFI 和 CFI 均大于 0.9，RMSEA 小于 0.08，各因子载荷都在 0.6 以上，大于 0.5 的最低标准，说明模型拟合程度良好。

同时，由图 7–6 还可以看出，员工知识创新能力 D 对企业创新绩效 E 的标准化路径系数为 0.89，P 值在 0.001 的显著性水平下达到了显著，且回归系数为正值。所以，命题 H3——员工知识创新能力对企业创新绩效具有显著正向作用，得到了实证检验的支持。

五、集成创新与合作创新 K–S–F、员工知识创新能力和企业创新绩效之间的关系

为检验集成创新与合作创新知识螺旋契合、员工知识创新能力和企业创新绩效三者之间的关系，首先检验三者之间的相关性。前述研究已经分别检验了集成创新与合作创新知识螺旋契合和员工知识创新能力及企业创新绩效之间的相关性，在此基础上，使用 SPSS16.0 软件对三者的相关性进行检验，结果如表 7–9 所示。

从表 7–9 中的分析结果可知，集成创新与合作创新知识螺旋契合三因子、员工知识创新能力和企业创新绩效，在 0.01 的显著水平下，相关性均显著，可以进行变量间作用关系检验。

在本研究中，员工知识创新能力与企业创新绩效均为集成创新与合作创新知

表 7-9 各因素之间的相关系数

	C1	C2	C3	D	E
C1	1	0.650**	0.674**	0.589**	0.572**
C2		1	0.689**	0.602**	0.507**
C3			1	0.747**	0.697**
D				1	0.811**
E					1

注：**P < 0.01。

识螺旋契合的结果变量（前文的实证检验过程和结果也支持了这一观点），为了更准确地发现三者之间的关系，作者在假设模型的基础上，构建了竞争模型，并对两种模型进行了比较，其中假设模型是集成创新与合作创新知识螺旋契合通过员工知识创新能力的中介作用，间接影响企业创新绩效；竞争模型是集成创新与合作创新知识螺旋契合同时对员工知识创新能力和企业创新绩效产生影响。本研究使用 AMOS7.0 软件，构建了假设模型和竞争模型，结果见图 7-7 和图 7-8。

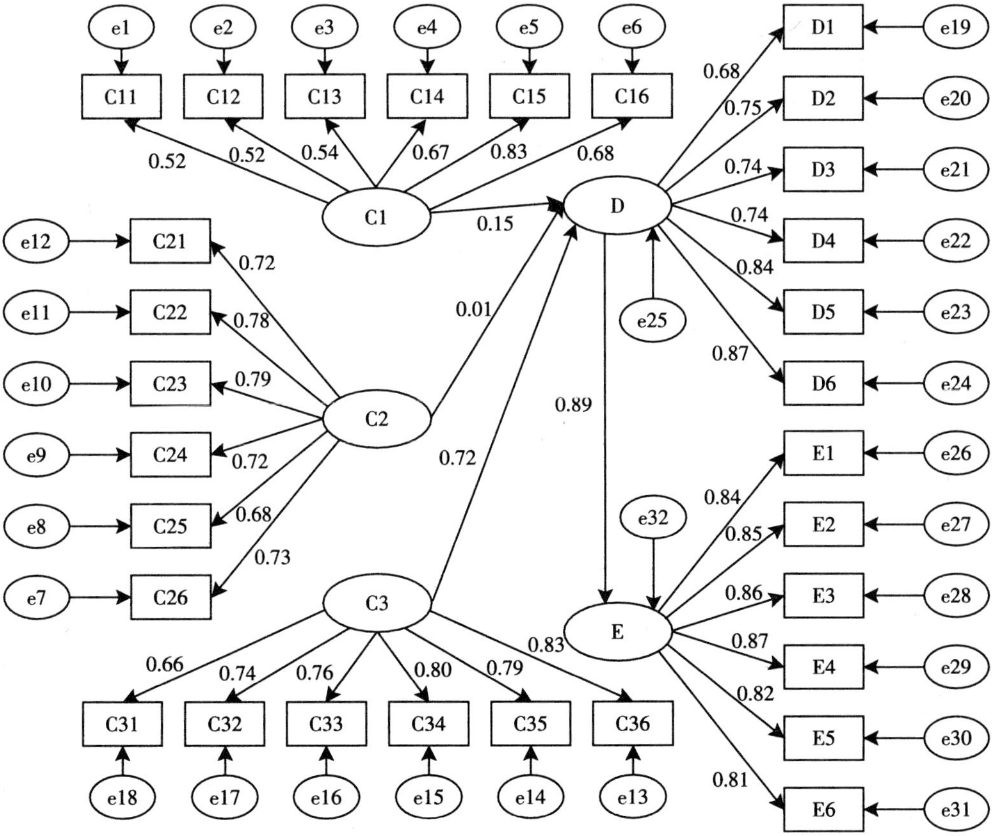

图 7-7 假设模型

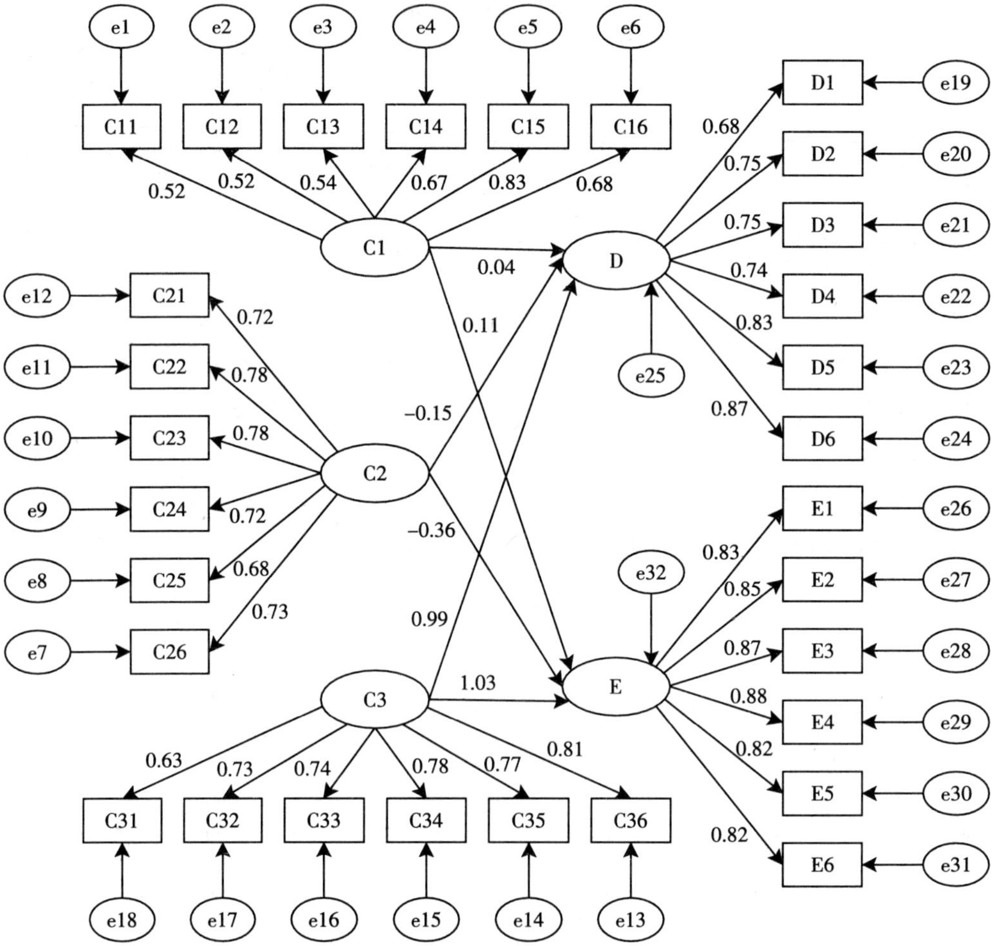

图 7–8　竞争模型

由表 7–10 可知，假设模型的卡方自由度比为 1.878，小于竞争模型的 2.050，GFI、AGFI、NFI、IFI 和 CFI 均大于竞争模型，同时 RMSEA 的值小于竞争模型，这说明假设模型是更好的模型。

前面的检验已证明了集成创新与合作创新知识螺旋契合对员工知识创新能力和企业创新绩效均有显著正向作用，所以中介作用检验直接进入第三步。本研究使用 AMOS7.0 软件构建了员工知识创新能力中介作用结构方程模型并计算，结果见图 7–9。

上述员工知识创新能力中介作用的路径模型的拟合优度检验如表 7–11 所示。

表 7-10　假设模型和竞争模型拟合度指标

检验参数	x^2/df	GFI	AGFI	NFI	IFI	CFI	RMSEA
假设模型	1.878	0.837	0.810	0.867	0.933	0.933	0.058
竞争模型	2.050	0.827	0.797	0.855	0.920	0.920	0.064

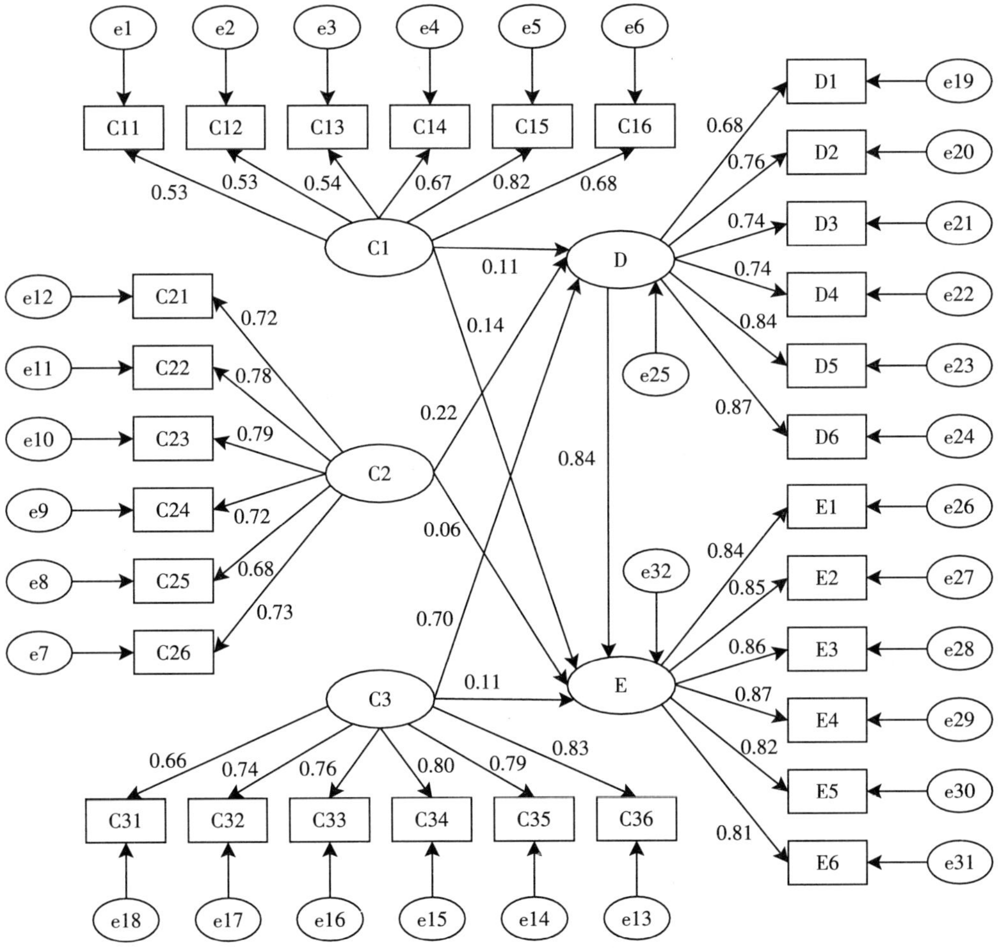

图 7-9　员工知识创新能力中介作用结构模型

表 7-11　员工知识创新能力中介作用的路径模型拟合度指标

检验参数	x^2/df	GFI	AGFI	NFI	IFI	CFI	RMSEA
分析结果	1.873	0.839	0.811	0.868	0.934	0.933	0.058

根据前面提出的检验拟合标准，从表 7-11 中的检验结果可以看出，χ^2/df 小于 2，GFI、AGFI、NFI 大于 0.8，IFI、CFI 大于 0.9，RMSEA 小于 0.08，说明模型拟合程度良好。

运用路径模型，分析员工知识创新能力在企业集成创新与合作创新知识螺旋契合和企业创新绩效之间中介作用的模型效果如表 7-12 所示。

表 7-12　员工知识创新能力中介作用路径模型效果分析

			Estimate	Standardized estimate	S.E.	C.R.	P
D	←	C1	0.206	0.114	0.198	1.038	0.299
D	←	C2	0.264	0.217	0.101	2.600	0.009
D	←	C3	0.654	0.703	0.103	6.319	***
E	←	C1	0.268	0.138	0.191	1.403	0.161
E	←	C2	0.072	0.064	0.104	0.696	0.487
E	←	C3	0.112	0.112	0.112	0.999	0.318
E	←	D	0.900	0.839	0.118	7.605	***

注：***$P < 0.001$。

由表 7-12 可知，在加入中间变量后，C1、C2 和 C3 对 E 的作用路径系数，P 值检验不再显著。结合上述关于集成创新与合作创新知识螺旋契合和员工知识创新能力及企业创新绩效的关系检验，可以判断，员工知识创新能力的中介作用成立。所以命题 H4——员工知识创新能力在集成创新与合作创新知识螺旋契合和企业创新绩效间具有中介作用，得到验证。

第五节　实证研究结果讨论

本章在前面研究的基础上，通过实证研究分析了企业集成创新与合作创新两种创新方式在知识创新层面的契合对企业创新绩效的作用关系。结合前面的假设检验过程，对研究假设的检验结果分析与解释如下。

一、集成创新与合作创新知识螺旋契合对企业创新绩效有显著正向作用

企业集成创新与合作创新知识螺旋契合能够正向影响企业创新绩效是检验该

契合有效性的一个重要指标。因此，本书提出了集成创新与合作创新知识螺旋契合对企业创新绩效有正向作用的理论假设。从前面的相关性检验和影响程度检验结果可以看出，集成创新与合作创新知识螺旋契合知识获取、知识内化和知识应用三因子与企业创新绩效的相关系数分别为 0.572、0.507、0.697，均达到了显著相关。从要素间作用关系检验结果来看，知识获取对企业创新绩效的标准化作用路径系数为 0.239，其 P 值达到了 0.001 的显著水平，说明知识获取对企业创新绩效有显著正向作用；知识内化对企业创新绩效的标准化作用路径系数为 0.170，其 P 值在 0.001 的显著水平也达到了显著，说明知识内化对企业创新绩效有显著正向作用；知识应用对企业创新绩效标准化作用路径系数为 0.702，其 P 值也达到了 0.001 的显著性水平，说明知识应用对企业创新绩效有显著正向作用。知识获取、知识内化和知识应用对企业创新绩效均有显著正向作用，说明集成创新与合作创新知识螺旋契合能显著影响企业创新绩效。深入比较知识获取、知识内化和知识应用对企业创新绩效的作用路径可以发现，知识应用对企业创新绩效的作用路径系数（0.702）远大于知识获取和知识内化对企业创新绩效的作用路径系数（0.239 和 0.170）。这与本书的基本构思一致，在本书中，知识获取、知识内化和知识应用共同构成了集成创新与合作创新知识螺旋契合过程，三者在时间序列上存在先后顺序，知识获取和知识内化为知识应用提供了可供利用的知识基础，而企业创新绩效则是知识应用效果的直接体现，因此，虽然知识获取和知识内化的效果会对企业创新绩效产生终极影响，但两者更多的是通过知识应用间接影响企业创新绩效。

此外，从实证研究结果还可以发现，知识内化对企业创新绩效的影响程度不但小于知识应用对企业创新绩效的影响，而且还小于知识获取对企业创新绩效的影响（从作用路径系数来看）。这可能存在两个方面的原因：一方面，相对于知识获取和知识应用，知识内化的效果难以直接衡量，这可能会弱化员工知识内化的强度；另一方面，可能与本书知识内化的内涵界定有关，本书所指的知识内化主要是组织内的知识交流和共享。关于知识共享的理论研究指出，虽然充分的知识共享有利于企业创新绩效的提升，但知识主体会因为多种原因而对知识进行“私有化”，同时又迫于某种压力不得不参与知识共享，这样就会形成“虚假”的知识共享，在繁荣的共享表象背后隐藏着真实的知识保护，从而造成测量出的知识共享水平与实际的知识共享水平间的严重脱节。这可能也是当前理论研究把知识共享当作知识创新的关键环节的原因之一。该实证检验结果也说明了，当前企业知识内化（共享）水平还处在较低水平，如果企业能够实现知识的真正共享将会对企业创新绩效产生极大的促进作用。

二、集成创新与合作创新知识螺旋契合有助于员工知识创新能力的提升

知识是可以学到的，而能力是练出来的。员工知识创新能力是与具体的知识创新实践相联系的，只有通过具体的知识创新活动，员工知识创新能力才能得以体现，同时也只有通过具体的创新实践，员工知识创新能力才能进一步发展和提高。集成创新与合作创新知识螺旋契合实现过程即是知识创新的实践过程，该过程必然会对员工知识创新能力产生直接影响。据此，本书提出了“集成创新与合作创新知识螺旋契合对员工知识创新能力有显著正向作用”的理论假设。

从前面的相关性检验结果可以看出，集成创新与合作创新知识螺旋契合的知识获取、知识内化和知识应用三因子与员工知识创新能力的相关系数分别为0.589、0.602、0.747，在0.01的显著性水平下均达到了显著相关。从要素间作用关系检验结果来看，知识获取、知识内化和知识应用对员工知识创新能力的标准化作用路径系数分别为0.207、0.171和0.739，其P值在0.001的显著水平下均达到了显著，说明知识获取、知识内化和知识应用对员工知识创新能力均有显著正向作用，这进一步说明了集成创新与合作创新知识螺旋契合能显著提升员工知识创新能力。深入比较知识获取、知识内化和知识应用对员工知识创新能力的影响程度发现，知识应用对员工知识创新能力的标准化作用路径系数（0.739）远大于知识获取和知识内化对员工知识创新能力的标准化作用路径系数（0.207和0.171）。这说明知识的应用对员工知识创新能力的提升最有帮助。虽然知识获取、知识内化和知识应用共同构成了集成创新与合作创新知识螺旋契合的整个过程，每个阶段都需要员工的积极参与，都会对员工知识创新能力产生影响，但知识获取和知识内化更多的是侧重于员工知识创新能力某一方面的提升（例如，知识获取会提升员工的知识搜索、知识辨认和知识储存等能力，知识内化会提升员工的知识交流和共享的能力），而知识应用是一个发现问题并解决问题的过程，是对员工综合能力的检验，有助于员工知识创新能力的整体发展。

三、集成创新与合作创新知识螺旋契合通过影响员工知识创新能力间接作用于企业创新绩效

为检验员工知识创新能力在集成创新与合作创新知识螺旋契合和企业创新绩效间的中介作用，本书首先检验了员工知识创新能力与企业创新绩效之间的关系。一般认为，员工是组织知识的载体，同时也是企业所有创新活动的最终实施者，员工的整体状况不可避免地会影响到企业创新过程，进而对企业创新绩效产生影响。虽然合作创新是跨越组织边界的联合创新，其过程和结果会受到来自企业内外多种因素的影响，但有学者指出，合作群体的创新绩效最终受制于各参与企业的内部状况，所以，参与合作创新的企业员工的状况同样会对企业合作创新的结果产生影响。据此，本书认为，员工知识创新能力对企业整体创新绩效有正向作用。

从前面的相关性检验和要素影响程度检验结果可以看出，员工知识创新能力与企业创新绩效的相关系数为0.811，在0.01的显著水平下达到了显著；员工知识创新能力对企业创新绩效的标准化作用路径系数更是达到了0.89的高水平，P值在0.001的显著性水平下达到了显著，这说明员工知识创新能力对企业创新绩效有显著正向作用。这一方面验证了本书所提出的理论假设，另一方面也印证了当前的理论研究结果。许多学者都认为企业创新能力与企业创新绩效显著正相关，而员工的创新能力作为企业创新能力的重要构成部分，影响着企业创新的最终结果。

在明确了集成创新与合作创新知识螺旋契合和企业创新绩效间的关系、集成创新与合作创新知识螺旋契合和员工知识创新能力，以及员工知识创新能力与企业创新绩效之间的关系后，本书检验了员工知识创新能力的中介作用。在本书中，员工知识创新能力和企业创新绩效均是集成创新与合作创新知识螺旋契合的结果变量，为了更好地确定三者之间的关系，本书运用AMOS7.0软件比较了假设模型（集成创新与合作创新知识螺旋契合—员工知识创新能力—企业创新绩效）和竞争模型（集成创新和合作创新知识螺旋契合同时作用于员工知识创新能力和企业创新绩效），结果显示，假设模型优于竞争模型。这说明员工知识创新能力在集成创新与合作创新知识螺旋契合和企业创新绩效间存在中间作用。

由前面集成创新与合作创新知识螺旋契合、员工知识创新能力及企业创新绩效三者间关系的实证检验过程和结果可以看出，在加入员工知识创新能力这一中

介变量后，知识获取、知识内化和知识应用对企业创新绩效的标准化作用路径系数不再显著，这说明员工知识创新能力在集成创新与合作创新知识螺旋契合与企业创新绩效间中介作用得到验证。从检验结果还可以看出，虽然在加入中介变量后自变量对因变量的作用路径系数显著降低，但并没有降低为零，这说明中介变量起到的是部分中介作用，集成创新与合作创新知识螺旋契合和企业创新绩效间还可能存在有其他变量为中介变量的间接关系。实证检验结果支持了本书所提出的理论框架：集成创新与合作创新知识螺旋契合能够提升员工的知识创新能力，并提升企业创新绩效，集成创新与合作创新知识螺旋契合部分通过员工知识创新能力的中介作用影响企业创新绩效。

第八章　结语

第一节　主要研究结论

本书围绕企业集成创新与合作创新知识螺旋契合问题进行了较为系统、深入的分析和验证。首先基于知识创新理论，结合案例研究方法分析了集成创新与合作创新的共有本质属性，据此，本书针对企业集成创新与合作创新知识螺旋契合进行了深入的理论分析，构建了集成创新知识螺旋模型、合作创新知识螺旋模型，以及集成创新与合作创新知识螺旋契合模型；其次，通过理论和案例研究阐明了集成创新与合作创新知识螺旋契合的实现机制，在此基础上构建了知识创新导向人力资源管理对集成创新与合作创新知识螺旋契合驱动作用模型，提出了相关的理论假设，在对典型企业进行调研的基础上验证了所构建的模型和假设；最后，对企业集成创新与合作创新知识螺旋契合的组织效应进行了理论和实证研究。具体研究结论如下：

1. 集成创新与合作创新具有相同的知识属性，两者都是知识创新的特殊形式，集成创新与合作创新知识螺旋契合是集成创新与合作创新在知识创新层面的协同发展

德鲁克指出，企业技术创新就是应用知识创造知识的过程。该定义突出了创新的知识本质。本书通过理论研究和案例分析认为，集成创新与合作创新具有相同的知识属性，两者都是知识创新的特殊形式。

虽然关于集成创新的研究已积累了较为丰富的成果，但还未形成对集成创新定义和本质属性的统一认识。王众托关于集成创新与知识集成的论述被认为是关于集成创新的经典定义，他认为，集成创新是把已有的知识、技术等要素创造性

地加以集成，以系统集成的方式创造出前所未有的新产品、新工艺、新生产方式或新服务方式。尽管其中每个部分的知识、技术等要素都是原来就已经存在的，但是集成的思想却是新颖的、前所未有的，其新就新在集成的方式方法上，该定义强调了创新主体的隐性知识在集成创新中的主导作用。从集成创新的运行过程来看，虽然每一阶段所涉及的人员和知识类型有所差异，但每一阶段的创新成果都是知识创新的结果。本书通过对松下公司“家用烤面包机”产品开发过程的分析，验证了集成创新的知识创新本质。因此，可以认为集成创新就是运用知识、整合知识和创造新知识的过程，是知识创新的一种形式。

知识是合作创新的本质存在。企业合作创新是企业间的联合创新行为，是企业借助外部力量实现自主创新的一种有效方式。知识管理理论认为，合作创新是企业间知识获取、吸收、利用和创新的过程，其本质是知识要素跨越有形组织边界的重新组合和发展。合作创新与知识创新的每个环节都密切相关。首先，合作创新是知识获取的一种方式和途径，通过合作创新可以获取企业所需的紧缺知识。其次，合作创新是组织间知识共享和组织内知识共享的综合体。组织间知识共享是合作创新之所以能实现的前提和基础；同时，企业只有将通过合作创新获得的新知识在组织内共享，才能实现内外知识的整合与集成，有效扩充企业知识库，增强以核心知识为基础的企业自主创新能力。最后，合作创新是一种跨组织的知识扩散和应用过程。此外，本书也通过对新卡特彼勒—三菱公司 REGA 合作创新项目的分析，验证了合作创新的知识创新属性。

正是因为集成创新与合作创新具有相同的本质属性，才为两者的契合提供了可能。在对两者本质属性分析的基础上，本书运用知识创新理论构建了集成创新知识螺旋模型、合作创新知识螺旋模型，以及集成创新与合作创新知识螺旋契合模型。

2. 企业集成创新与合作创新知识螺旋契合不是自实现过程，其实现需要企业创建与知识创新相匹配的“情境”，并有效激发员工的参与动机

野中郁次郎提出的知识螺旋模型很好地解释了企业内部的知识创新过程，但知识的螺旋运动不会自动实现，为此，他又提出了“吧”的概念，“吧”就是知识运动的情境，是推动知识实现螺旋运动的外部力量，任何创新成果都是在特定情境下的知识创新结果的体现。后来，学者不断发展和完善这一模型，将之应用范围从企业内部逐渐扩展至企业外部。这也为本书运用知识螺旋模型研究集成创新与合作创新的契合提供了可能。人是企业创新的最终实施者，同时也是知识的载体，知识的任何运动都需要借助于人的中介作用。虽然集成创新与合作创新的

知识螺旋契合运动会受到来自于企业内外不同因素的影响，但人的作用是最核心的，其他要素大都是通过人的作用间接影响知识运动。正如吴志国、石金涛等所说，具有一定知识、思维特质的个体员工决定了创新的可能性，这是影响组织知识创新的内在因素。

集成创新与合作创新的契合在本质上就是按照一种特别的愿景或理想来重塑创新体系。在这个过程中，企业和企业中的每一个人都在不断更新、不断创造，这不是某一个人的专有活动，而是一种行为方式、生存方式。在这种方式下，知识和人构成了集成创新与合作创新知识螺旋契合的两大本质要素。如何保证知识的正常流转，并有效激发员工知识创新动机就成为集成创新与合作创新知识螺旋契合得以实现的决定因素。企业要建立促进显性知识获取、存储、转移和应用的硬性平台，同时还要建立有利于员工获取隐性知识，并进行有效交流和共享的软性环境。此外，还必须建立能够激发员工知识创新动机的人才保障和激励机制。洋河酒业股份有限公司和华为技术有限公司为促进合作创新与企业自主创新的融合，实施了若干相似的管理措施：设定共同的知识愿景、建立有效的内外沟通机制、对员工进行全方位激励等。由此可知，集成创新与合作创新知识螺旋契合不是自实现过程，需要企业相应的支持性措施的支撑，在这一过程中，以人为服务对象的人力资源管理发挥着不可或缺的作用。

3. 知识创新导向人力资源管理对集成创新与合作创新知识螺旋契合既有直接作用，也存在以员工知识创新动机为中介变量的间接作用

在理论分析的基础上，本书构建了知识创新导向人力资源管理对集成创新与合作创新知识螺旋契合的驱动作用模型和相关理论假设，并通过典型企业的调研对所构建的理论模型和假设进行了实证检验。实证检验得出如下主要结论：

（1）知识创新导向人力资源管理对员工知识创新动机具有显著正向作用，且知识创新导向人力资源管理作为一个系统对员工知识创新动机的影响大于单项人力资源管理实践活动对员工知识创新动机的影响。

（2）知识创新导向人力资源管理能够正向影响集成创新与合作创新知识螺旋契合，且知识创新导向人力资源管理对集成创新与合作创新知识螺旋契合主要环节（知识获取、知识内化和知识应用）的影响程度不存在显著差异，这说明知识创新导向人力资源管理影响着集成创新与合作创新知识螺旋契合的整个实现过程。

（3）员工知识创新动机对集成创新与合作创新知识螺旋契合具有显著正向作

用，且员工知识创新动机对知识获取、知识内化和知识应用的影响程度不存在显著差异，这说明有效激发员工知识创新动机可以促进集成创新与合作创新知识螺旋契合的实现。

(4) 知识创新导向人力资源管理和集成创新与合作创新知识螺旋契合间存在着以员工知识创新动机为中介变量的中介作用。由前述假设检验过程和结果可知，在加入员工知识创新动机中介变量后，知识创新导向人力资源管理对集成创新与合作创新知识螺旋契合的路径系数显著降低，且依然显著。这说明，知识创新导向人力资源管理对集成创新与合作创新知识螺旋契合的作用部分通过员工知识创新动机的中介作用实现。

综合上述分析可知，知识创新导向人力资源管理对集成创新与合作创新知识螺旋契合的驱动作用存在直接和间接两条路径：一是知识创新导向人力资源管理对集成创新与合作创新知识螺旋契合的直接作用；二是通过激发员工知识创新动机间接影响集成创新与合作创新知识螺旋契合。当前关于人力资源管理与知识创新关系的理论研究认为，人力资源管理在组织知识创新管理中的作用可以分为两个方面：一方面是本身的功能，即对知识创新的直接作用；另一方面是对组织其他机能的影响，即通过其他组织过程的中介传导对知识创新产生间接作用。本书的实证研究间接支持了这一理论研究。

4. 集成创新与合作创新知识螺旋契合通过作用于员工知识创新能力进而作用于企业创新绩效

在理论分析的基础上，本书构建了集成创新与合作创新知识螺旋契合的组织效应模型和相关理论假设，并在对典型企业调研的基础上，对所构建的理论模型和假设进行了实证检验。实证检验得出如下主要结论：

(1) 集成创新与合作创新知识螺旋契合对企业创新绩效有显著正向作用；知识获取、知识内化和知识应用对企业创新绩效的影响程度存在显著差异；知识应用对企业创新绩效的贡献大于知识获取和知识内化。

企业集成创新与合作创新知识螺旋契合能够正向影响企业创新绩效是检验该契合有效性的一个重要指标。从前面的相关性检验和影响程度检验结果可以看出，集成创新与合作创新知识螺旋契合知识获取、知识内化和知识应用三因子与企业创新绩效的相关系数分别为 0.572、0.507、0.697，均达到了显著相关。从要素间作用关系检验结果来看，知识获取、知识内化和知识应用对企业创新绩效的标准化作用路径系数分别为 0.239、0.170、0.702，其 P 值在 0.001 的显著水平下达到了显著，说明知识获取、知识内化和知识应用对企业创新绩效均有显著正向作用，但知识应用对企业创新绩效的影响明显大于知识获取和知识内化，这可能与知识获取和知识内化更多的是通过知识应用间接影响企业创新绩效有关。

（2）集成创新与合作创新知识螺旋契合对员工知识创新能力有显著正向作用；知识获取、知识内化和知识应用对员工知识创新能力的影响程度存在显著差异；知识应用对员工知识创新能力的贡献大于知识获取和知识内化。

员工知识创新能力是与具体的知识创新实践相联系的，只有通过具体的知识创新活动员工知识创新能力才能得以体现，同时也只有通过具体的创新实践员工知识创新能力才能得到发展和提高。集成创新与合作创新知识螺旋契合实现过程既然是知识创新的实践过程，该过程必然会对员工知识创新能力产生影响。

从前面的相关性检验结果可以看出，集成创新与合作创新知识螺旋契合的知识获取、知识内化和知识应用三因子和员工知识创新能力的相关系数分别为0.589、0.602、0.747，在0.01的显著性水平下均达到了显著相关。从要素间作用关系检验结果来看，知识获取、知识内化和知识应用对员工知识创新能力的标准化作用路径系数分别为0.207、0.171和0.739，其P值在0.001的显著水平下均达到了显著，说明知识获取、知识内化和知识应用对员工知识创新能力均有显著正向作用。通过对知识获取、知识内化和知识应用对员工知识创新能力作用路径系数的比较分析可知，知识获取、知识内化和知识应用对员工知识创新能力的影响程度存在显著差异，知识应用对员工知识创新能力的影响远大于知识获取和知识内化，这说明知识应用对员工知识创新能力的提升最有帮助。

（3）员工知识创新能力对企业创新绩效具有显著正向作用。员工是组织知识的载体，也是企业知识创新活动的主体，员工的知识创新能力不可避免地会影响企业知识创新过程，进而对企业创新绩效产生影响。从前面的相关性检验和要素影响程度检验结果可以看出，员工知识创新能力与企业创新绩效的相关系数为0.811，在0.01的显著水平下达到了显著；员工知识创新能力对企业创新绩效的标准化作用路径系数更是达到了0.89的高水平，P值在0.001的显著性水平下达到了显著，这说明员工知识创新能力对企业创新绩效有显著正向作用。这一方面验证了本书所提出的理论假设，另一方面也印证了当前的理论研究结果。许多学者都认为企业创新能力与企业创新绩效显著正相关，而员工的创新能力作为企业创新能力的重要构成部分，在一定程度上决定了企业创新绩效。

（4）员工知识创新能力在企业集成创新与合作创新知识螺旋契合和企业创新

绩效间具有中介作用。

在本书中，员工知识创新能力和企业创新绩效均是集成创新与合作创新知识螺旋契合的结果变量，为了更好地确定三者之间的关系，本书运用 AMOS7.0 软件比较了假设模型（集成创新与合作创新知识螺旋契合—员工知识创新能力—企业创新绩效）和竞争模型（集成创新与合作创新知识螺旋契合同时作用于员工知识创新能力和企业创新绩效），结果显示，假设模型优于竞争模型。这说明员工知识创新能力在集成创新与合作创新知识螺旋契合和企业创新绩效间存在中间作用。由前面的实证检验过程和结果可知，在加入员工知识创新能力这一中介变量后，企业集成创新与合作创新知识螺旋契合对企业创新绩效的作用不再显著，说明员工知识创新能力在集成创新与合作创新知识螺旋契合和企业创新绩效间具有中介作用。

综合上述分析可知，集成创新与合作创新知识螺旋契合可以增强员工的知识创新能力，并促进企业创新绩效的提升；集成创新与合作创新知识螺旋契合通过作用于员工知识创新能力进而作用于企业创新绩效。这在一定程度上佐证了企业集成创新与合作创新契合的必要性，同时也验证了本书所提出的知识螺旋契合模型的有效性。

第二节　研究创新点

本书从契合的角度研究了集成创新与合作创新两种创新方式的关系，得出了一些有创新性的研究结论。概括而言，本书主要有以下几点创新：

第一，采用案例研究方法分析了集成创新与合作创新的知识属性，探讨了集成创新与合作创新的知识运作机理，并构建了集成创新知识螺旋模型、合作创新知识螺旋模型，以及集成创新与合作创新知识螺旋契合模型。

第二，通过典型案例研究分析了集成创新与合作创新知识螺旋契合的实现过程，得出了集成创新与合作创新知识螺旋契合不是自实现过程的研究结论，其实现过程需要组织机制的外在推动。在此基础上实证研究了集成创新与合作创新知识螺旋契合实现的关键要素——知识创新导向人力资源管理（KI-HRM）对集成创新与合作创新知识螺旋契合的驱动作用，证明了 KI-HRM 对集成创新与合作创新知识螺旋契合既有直接作用，也存在以员工知识创新动机为中介变量的间接作用。

第三，对集成创新与合作创新知识螺旋契合的组织效应进行了实证研究，得出了集成创新与合作创新知识螺旋契合是通过提升员工知识创新能力间接作用于企业创新绩效的研究结论。

第三节 研究局限

目前，关于集成创新与合作创新契合的相关研究仍处于探索阶段，集成创新与合作创新契合的一些相关核心概念和要素相对模糊，还没有形成完整的理论体系来支撑集成创新与合作创新的契合。本书在P-O契合的研究成果基础上提出了集成创新与合作创新契合的研究思路，从内部视角对集成创新与合作创新的契合方式及实现机理进行简单探讨，得出了具有一定创新性的结论，但由于方法和理论局限，还存在些许不足，希望在后续研究中能够进一步完善和弥补。

第一，集成创新与合作创新受制于多种因素，其中既有社会大环境的影响，也有竞争者等行业环境的影响，还有企业内部因素的影响。研究两者的契合可以从控制两者的影响因素出发，即集成创新与合作创新契合至少存在内部契合与外部契合两种方式，本书只是从内部视角研究了集成创新与合作创新在企业内部的契合。

第二，本书契合模式的提出来源于P-O契合，P-O契合有多种实现模式，集成创新与合作创新也可能有多种契合模式，本书只是从目标契合模式的角度出发，研究如何实现集成创新与合作创新目标和功能的契合，共同为组织的自主创新服务，而未考虑其他契合模式，可能会导致集成创新与合作创新契合完整性的缺失。

第三，集成创新与合作创新知识螺旋契合受制于企业内外双重因素，本书仅选择人力资源管理推动因素进行分析，并未过多考虑其他影响因素对集成创新与合作创新知识螺旋契合的影响，这可能会影响研究问题的系统性和完整性。

第四，本研究采用了横截面研究方式，也就是测量企业在某一时点的各项测量条款的基本信息，而集成创新与合作创新的契合是一个动态的变化过程，因此更为严谨的方法是通过观察连续性数据和跟踪调查进行研究。

附录 1　调查问卷

尊敬的先生/女士：

您好！非常感谢您抽出宝贵的时间填答问卷！本人正在进行一项有关企业创新的研究，您所提供的信息对本研究具有重要意义。本问卷为一份学术性研究问卷，问卷采用匿名方式填写。所有回收的问卷，仅用作学术研究，绝不会将您的信息泄露给任何其他单位和个人。回答没有对错之分，请您按照您的真实想法回答。您的支持是本研究成功的关键，衷心感谢您的积极参与。

请您拨冗填答，并请在 2009 年 12 月 10 日之前以您认为方便的方式将填答好的问卷反馈给问卷发放人，在填写过程中如遇任何问题，请联系※※※，电话：※※※；E-mail：※※※；传真：※※※；地址：※※※。

衷心感谢您的支持与配合！

2009 年 9 月 30 日

1. 以下是有关公司人力资源管理的描述，请根据您的感受，选择您认为合适的数字。

题项 A1	不同意				同意
A11：我们既强调企业文化和价值观的培训，又强调员工工作技能的培训	1	2	3	4	5
A12：我们强调根据员工实际需求和企业创新要求进行培训	1	2	3	4	5
A13：我们在培训中强调学员的积极参与和互动交流	1	2	3	4	5
A14：我们在培训时着重宣扬员工知识创新的主体地位	1	2	3	4	5
A15：我们强调将自己内部经验总结成培训课程	1	2	3	4	5
题项 A2	不同意				同意
A21：员工能够决定完成工作的方式和手段	1	2	3	4	5
A22：工作团队能够选择不同的方式完成其工作	1	2	3	4	5
A23：工作团队能够决定做哪些工作	1	2	3	4	5
A24：工作团队无须上级批准就能做出自己的工作决定	1	2	3	4	5

续表

题项 A3	不同意				同意
A31：我们做决策时能够积极听取员工的观点和建议	1	2	3	4	5
A32：我们鼓励员工积极寻求外部资源以实现既定目标	1	2	3	4	5
A33：我们鼓励员工寻找更好的方法完成工作	1	2	3	4	5
A34：我们鼓励员工从错误和失败中总结经验教训	1	2	3	4	5
A35：我们鼓励员工通过实践检验新的观点或者想法	1	2	3	4	5
A36：我们鼓励并奖励分享知识和经验的行为	1	2	3	4	5
题项 A4	不同意				同意
A41：我们及时向员工告知公司的愿景和战略目标	1	2	3	4	5
A42：我们通常以讨论的方式解决创新活动中的冲突和矛盾	1	2	3	4	5
A43：公司在制定创新战略时会充分考虑员工意见	1	2	3	4	5
A44：员工能够获得必要的信息和知识以完成工作	1	2	3	4	5
A45：公司鼓励跨部门信息交流和沟通	1	2	3	4	5
A46：公司和部门内部经常举行工作交流会	1	2	3	4	5
题项 A5	不同意				同意
A51：公司实行与员工绩效挂钩的薪酬	1	2	3	4	5
A52：公司会对员工主动进行的交流学习行为给予相应的表彰和奖励	1	2	3	4	5
A53：公司对提出合理化建议和创新性想法的员工给予奖励	1	2	3	4	5
A54：采用新方法完成工作的员工能够获得额外奖励	1	2	3	4	5
题项 A6	不同意				同意
A61：公司为员工提供了多样化的晋升途径和发展机会	1	2	3	4	5
A62：能力和绩效出众的员工有机会得到晋升	1	2	3	4	5
A63：公司做出晋升决策时高度重视员工的创新能力	1	2	3	4	5
A64：上层职位空缺从公司内部来补充	1	2	3	4	5
A65：员工清晰自己的职业发展路径	1	2	3	4	5

2. 以下是有关公司员工状况的描述，请根据您的感受，选择您认为合适的数字。

题项 B	不同意				同意
B1：我公司员工对企业知识愿景的认同度较高	1	2	3	4	5
B2：我公司员工在完成工作时积极寻找并利用外部资源	1	2	3	4	5
B3：我公司员工理解创新对公司长远发展的重要意义	1	2	3	4	5
B4：我公司员工工作积极性高	1	2	3	4	5
B5：我公司员工工作投入高	1	2	3	4	5
B6：我公司员工以积极的方式贡献于公司创新	1	2	3	4	5

3. 以下是有关公司知识创新情况的描述，请根据您的感受，选择您认为合适的数字。

题项 C1	不同意				同意
C11：我公司员工经常主动地开展与顾客的交流活动	1	2	3	4	5
C12：我们能够掌握供应商和分销商的需求	1	2	3	4	5
C13：我们总能获取客户需求的信息	1	2	3	4	5
C14：我公司员工积极参与同伙伴企业的合作	1	2	3	4	5
C15：我们能够从合作中获得所需的知识和信息	1	2	3	4	5
C16：我们通过获取对手信息辅助决策	1	2	3	4	5
题项 C2	不同意				同意
C21：在公司内部，共享知识和经验是习以为常的事	1	2	3	4	5
C22：企业核心知识在部门间转移速度快	1	2	3	4	5
C23：员工经常就新观点和新方法展开讨论	1	2	3	4	5
C24：员工很容易从其他员工或部门得到所需的客户信息	1	2	3	4	5
C25：部门或团队能共享重要的客户信息	1	2	3	4	5
C26：员工通过彼此交流而共享知识和经验	1	2	3	4	5
题项 C3	不同意				同意
C31：公司各部门具有足够的能力理解新知识	1	2	3	4	5
C32：我们能很快根据新技术/知识引入工艺创新	1	2	3	4	5
C33：我们能很快使用已消化的新技术/知识进行新产品开发	1	2	3	4	5
C34：我们致力于新产品和新工艺的商业化	1	2	3	4	5
C35：我们经常试验，努力成为行业内的开拓者	1	2	3	4	5
C36：我们能将已消化的新技术与其他技术融合	1	2	3	4	5

4. 以下是关于公司员工能力变动情况的描述，请根据您的感受，选择您认为合适的数字。

题项 D	不同意				同意
D1：近三年来，我公司员工的整体能力有了较大提升	1	2	3	4	5
D2：近三年来，我公司员工的工作技能有了较大提升	1	2	3	4	5
D3：近三年来，我公司员工的团队工作意识明显增强	1	2	3	4	5
D4：近三年来，我公司员工的知识获取意识和能力明显增强	1	2	3	4	5
D5：近三年来，我公司员工的知识共享意识和能力明显增强	1	2	3	4	5
D6：近三年来，我公司员工学以致用的意识和能力明显增强	1	2	3	4	5

5. 以下是关于公司创新绩效情况的描述，请根据您的感受，选择您认为合适的数字。

题项 E	不同意				同意
E1：近三年来，我公司新产品数量明显增多	1	2	3	4	5
E2：近三年来，我公司新申请专利数量明显增多	1	2	3	4	5
E3：近三年来，我公司品牌的公众知晓率明显提升	1	2	3	4	5
E4：近三年来，我公司产品开发速度明显加快	1	2	3	4	5
E5：近三年来，我公司产品开发成功率明显提升	1	2	3	4	5
E6：近三年来，我公司技术水平明显提升	1	2	3	4	5

6. 我们的研究需要得到您公司的一些基本信息，以便进行比较研究，您的回答与否将直接决定本研究的真实性，希望您继续配合。

（1）贵公司名称：________________________

（2）贵公司所在地：________________________

（3）贵公司属于：（　　）

A. 国有企业　　B. 民营企业　　C. 三资企业

（4）贵公司所属行业：（　　）

A. 电子通信及电子设备制造业　　B. 医药制造业

C. 新材料　　D. 化工、纺织、机械制造业

E. 软件业　　F. 其他

（5）贵公司规模与同行业规模最大竞争者相比：（　　）

A. 远远小于　　B. 小于　　C. 差不多

D. 大于　　E. 远远大于

（6）贵公司市场份额与同行业最大竞争者相比：（　　）

A. 远远小于　　B. 小于　　C. 差不多

D. 大于　　E. 远远大于

（7）贵公司年龄：（　　）

A. 4 年以下　　B. 5~8 年　　C. 9~11 年

D. 12 年以上

问卷到此结束，再次感谢您的配合！

如果您对该课题研究成果感兴趣，请把您或联系人的联系方式惠赐如下，届时我们会把相关研究成果奉上。

E-mail：________________________

联系电话：________________________

通讯地址：________________________

附录2 公开发表的论文

基于知识管理的企业集成创新与合作创新契合机理研究[①]

孔凡柱[②] 罗瑾琏[③]

摘 要：集成创新与合作创新是提高企业自主创新能力的两种重要方式，两者的有机融合可以实现功能倍增。文章从知识的角度探讨了集成创新与合作创新的契合机制，分析了集成创新与合作创新的相通，提出了知识螺旋契合、管理行为契合及目标契合三种契合模式，并分析了三种契合模式的内在作用机制。

关键词：集成创新；合作创新；知识管理；管理行为；契合

一、问题的提出

集成创新作为实现自主创新的一条新范式正逐渐被重视。王众托认为，当前新的产品、新的生产流程、新的经营管理模式及大型新工程多半是系统集成创新

---

① 资助项目：本研究得到教育部人文社会科学青年基金（10YJC630108）和江苏省高校哲学社会科学基金（09SJD630011）课题的资助。本文发表于《科技进步与对策》2011年第15期。

② 淮阴工学院经济管理学院，江苏淮安223001。

③ 同济大学经济与管理学院，上海200092。

的产物（这里指的集成创新包括引进、消化吸收再创新）。[1] 它把各个已有的技术单项有机地组合起来、融会贯通，构成一种新产品或经营管理方式，创造出新的经济增长点。在现代社会化大生产过程中，技术的相互依存度日益增强，单项技术的突破已不能独柱擎天，必须通过整合相关配套技术、建立相应的管理模式才能最终形成生产力和竞争力。在这种背景下，从某种程度上讲，集成创新更具有持续的优势。

高创新性和高更新率已经成为信息化社会和知识经济时代的重要特征，这为企业的技术创新提出了更高的要求。越来越多的企业开始走出传统的封闭式创新，创新的跨边界化日趋明显，各种形式的产业联盟、企业联盟、技术联盟、研发联盟等合作形式竞相出现。合作创新以其独特的优势已被包括微软、英特尔等公司在内的大多数创新型企业所采用。对我国企业而言，集成创新与合作创新是最终实现自主创新的两种最重要的创新方式，两者的有机结合有助于企业短期内实现技术追赶甚至超越。但是，不少企业对集成创新与合作创新之间关系的认识还不清晰，在创新实践中还存在着顾此失彼的现象，未能充分发挥两者的合力作用。因此，研究两者之间的深层作用关系，以实现两者的协调发展就显得日益重要。然而，遗憾的是，学术界在探讨企业技术创新选择时，要么强调集成创新，要么强调合作创新，而把两者结合起来的研究相对较少。基于此，本文在前人研究的基础上，试图构建一个集成创新与合作创新契合的理论分析框架，以期为后来的理论研究提供借鉴，并为企业的创新实践提供理论依据。

二、企业集成创新与合作创新契合的内涵

在古汉语中，“契合”包含三层含义：①用作动词，表示符合；②用作形容词，表示投合、合得来；③用作动词，表示结盟、结拜。

“契合”的现代含义有别于古代，突破了古代只用于人的局限，现在多用于表示人或事物之间存在着潜在联系，表示真正的理解（人与人）或完全的匹配（事物）。在形容“人”的时候，契合主要是表示人与人之间的某种默契；在形容事物的时候，契合主要是表示物质与事件之间的某种相似性。

“契合”一词也经常出现在当代的社会科学研究中，用以表示两种客体之间的关系。张利飞等在研究人力资本投资与企业技术创新战略的契合关系时，将契合划分为中介效果、交互作用、配适度、理想型近似和完形五种含义。Aaker 和 Keller（1990）在研究母品牌和延伸产品之间的契合关系时，将契合界定为三个

方面的含义：一是互补性，指的是两个产品互为补充，能被共同使用满足某种需要的程度；二是替代性，指的是在满足同一种需要时，两种产品互为替代的程度；三是转移性，指的是生产者将母品牌中的专业知识转移到延伸产品的程度。

从上述关于契合的不同界定中可以看出，在社会科学研究中，“契合”一词并无固定的含义。研究者大都根据研究视角、研究对象和研究内容的不同在契合本质内涵的范围内规定了具体的契合含义。Cohen Levinthal（1999）认为，企业研发的外部来源与内部来源之间不是完全的替代关系，而有一定的互补性。考虑到集成创新与合作创新在企业创新中的不同作用，本文将集成创新与合作创新的契合界定为两者之间的互补和协调关系，两者可以通过一定的作用机制实现相互补充、相互促进和协调发展，最终实现企业自主创新能力的提高。

三、企业集成创新与合作创新的相通

相通是契合的前提，是契合的必要条件。企业集成创新与合作创新的契合必然以相通作为基础。

（一）集成创新的合作维度

李文博、郑文哲认为集成创新是创新主体将创新要素优化、整合，相互之间以最合理的结构形式结合在一起，形成具有功能倍增性和适应进化性的有机整体，组织通过学习为商业创新和竞争优势创建一个管理秩序。[2]

王众托认为集成创新的含义是把已有的知识、技术创造性地加以集成，以系统集成的方式创造出前所未有的新产品、新工艺、新的生产方式或新的服务方式，以满足不断发展的新需求。[1]

此外，胡树华等提出了产业联盟中的企业集成创新，也就是企业合作中的集成创新。桂萍等也认为动态技术联盟是实现企业集成创新的有效组织形式。（这里所指的“动态技术联盟”是指企业、大学或科研院所围绕核心企业形成的相对松散的合作组织，每个成员负责技术开发与运用中的一项任务，充分发挥自己的优势，并与其他单位相互协调与合作，以达成整个项目目标的实现。）这与合作创新的内涵基本保持一致。

由以上定义可以看出，集成创新并不排斥合作，甚至需要合作以实现集成创新的目标。集成创新不是封闭的系统，不只是企业内部资源的集成，而是建立在对现有行业技术水平的充分认知并合理吸纳企业外部资源进行优化组合基础之上的集成。这就需要企业要走出自身的制约，去谋求与其他企业、组织和群体的合作。因此，可以确定地说，集成创新的实现内含有合作的成分。

（二）合作创新的集成之维

随着社会经济发展的需要和科学技术的进步，现代化的产品、工具乃至组织机构日益庞大，所包含的组成部分数量日益增多，而且组件的类型也越来越多。高度复杂的产品或者生产、管理过程常常不是某一专业的知识所能创造出来的，而需要融合不同专业的知识和技能，这不但需要不同的技术专家的合作，而且会影响到组织形式和管理方式，需要把来自不同企业、组织或科研院所的技术、人才和工作方法集成起来，也就是需要带有集成特点的合作创新。

傅家骥（1998）认为，合作创新是指企业间或企业、研究机构、高等院校之间的联合创新行为。合作创新通常以合作伙伴的共同利益为基础，以资源共享或优势互补为前提，有明确的合作目标、合作期限和合作规则，合作各方在技术创新的全过程或某些环节共同投入、共同参与、共享成果、共担风险。[3] 陈劲（2002）认为，企业与大学、研究所合作的同时还是科技优势与生产优势的外向集成，集成的纽带是能够带来经济效益和社会效益的共同需求。[4]

对企业来说，合作不是目的，而是手段和方式。通过合作创新吸收利用外部资源，而后经由知识载体“人”的作用与企业内部资源整合，进而创造出新的知识、新的技术或新的产品，最终提高企业的自主创新能力和竞争能力。由此可以看出，合作创新不是简单的“1+1=2”，更不是简单的资源堆砌，而是将合作方的互补性资源进行整合和集成，从而实现双方的既定目标。没有整合和集成，合作创新就无从实现，甚至会出现“1+1<1”的现象。合作创新已经成为当今企业普遍采用的一种创新方式，它把企业创新的实施过程和场所扩展到了组织外。在某种程度上可以认为，合作创新是跨越组织的集成创新。基于此，我们可以确定地认为，合作创新并不排斥集成，合作创新是包含有集成思想的合作。

（三）集成创新与合作创新的相通

近年来，创新的概念在不断扩展。West MA（1990）认为，创新是有目的地引入和应用新知识的过程。[5] Leonard D（1998）认为，创新是在隐性知识作用下，包含一定反复性的线性过程。[6] 对创新的理解，虽然因人而异，但似乎都包含知识的发现、创造和应用。

企业集成创新的本质是通过对企业内外知识的集成，实现企业的快速技术创新机制。王众托（2007）提出，集成创新需要使用多种方法和技术，涉及多个领域和部门，这就涉及不同的知识，需要把这些知识集成起来才能发挥功效。由于系统集成创新涉及系统及其组成部分的知识，还涉及新技术、新方法的创造，这种创造的实质是新知识的生成和应用，因此，在系统集成创新中，知识的集成和创造占有极其重要的地位。[1]

企业的知识基础观认为，知识以及与知识密切相关的认知学习是隐藏在能力背后的决定因素。这种观点强调，企业之间的知识差异不对称性是企业进行合作创新并创造新能力的基础和利益所在。裴学敏、陈金贤（1999）认为，合作创新建立在知识活动的基础之上，各参与主体投入互补性知识资产，通过主体间的相互作用传递知识，经过知识流动和共享，产生协同作用，创造出新的价值。在此过程中，知识资产扮演着十分重要的角色。[7]

从知识的角度看，集成创新与合作创新虽是两种不同的创新方式，有不同的创新主体、不同的组织形式和不同的实现模式。但两者又拥有相同的实现载体——知识，无论是集成创新，抑或是合作创新都内含知识的运行过程，离开了知识的支撑，集成创新与合作创新都无从实现。因此，集成创新与合作创新都具有知识属性，在知识的本质层面是相通的。

就技术本身的特点来说，在高新技术时代的今天，随着技术复杂程度的不断提高和不同技术之间交叉融合的趋势日趋明显，一个企业不论其规模有多大，技术实力如何雄厚，技术涉及的领域如何宽广，它都不可能同时具备技术开发所需的各个领域的技术能力，这将是制约单个企业从事重大技术创新活动的“瓶颈”。在技术竞争日趋激烈的今天，残酷的现实不允许企业花费过长的时间来全面地培植自己的技术。而合作创新是克服这种“瓶颈”制约的最有效途径，一个企业只有与其他的企业合作，才能使优势技术互补、增强自主研发能力，从而提高技术创新的速度。[8] 因此，对企业来讲，合作创新的最终目标是实现企业的自主创新。

就创新成果而言，大多数创新成果同时包含集成与合作的成分，如现代运载火箭、波音飞机、神舟飞船等，既是多种技术、方法和人才集成的结晶，同时又是多家组织通力合作的产物。因此，集成创新与合作创新是不可分割的，具有目标一致性。对企业而言，集成创新与合作创新都是为了提高自身的技术创新能力，实现既定的技术创新目标。

综合以上分析，集成创新与合作创新存在着两种相通：一是本质层面，二是结果导向。从本质上讲，两者都是知识创新的一种形式，都是以知识为载体；从结果导向来看，两者都服务于企业的自主创新。

四、企业集成创新与合作创新的契合

企业知识资源基础理论认为，企业的创新活动是知识资源的获取、使用和新知识的创造过程，知识管理水平影响着企业创新活动。Mcelroy（2000）的研究结论显示，知识管理是企业保持创新能力的关键。[9] Lester（2001）通过案例研究证实知识管理和新技术的应用，能够增加企业创新。[10] Tranfield（2003）解释了知识管理活动对创新的发现、实施和提升过程的支持作用。[11] Mcadam（2000）把知识管理看做创新的催化剂，论证了知识创造、内化、传播和应用对创新的推动和促进作用。[12] 董小英（2006）通过实证研究也证实了知识管理与企业创新存有密切关系。[13]

从知识创新的角度来看，企业集成创新与合作创新都是知识创新的特殊形式。因此，可以用知识创新的基本原理分析企业集成创新与合作创新的过程。虽然，我们很难明晰地界定隐性知识和显性知识的边界，但野中郁次郎提出的知识螺旋模型依然开创了知识管理的新时代，已成为创新研究领域的指导性理论，对企业的创新实践有着非常大的指导价值。在一定程度上，企业集成创新与合作创新都包含知识的螺旋上升，其本质具有一致性，所不同的是集成创新与合作创新所涉及的知识类型、知识来源及知识整合等过程要素有所差异。因此，可以通过知识螺旋模型实现集成创新与合作创新的契合。

虽然理论上通过知识螺旋模型可以实现企业集成创新与合作创新的契合，但并非一定能保证两者契合。因为，知识螺旋的实现需要知识运行的平台，缺少了知识平台的支撑和推动，知识螺旋就无从实现。野中郁次郎从企业管理的角度论述了知识螺旋的实现，特别强调了企业中高层管理人员的员工管理对实现知识螺旋的重要意义，并结合本田、佳能、马自达等公司的实践经验论证了管理行为在知识螺旋实现中的重要作用。因此，可以通过管理行为推动集成创新与合作创新知识螺旋契合的实现，即管理行为契合。两种契合模式与企业自主创新之间的潜在关系可用图1来表示。

管理行为契合推动知识螺旋契合，并保证集成创新与合作创新两者目标的一致性。管理行为可分为内部管理和外部管理，内外部管理共同营造易于知识创新的环境，促进集成创新与合作创新知识螺旋的形成，实现两者的有机融合，最终实现企业创新效能的提高。

内部管理行为主要是指人力资源管理。因为创新活动最终是由“人”这一能

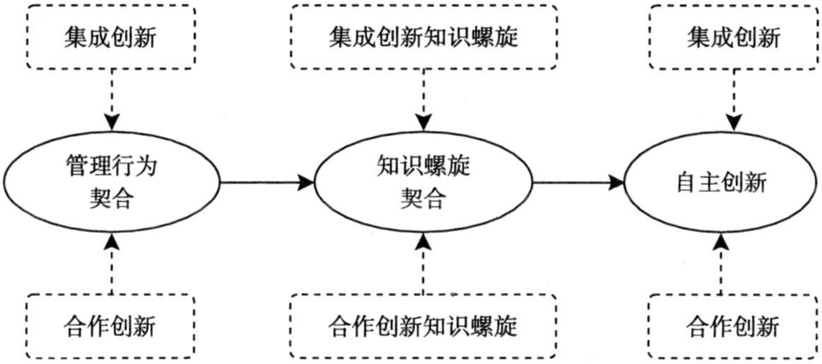

图 1 管理行为契合与知识螺旋契合的潜在联系

动要素在特定的组织环境中实施，因此集成创新与合作创新的契合也必然会包含“人力资源”这一要素。人力资源管理的主客体都是“人力资源”，通过科学的人力资源管理活动可以实现人力资源的有效配置，并能充分调动人力资源的工作积极性和能动性，从而实现企业的既定目标。

我国企业在创新实践中付出了许多艰辛的努力，但仍未解决创新行为基本层面的两大障碍问题：创新动力不足和创新能力低下，从而使得创新活动处于被动和间断状态。这与企业长期重视技术创新本身，而忽视了创新管理不无关系。创新管理的有效性体现在，为企业解决持续创新行为的障碍问题，为提高创新行为绩效做基本层面的努力，而不在于企业在技术创新及组织层面如何高效运转，也不在于企业拥有何种先进的管理理念和运用何种先进的管理工具。[14] 因此，对作为知识创新活动载体的“人力资源”的管理应成为创新管理的重要内容。人力资源是企业战略成功的基础，企业知识的积累和创新都必须依赖员工的知识累积和学习过程，知识共享与转化则依赖员工之间共享的意愿与合作程度的高低。企业的创新能力和动力在一定程度上取决于企业员工的创新能力和创新动力。

王众托（2007）在谈到系统集成创新时也强调了人力资源的重要性，他认为，系统集成创新既然是把不同的部件集成起来，使其涌现新的功能，创新的注意力便集中在究竟应该把哪些部件用什么方式集成起来，而创新性、新颖性则表现在从前没有人想到过这样集成，而创新者想到并实现了。系统集成创新能否实现关键取决于创新者的创新思维，而创造性思维来源于人的智慧，因此，在创新型企业中人力资源的支撑是整体运作的关键。

人力资源管理与企业创新关系的研究大都包含在人力资源管理与组织绩效关系的研究中。开始于 20 世纪 90 年代的人力资源管理系统与组织绩效关系的研究，已经证明人力资源管理与组织绩效间存在着密切关系，但直到如今也没有完全打开人力资源管理与组织绩效之间的黑箱。有些研究得到的人力资源管理实践与组织绩效的相关度较高，而有些研究得到的两者之间的相关度却较低。因此，部分学者认为人力资源管理活动与组织绩效的关联性可能不是直接的，人力资源管理系统可能是通过中介变量来影响组织绩效的。由此可知，当前学术界对人力资源管理与企业创新关系的认识还比较模糊，人力资源管理与企业创新的作用关系和内部机理需要深入研究。

董小英等（2006）通过实证研究认为，组织内部环境是知识管理过程的重要支撑，通过营造易于知识管理的内部环境，可以提升知识管理水平。组织内部环境可能并不直接作用于创新，而是通过提升知识管理水平间接影响企业创新。[13]人力资源管理系统可以提高员工驾驭知识的能力，激发员工知识创新的动力，从而在企业内部创造一种易于创新的环境。因此，人力资源管理系统可能也是通过提升企业的知识管理水平间接影响企业创新。基于此，本文构建了人力资源管理—知识螺旋—企业创新的作用路径，如图 2 所示。这一过程可以理解为人力资源管理活动通过人的中间效应实现知识的螺旋运动，进而促进企业集成创新与合作创新契合的实现。

图 2　人力资源管理与企业创新的作用路径

外部管理主要指政府为推动和支持企业创新所采取的一系列政策措施。企业内外部知识的有效运转需要有一个完善的平台，对集成创新来说，该平台主要存在于企业内部，而对于合作创新来说，该平台主要存在于企业外部。对中小企业来说，内部平台的建立很大程度上受制于政府的鼓励性政策。外部平台的建立，除企业自身的实力和建立意愿外，还受到外部宏观环境的影响。相对于社会和经济等不可控因素，政府政策对企业创新平台建设的影响更加具体和直接。企业在开放性创新初期，往往会比较“羞涩”，这就需要政府加以鼓励和引导。2009 年，由中国商务部与芬兰劳动和经济部共同出资在芬兰首都赫尔辛基创建的金桥创新中心，为中国企业走出国门寻找海外创新伙伴提供了交流平台。因此，从知识管理的角度看，外部管理是通过知识创新平台的中介效应作用于企业的集成创新与合作创新，促进两者的契合。

综合以上分析，在借鉴知识螺旋模型的基本原理、结合集成创新与合作创新本质特征的基础上，本文构建了企业集成创新与合作创新契合理论分析框架，如图3所示。内外部管理共同营造易于知识创新的环境，促进集成创新与合作创新知识螺旋的形成，实现两者的有机融合。

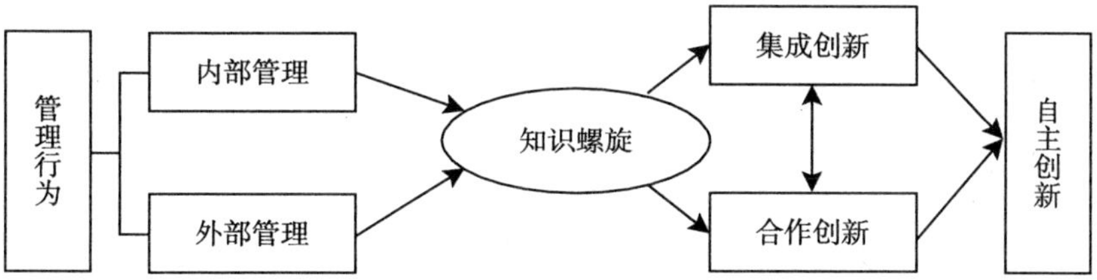

图3 集成创新与合作创新契合理论框架

五、结语

本文试图在理论上澄清和证明集成创新与合作创新的交互融合对于增强企业自主创新能力、提升创新绩效具有极其重要意义，并在理论上构建两者契合的分析框架，指出集成创新与合作创新的契合要素及实现路径，其合理性虽有待于进一步检验，但从知识管理角度为企业集成创新与合作创新的有效结合指出了一条可行之路。

参考文献：

[1] 王众托. 系统集成创新与知识的集成和生成[J]. 管理学报，2007(5)：542-548.

[2] 李文博，郑文哲. 企业集成创新的动因、内涵及层面研究[J]. 科学学与科学技术管理，2004(9)：41-46.

[3] 傅家骥. 技术创新学[M]. 北京：清华大学出版社，1998.

[4] 陈劲. 集成创新的理论模式[J]. 中国软科学，2002(12)：23-29.

[5] West M A，Farr J L. Innovation and creativity at work：Psychological and organizational strategies[M]. Chichester：Wiley，1990.

[6] Leonard D，Sensiper S. The role of tacit knowledge in group innovation[J]. California Management Review，1998，40(3)：112-121.

[7] 裴学敏，陈金贤. 知识资产对合作创新过程的影响分析[J]. 科研管理，1999(1)：25-29.

[8] 郭晓磊，曹前有. 合作创新：现代技术发展的一种必然选择[J]. 科技管理研究，2009

(11)：8-10.

[9] Mcelroy M W. Using knowledge management to sustain innovation [J]. Knowledge Management Review，2000，3 (4)：34-37.

[10] Lester M. Innovation and knowledge management：The long view [J]. In novation and Knowledge Management，2001，10 (3)：165-176.

[11] Tranfield D，Young M ，Partingtond D. Knowledge management routines for innovation projects：Developing a hierarchical process model [J]. International Journal of Innovation Management，2003，7 (1)：27-49.

[12] Mcadam R. Knowledge management as a catalyst for innovation within organizations：A qualitative study [J]. Knowledge and Process Management，2000，7 (4)：233-241.

[13] 董小英，蒋贵凰，刘倩倩. 知识管理提升企业创新能力的实证研究 [J]. 清华大学学报（自然科学版），2006 (S1)：956-963.

[14] 英爽，傅毓维. 资源与企业创新行为的契合点研究 [J]. 科技进步与对策，2008，(5)：50-53.

Study on Mechanism Framework for Fit of Enterprise Integrated Innovation and Cooperative Innovation Based on KM

Kong Fanzhu[①] Luo Jinlian[②]

(① School of Economics and Management，Huaiyin Institute of Technology，Jiangsu Huaian 223001；② School of Economics and Management，Tongji University，Shanghai 200092)

Abstract： Integrated innovation and cooperative innovation are two important ways of improving the ability of enterprise independent innovation，but the study on the integration of the two areas is scarce. Based on the results of previous studies，the paper tries to propose a mechanism framework for fit of enterprise integrated innovation and cooperative innovation on the view of knowledge management. First, analyzed the common of integrated innovation and cooperative innovation. Then, identified the fit factors which are knowledge spiral and management behavior. On the basis of this, build a fit path which management behavior promotes the knowledge spiral to fit integrated innovation and collaborative innovation.

Key Words: integrated innovation; cooperative innovation; knowledge management; management behavior; fit

Study on spiral mode of skilled talent development based on knowledge management①

Kong Fanzhu1② Luo Jinlian③
Shanghai PRC, 200092
tongjihrd@163.com
luojl@tjhrd.com

Abstract: Both knowledge management and skilled talents' development are hot strategic topics at present, but the study on the integration of the two areas is scarce. Based on the results of previous studies, the paper tries to propose a theoretical mode for using knowledge management method to develop skilled talent, and further introduces the measures on applying this model in small and medium enterprises.

Key Words: knowledge management; knowledge spiral; skilled talent; talent development; SMEs

I. INTRODUCTION

Skilled talent has become a short plank that the business enterprise promotes independent innovation ability. To an enterprise as well as a country, it is crucial to develop skilled talent. In 2004 China implemented a project of developing high skilled talents, but there still have a shortage of skilled personnel in China now. The reason is various, but ignored the enterprises' role in the skilled personnel training and

---

① This paper published in the Proceedings of the Second China Private Economy Innovation International Forum. Indexed by ISTP.

② School of Economics and Management, HuaiYin Institute of Technology.

③ School of Economics and Management, TongJi University.

development is one of the most important reasons.

Knowledge management has changed the definition of skilled personnel, and injected new vitality and content in the training and development of skilled talents. Skilled personnel not only include those who control certain skills, but also those who master the knowledge of professional skills, and can apply knowledge, spread knowledge, innovate knowledge combined with practical work. Increasingly fierce competition of today, more and more organizations view knowledge as a key element of obtaining sustainable competitive advantage. Therefore, how to train and develop skilled talents through effective knowledge management has become a common important topic facing the academic community and the business community.

II. THE ORETICAL BACKGROUND

A. The Concept of Knowledge Management

The practice of knowledge management can be traced back to early civilization, but theory and exploratory study of knowledge management has began in the 20th80's. Peter .Drucker first introduced the concept of knowledge management, he pointed out that the essence of management is not technical and procedural, but makes knowledge productive. Carr Paul believes that knowledge management provides a new way to share explicit knowledge and tacit knowledge for the enterprise. Ray Edward thinks that knowledge management is a visual dynamics knowledge collection which enables the enterprise to change organizations' information -related components into the business value, strengths and interests by combining people, process and technology perfectly. Zhang Weiguo (2007) stressed the importance of bringing knowledge resources into the business management, which includes a series of activities on the organization's knowledge production, extraction, storage, transfer, conversion, application and protection. From the above, we can say that knowledge management should include at list three elements, such as person, organization and knowledge. Therefore, the paper puts forwards the concept of knowledge management which purpose is to achieve, transfer, sharing, innovation and increment knowledge through an amount of manage activities on people who master professional knowledge.

B. The Concept of Knowledge Spirals

Jin-Yun & Sun Dong-chuan (2008) believe that knowledge management has entered the second-generation based on the system theory and complexity theory, which would be more dependent on complexity-based theory to analyze the mechanism of knowledge generation, through the interaction between the complexity-adaptation knowledge workers to generate and proliferate knowledge, stressed knowledge-workers as the center. Knowledge spiral theory proposed by Nonaka is a representative of second-generation knowledge management. Nonaka pointed out the knowledge spiral model based on the conversion from tacit to explicit knowledge through interactions (see Fig. 1). First, socialization involves two or more individuals blending their mostly implicit insights to create new tacit knowledge. Second, externalization concerns writing things down, creating metaphors and analogies, modeling etc. It involves the surfacing of implicit assumptions of university researchers. Third, combination amounts to sorting, adding, categorizing the new explicit knowledge in the body of existing knowledge. Fourth, internalization refers to the creation of new tacit knowledge developed from the access to codified knowledge through learning-by-doing, goal-based training or via interpretive knowledge presentations.

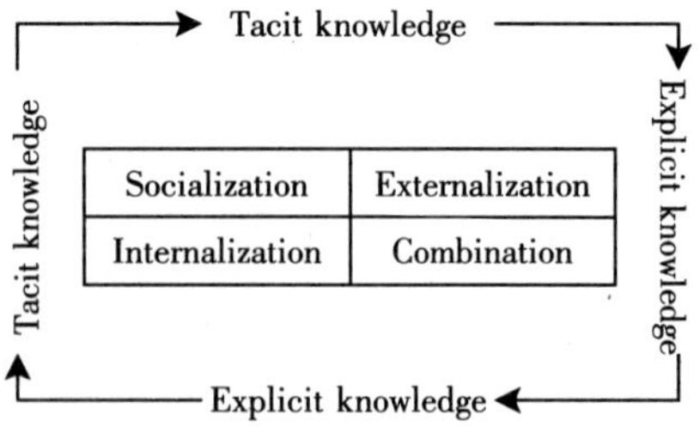

Fig. 1 knowledge spiral model

III. CHARACTERISTICS and GROWTH LAW of SKILLED TALENT

Skilled personnel are different from the ordinary workers, also different from the knowledge-based employees, who have their own characteristics and growth law.

A. Characteristics of Skilled Talent

Have reasonable structure of knowledge and operating skills. Colin. Bayer (2005) pointed out that skilled personnel should have a reasonable level of professional knowledge and professional ability on the era of technological innovation. Skilled talents play an important role in technological innovation. Now enterprises increasingly rely on the knowledge and skills of employees, under such conditions, only those who not only have the generous professional knowledge, but also practical skills would get a foothold in the enterprise.

Have the spirit of enterprise and innovation. For skilled talents, creative talent is the core. The enterprises should focus on training skilled talents' innovation capabilities. Enterprising, pioneering, innovation is absolutely necessarily skilled personnel. Only those skilled talents who are with such qualities can adapt to business.

Have the sense of competition and crisis. The survival of the fittest is the law of the market. Talent competition is the most fundamental among enterprises. This requires skilled personnel to have a strong sense of competition and a sense of crisis.

In addition, skilled workers left the job, the loss of skilled personnel on the basis of the existence. Skills is the use of knowledge and experience, so skilled talents need to study knowledge and gather experience in the meantime, and particularly need to continuously study and accumulate. That is to say, the study and experience through working is indispensable effect in the development of skilled personnel.

B. Growth Law of Skilled Talent

Skilled talent's growth appears to be individual differences. Skilled personnel are linked to specific positions, showing a certain degree of individual differences. Therefore, the differences of skills can be view as core element of the skilled talent's growth. Training skilled personnel can not be as uniformly as general education, but should pay attention to the difference of positions, the difference between the trainees, thereby selecting appropriate training methods.

Skilled talent's growth is job-dependent. The dynamic and progressive nature of skills determines the growth of skilled personnel is completed step-by-step in the practice. The skills must be studied in a dynamic process, and master and improve gradually in production.

IV. RELATIONSHIP BETWEEN KNOWLEDGE SPIRAL and SKILLED TALENT DEVELOPMENT

A. The Relationship between Knowledge Socialization and Skilled Talent Development

Knowledge socialization involves two or more individuals blending their mostly implicit insights to create new tacit knowledge. Teaching is a typical form of sharing personal tacit knowledge. Virtual knowledge communities which depend on information technology would facilitate knowledge sharing with a broader scope. As a result of new knowledge is often originated in the individual, the socialization is therefore starting point of knowledge creating and disseminating.

Talent development can be divided into the specific forms and processes of acquisition, using and transmission of knowledge and skills. The firstling of new knowledge is often tacit knowledge, such as skilled talent's job experience. When tacit knowledge begins to transfer among skilled talents, individual's tacit knowledge would turn into collective tacit knowledge. In the socialization, the sender of tacit knowledge would be satisfactory and proud stimulated them to create new tacit knowledge, because that their knowledge have been transferred and recognized; the recipient's professional capabilities and personal skills would have been improved because of acquiring new knowledge. Therefore, if we divide the development process of skilled talent into two stages of tacit and clarity, then the inter-personal process of tacit knowledge transfer and sharing can be seen as a tacit stage of capacity development, and personal subjective factors will play a major role in that. Different external factors will have different role in tacit knowledge transmission and sharing. Positive factors encouraging knowledge sharing can promote production and transmission of the tacit knowledge. On the contrary, the enterprise environment only pay attention to personal development will inhibit tacit knowledge transfer and sharing. Therefore, enterprises should make talent development policies in accordance with the characteristics and growth laws of skilled talents. To create a relaxed environment that can promote transfer and share knowledge among individuals, thereby enhancing the ability of skilled talents.

B. The Relationship between Knowledge Externalization and Skilled Talent Development

The tacit knowledge was often transferred and shared between the individual who is familiar with each other in socialization. At the same time, the tacit knowledge is more abstract and difficult to understand, transfer and share in this stage. When this knowledge has been recognized to some extent, they would have been externalized. Knowledge externalization is a process where tacit knowledge has been changed into explicit knowledge which is easy to understand. This process has traditionally relied heavily on analogies, metaphors, assumptions and so on to promote tacit knowledge change into explicit knowledge, and now some smart technologies such as knowledge mining system, business intelligence, expert system also provides the external means for the knowledge externalization.

Knowledge externalization is an extension of knowledge socialization. Externalization makes knowledge transfer from small to large-scale possible. This process can be seen as a stage of developing skilled talent training tool. Skilled talent development must not escape from specific positions. For this reason, position knowledge-centered skills training are bound to be the main content and channels of skilled talent development. Tacit knowledge come from employee's working accumulation, is the skilled talent's wisdom crystallization. A wide range of knowledge transfer and sharing will improve the skilled talent's professional competence. Therefore, knowledge externalization has become an inevitable requirement. In the eyes of earlier knowledge manage people that externalization was spontaneous, but now externalization is becoming business enterprise behavior along with the emergence of modern information technology and increasing importance of knowledge. For that, we can regard knowledge externalization as one stage of skilled talent development. The successful realization of the process is mainly affected by corporate policies, employee participation enthusiasm. Enterprises could take some incentive measures according to the characteristics of the stage to motivate skilled talent.

C. The Relationship between Knowledge Combination and Skilled Talent Development

Knowledge Combination is a process of transferring form explicit knowledge to explicit knowledge; is a process of making fragmented explicit knowledge systematic; is a process of knowledge diffusion. After socialization and externalization, employees' knowledge was also scattered. Making fragmentary knowledge together and formulating this by professional language, which completed the process of combination. In combination, the individual knowledge had turned into organizational knowledge which is easier to transfer and share.

Knowledge combination has created the resources available for skilled talent training. Most of explicit knowledge of combination had retained as the form of electronic documents, paper documents, data warehouse, and so on. Enterprises can apply this knowledge in the process of developing skilled talent by a variety of ways. For significant time-effectiveness knowledge, workers can be organized at the scene to observe and learn. In addition to, Enterprise can also make systematic knowledge into some pamphlets distributed and circulated widely staff. In this particular note is that there is no one applicable way to all enterprises, all posts. The enterprise should select the realization form flexibly in accordance with its own characteristics, knowledge characteristics and post characteristics. Realization of knowledge combination rests with the effective organization of enterprise and employee participation. Therefore enterprise should take some measures to encourage skilled talent to participate. At the same time, enterprises can also integrate skilled talent development and career development in order to achieve long-term employee incentives.

D. The Relation between Knowledge Internalization and Skilled Talent Development

Knowledge internalization is a process of transferring form explicit knowledge to tacit knowledge. Internalization means that organizational explicit knowledge change into tacit knowledge of other members of the Organization. After combination, new knowledge can be spread among the members in the organization; the recipient could apply this knowledge in their working, and create new tacit knowledge. Group work, learning in doing and training in working are effective ways of internalization. At present, a number of collaboration tools such as E-learning system provide better condition for people to experience more knowledge.

On the point of talent development, knowledge internalization can be seen as testing stage of the effects of talent development. Internalization of talent development is a process that skilled talents apply new knowledge and skills learned in the development process to the actual work. The process is not only the end of a knowledge spiral, but also the starting point of new knowledge spiral. The smooth realization of the process will need to meet certain conditions. First of all, the individual must be of the motives and needs which is not only the most fundamental power of knowledge transform, but also the most fundamental conditions of skilled talent development. Secondly, enterprise must provide opportunities and conditions of transforming for individual. In a word, enterprises should create a good hardware and software environment; mobilize fully the enthusiasm of staff participation.

V. SPIRAL MODE of SKILLED TALENT DEVELOPMENT

From the above, we can draw a conclusion that there is some common ground between knowledge spiral and skilled talent development. Therefore, the principles of knowledge spiral can be used in the process of skilled talent development. The paper put forward the spiral mode of skilled talent development based on previous studies. (See Fig. 2) The model is a circular spiral; each cycle is composed of four stages. After one cycle, both personal ability and organizational capacity have been improved. Then talent development would go into the next cycle which is a higher cycle on the basis of former. In this way, the cycle of skilled talent development has become a rising spiral. Skilled talent lead the main role in the spiral mode of skilled talent development, and enterprises provide support and guaranty for skilled talent development.

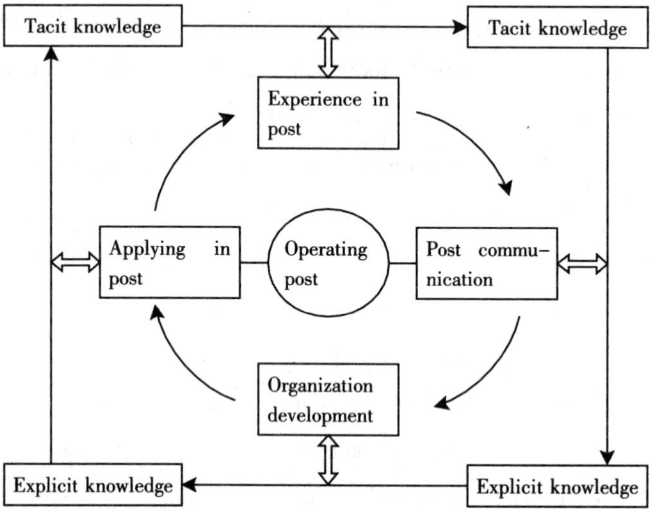

Fig. 2 spiral mode of skilled talent development

VI. ADVICE on APPLYING of the MODEL in SMEs

A. To Create Corporate Cultural of "Respecting Knowledge and Talent"

Skilled talent's involvement and enterprise's support are the two key elements of talent skilled development. Therefore, the primary thing that enterprise should do is how to fully mobilize skilled talent and stimulate their creativity. At present, the community's awareness of the importance of skilled talent is not in place, the nature of their work is not enough to understand, and even some people are still prejudiced against skilled talent. So that skilled talents are lack of respect and development space. Therefore, enterprises should strive to create a corporate cultural of "respecting knowledge and talent". To this end, the manager should firstly change their traditional concept on talent, to establish a "great talent" concept, involving skilled employees into talent resource of enterprise. And then form gradually a corporate culture of "respecting labor, knowledge, skills and talent" in enterprise.

B. To Create Development Space for Skilled Talent

Bias and misunderstanding on skilled employee have resulted in the narrow career development of skilled personnel, making skilled talent reluctant to participate in the technology innovation and commercialization of research findings. Some short-term substance incentive can only play a short-term incentive effect on skilled employees.

The main reason is that the skilled talent development separated from their personal growth, enterprise's development strategy ignored the individual vocational needs of employees. For that skilled employee used to misunderstand talent development with the awareness of that talent development is just to meet the needs of enterprises, and led to the passive participation of skilled personnel. Therefore, how to change the skilled personnel's passiveness into initiative has become the primary problem to be solved for enterprise. Enterprise can combine talent development and employee's career development, regard talent development as a means to achieve career goals, open up a variety of career development routes for employee. In this way, we can not only inspirit skilled talent in long-term, but also promote knowledge transfer, sharing, innovation and appreciation, and achieve the goal of enterprise ultimately.

C. To Establish Compensation System of Skilled Talent Based on Knowledge and Performance

Salary is a direct return on employees working performance which levels and structure will directly affect the effectiveness of staff development. Therefore, enterprise should establish compensation system of skilled talent based on knowledge and performance in accordance with the actual characteristics of skilled talent and itself; reduce the pay gap between skilled talent and administrator; create a reasonable salary level of skilled talent. At the same time, in order to ensure the fairness of pay, company should also create the scientific performance evaluation system matched with skilled talent development, to avoid determining salary intuitively only on the basis of the results of a simple observation.

D. To Establish Development Auxiliary Platforms

Skilled talent growth and development can not be separated from hard study and work, but also a good environment provided by enterprise, otherwise skilled talent development would be "trees without roots". Therefore, enterprise should establish a development auxiliary platform providing adequate logistical support for skilled talent development. On the one hand, enterprise can create favorable material practice conditions for the new knowledge generation and application by improving production environment, updating equipment, and so on. On the other hand, company can establish a communication auxiliary platform for knowledge sharing and dissemination by applying the compute technology and network to communication in the form of experience–s' aring sessions, BBS, web log, and so on.

VII. CONCLUSIONS

Talent development must follow the characteristics and growth law of skilled talent. Enterprises should make their own choice of appropriate methods and strategies based on the characteristics of itself, improve traditional development model, overcome embarrass between employee needs and enterprises requirements. The skilled talent development will be integrated into the daily work of employee, which is the keynote of spiral mode of skilled talent development. In order to implement the model enterprise must change the talent concept; create corporate culture of "respecting labor, knowledge, skills and talent"; provide adequate material and non–material conditions.

REFERENCES:

[1] Chen Guoquan, Fu Yue, Zhao Huiqun. Individual acquiring and transferring knowledge path–map in company environment and application exploration [J]. Studies in Science of Science, 2008, 26 (4): 793–799.

[2] Kim S, Suh E, Hwang H. Building the knowledge map: an industrial case study [J]. Journal of knowledge management, 2003, 7 (2): 34–35.

[3] Jin Yun, Sun Dongchuan. The Second –generation knowledge management based on complexity theory [J]. Scientific Management Research, 2008 (1): 70–73.

[4] Mark W. McElroy. Second–generation KM: a white paper [J]. Emergence, 2000, 2 (3): 90–100.

[5] Nonaka. A Dynamic theory of organizational knowledge creation [J]. Organization Science, 1994, 5 (1): 14–37.

[6] Zhang Weiguo, Wang Shahs, Luo Jun. Discussion on competitive advantage of enterprise activities based on knowledge management [J]. Scientific Management Research, 2007 (2): 74–77.

[7] A. Markus Travaille, Paul H. J. Hendriks. What keeps science spiraling? Unraveling the critical success factors of knowledge creation in university research [J]. High Educe, Doi10.1007/s10734–009–9257–2.

[8] Cook, S.D.N, & Brown, J.S. Bridging epistemologies: The generative dance between

organizational knowledge and organizational knowing [J]. Organization Science, 1999 (10): 381-400.

[9] Enders, J. Border crossings: Research training, knowledge dissemination and the transformation of academic work [J]. Higher Education, 2005 (49): 119-133.

[10] Johnson, W. H. A., & Johnston, D. A. Organizational knowledge creating processes and the performance of university -industry collaborative R&D projects [J]. International Journal of Technology Management, 2004 (27): 93-114.

[11] Salisbury, M. An example of managing the knowledge creation process for a small work group [J]. Management Learning, 2001 (32).

关系网络、跨组织知识整合与组织创新绩效的关系实证研究①

孔凡柱

（淮阴工学院，淮安　223001）

摘　要：分析了跨组织知识整合的内涵和要素结构，将跨组织知识整合划分为外部知识捕获、内外知识交融和新知识应用三个环节。建立了关系网络、跨组织知识整合和组织创新绩效之间的理论模型，并以 229 家企业为对象，运用结构方程模型进行实证研究，并得出结论。外部关系网络对外部知识捕获有正向影响，内部关系网络对外部知识捕获、内外知识交融和新知识应用均有正向影响，内部关系网络对组织创新绩效有正向影响，跨组织知识整合在内部关系网络与组织创新绩效间起着中介作用，为企业通过提高外部和内部关系网络提升跨组织知识整合能力，进而提升组织创新绩效提供理论基础和实践参考。

关键词：关系网络；跨组织知识整合；创新绩效

在竞争日益激烈的今天，创新已经成为企业持续发展、获得并维持核心竞争优势的根本，要在竞争中掌握主动，企业就必须实现技术的自我掌控，不断提高自主创新能力，只有这样才能逐步提高国际市场竞争力，形成可持续发展的竞争优势。随着知识管理理论的日益成熟和完善，知识在企业创新中的重要性日益得到学术界和实业界的关注，基于知识管理的企业创新研究成果不断涌现，德鲁克更是指出，创新即企业利用已有知识创造新知识的过程。然而在全球经济一体化

① 基金项目：教育部人文社会科学青年基金（10YJC630108）。本文发表于《工业技术经济》2012 年第 10 期。

的环境下，企业的可持续发展正面临着日益严峻的挑战。[1] 虽然知识业已成为企业最重要的战略资源，但知识仅仅是一种手段，单纯拥有大量的知识并不能确保企业创新的成功，也并不足以增强企业核心能力，为企业带来竞争优势。Volberda（1999）指出，整合的知识而非知识本身形成企业的核心能力。[2] Blackler（2004）等人发现，创新中的知识在组织中分布广泛且相当离散，存在于不同部门，为不同领域的专家所掌控。为了保证技术创新的各个阶段都能运用企业整体的知识资源，通过整合的方式，实现技术创新过程中对知识的充分运用是必要的。[2] 在技术创新过程中，只有经过真正意义上的知识整合，企业知识资源的价值才能真正发挥出来，能否成功整合企业拥有的知识资源决定了技术创新效率。[3] 但是，知识整合不仅仅是着眼于企业内部的知识整合，还应该关注跨组织的外部知识整合，只有把内外知识整合有机统一起来才能真正提高企业知识整合水平和能力。[1] 在当前环境下，任何一家企业都不可能拥有创新所需要的全部知识资源，都不可避免地要获取吸收组织外知识为企业创新所用。如同知识整合需要特定的情境一样，跨组织知识整合的发生也需要企业创设特定的情境，而关系网络是跨组织知识整合情境中的一个重要因素。国内外虽然有学者讨论了知识整合对企业创新的影响，以及关系网络对知识整合的影响，但很少有学者将关系网络、知识整合和组织创新整合在一个理论模型中，将关系网络、跨组织知识整合与组织创新整合在一个理论模型中的研究成果则更少，相应的实证研究也比较匮乏。为此，本研究试着将关系网络、跨组织知识整合与组织创新整合在一个理论模型中，并以 229 家企业的调查数据为基础，运用结构方程模型对所提理论模型进行实证研究。

一、相关理论基础

（一）关系网络

关系网络原本隶属于社会学的研究领域，Mitchell（1969）认为，关系网络是一群特定的个体之间的一组独特的联系。Bourdieu（2000）指出，关系网络是人们在相互了解和认同的过程中所构成的或多或少近乎制度性的、相对稳定的、以信任为联结机制的人际关系，是个体获取信息、资源、社会支持以便获取更多信息的联系，其中暗含了人们在交往过程中相互的权利、义务、承诺和理解，它是一种非即时识别和利用机会的社会结构。[4] 当前关于关系网络的研究已经突破了个人间关系的范畴，网络关系的行动者可以是个体也可以是组织或团体，这就为利用社会网络理论研究企业问题提供了可能，企业关系网络也就应运而生。郑准、王国顺（2009）认为，企业关系网络是以企业为中心的，通过正式或者是非正式的契约将自身与外部组织联系在一起，以相互信任和长期合作为基础的不断进化和优化的正式或者非正式的合作网络系统。[5]

由上述分析可知，当前关于关系网络的研究大体可分为两类：一是以个体为中心的人际关系网络，此类研究侧重于关系网络的社会学含义；二是以企业为中心的企业社会关系网络，此类研究侧重于关系网络的管理学含义。实际上，企业是由不同个体组成的社会单位，从内部来看，企业具有个体属性的人际关系，从外部来看，企业亦具有社会属性的社会关系，因而，以企业为中心的关系网络研究不能割裂两者之间的内在联系。据此，本研究将企业关系网络划分为内部关系网络和外部关系网络。内部关系网络是指在企业经营过程中建立起来的组织内各部门及组织成员之间的特定关系，更多的是指组织内的知识交流和沟通关系；外部关系网络是指企业在经营过程中建立起来的与外部相关组织或非组织团体与个人之间的特定关系。

（二）跨组织知识整合

德鲁克指出，在新经济中，企业的创新能力取决于企业从外部组织获取知识的能力。一家企业可能拥有生产某一产品的某一特定的知识，但它绝不可能拥有所有相关知识。复杂创新理论认为，技术创新是复杂而不确定的，在信息社会和知识经济时代，技术创新的步伐越来越快、周期越来越短，技术创新的复杂性和需求的多样性使得几乎没有一个企业能够仅仅依靠自身资源就能完成所有技术创新活动。[6] 所以，在知识经济条件下，企业为获得持续竞争优势，就必须学会“两条腿走路”，既要充分利用组织已有知识，又要努力寻求外部支援，积极获取外部知识资源，实现内部知识与外部知识的有机融合。Prusak（1998）指出，唯一能给一个组织带来竞争优势的就是知道如何利用所拥有的知识和快速获取新知识。[8]

跨组织知识整合是内部整合与外部整合的复合体。根据整合过程中知识来源的不同，知识整合可以分为内部整合和外部整合。知识内部整合是指组织成员在所拥有的知识基础上源于某一个目标而进行的知识整合，这个目标可以是新产品和技术的开发和改进、针对某个问题而进行的集思广益，突发的新创意和积累的特殊经验与看法等。知识外部整合是指企业在其拥有的知识基础之上，受到外部知识源的强大冲击而发生的知识整合，这个过程一般表现为企业引进新技术设备或与外部知识交流型的合作，是对外来知识的消化吸收的过程。[9][10] 内部知识整合强调了知识整合的目标导向性，外部知识整合强调了知识整合发生的外部动机，是一种被动式的整合。知识经济背景下的知识整合应该突破组织有形边界的束缚，在企业战略目标的统一指引下，积极整合应用内外部知识，可以说，跨组织知识整合是企业内部知识整合与外部知识整合的复合体，是一个企业集体捕获外部知识，并将这些知识分送到能够帮助企业实现最大利润和效益的任何地方的过程。[7] 鉴于上述分析，本文认为跨组织知识整合是指为了实现企业自主创新目标，通过组织间的正式关系和组织成员与其他组织与非组织个体之间的社会性接触捕获外部知识，并将所获外部知识与企业已有知识进行综合与集成，实施再建构，使之融合成为具有新的基因结构和应用环境的新知识体系的过程。跨组织知识整合一个复杂的过程，不仅需要挖掘企业内部知识之间的相互联系和动态关系，还需要捕获外部知识并建立外部知识与内部知识之间的关系；跨组织知识整合的体系结构是一个开放式结构，与外界存在广泛的交流与接触；跨组织知识整合是一种跨越组织物理界限的学习过程，也是一种借助外部知识资源实现企业内部知识创新的过程。

詹勇飞、和金生（2009）认为，知识整合的前提是能够获取相应的知识源。跨组织知识整合是组织内部知识整合的物理扩展，是利用外部知识并将外部知识与企业内部相关知识进行融合以创造新知识的过程。[10] 因此，高效地获取外部知识并有效识别内部相关知识就成为跨组织知识整合的前提条件，本文将这一过程界定为知识捕获。知识转移后，如果没有对所转移的知识有效地吸收和运用就没有达到知识整合的真正效果，将组织已有的知识和转移进来的新知识进行充分的融合，这是企业将知识进行转化和创新的过程，是企业进行价值创新不可或缺的部分。[11] 知识捕获为跨组织知识整合提供了外部知识基础，然而外部知识的获得仅仅是为跨组织知识整合提供了可能，跨组织知识整合的效果还取决于外部知识与企业已有知识的融合程度，跨组织知识整合只有经过外部知识与内部知识的集成和再建构才能产生新知识。Kogut 和 Zander（1992）认为，知识整合能融合不同种类和形式的知识及复合资源，是一种结合的能力。[12] 因此，本文将这一过程界定为外部知识与内部知识的交融，该过程是跨组织知识整合的核心和关键环节。不同知识间的交融往往促使新知识的产生，然而，创造新知识并不是跨组织知识整合的最终目的，将整合后的新知识应用于新技术、新产品开发，为企业创造新的价值才是跨组织知识整合的本质所在，因此，知识的应用理应成为跨组织知识整合的重要构成要素。在企业的知识管理系统中，知识整合与知识应用也是密不可分的。任皓、邓三鸿（2002）认为，企业知识管理的最终目的是要实现知识的应用。[13] 对于一个企业来讲，知识整合绝不是现有知识的简单叠加，而是一个知识创新的过程，包含知识获取、知识共享和知识应用等多个环节。[10][13] 鉴于上述分析，本文将跨组织知识整合划分为外部知识捕获、内外知识交融和新知识应用三个基本环节。

二、研究假设

（一）关系网络与跨组织知识整合

企业的生产经营活动不可能脱离社会而存在，总不可避免地与外界组织发生这样或那样的联系，而处于一定的关系网络中。跨组织知识整合涉及外部知识的搜索和获取，这在一定程度上受制于企业与外部组织和单位的关系网络。陈建勋等（2009）认为，企业要经常与外部环境进行互动，从外界获取自己所需要的资源和信息。[14] 著名管理学家彼得·德鲁克提出，在新经济中，企业的创新能力取决于企业从外部组织获取知识的能力。一个常与组织外部进行联系的人，不但善于把其他领域已知的知识应用于新的领域，而且通过运用这些想法，可以拓宽解决问题的思路，可以促进新产品的产生。知识经济时代，企业越来越依赖于用户、供应商及其他互补企业或机构的知识，促进自身的产品开发活动。企业与顾客、供应商、大学及其他机构的广泛接触，使企业能够获得更多的外部知识。[15] 潘杰义、王少华等（2010）认为，企业在明确知识需求的前提下，向外部获取知识的前提条件是企业拥有外部知识源，为保证企业在合适的地点、合适的时间获得需要的知识，首先需要建设企业与外部知识源的关系网路。[16] 赵晓庆（2004）通过实证分析发现，企业构建的知识关系网络的广度越大、密度越大，企业向外获取知识的效率就越高、效果就越好，关系网络的构建和企业外部知识转移效果正相关。[17] 由此可知，企业与外部知识源之间关系网络的建立有助于外部知识的获取，进而推动跨组织知识整合的发生。

Inkpen（1996）认为知识整合是知识的连接，即个人与组织间通过正式或非正式的关系形成，这些内部关系可以促使新知识的分享与沟通，并提供一个基础使个人知识转变为组织知识。外部知识与组织内部知识的交融外在化为组织成员间的知识沟通与共享。亲近的组织内部关系积极地影响知识转移和共享，而疏远的组织内部关系消极地影响知识转移和共享，个体之间关系越亲密、互动的频率与强度就越多，从而进行知识共享的意愿就越高。[18] Constant（1994）提出，组织成员间的联系频率越高，越能够带来高的知识分享意愿。良好的内部关系网络可以促进组织成员间的知识沟通和共享。[19] Hendriks（1999）指出，团队内部成员间的关系状况对于个体间的知识共享行为具有重要影响，通过构建优良的内部关系，可以提高知识共享的效率。组织成员间联系渠道越多，企业知识整合的范围越广，速度就会越快。为此，企业往往会在内部构建一些促进员工交往的合作性的关系网络。[20] 综合上述分析，本研究认为，外部关系网络主要作用于外部知识的捕获过程，而内部关系网络则作用于跨组织知识整合的全过程。据此，本研究提出如下假设：

H1a：外部关系网络对知识捕获有正向作用。

H1b：内部关系网络对知识捕获有正向作用。

H1c：内部关系网络对知识交融有正向作用。

H1d：内部关系网络对知识应用有正向作用。

（二）关系网络与组织创新

企业外部关系网络可以正向影响组织创新。陈建勋、潘昌才、吴隆增（2009）认为，企业要经常与外部环境进行互动，从外界获取自己所需要的资源和信息，这样，拥有较多外部关系网络的企业更易于从其所处的外部网络中获取急需的关键知识和信息，从而提高其核心能力。[14] Tsai（2006）认为，关系网络不仅对组织创新绩效具有直接作用，还具有通过吸收能力而发挥的间接作用。[21] Gulati（1999）认为，企业所嵌入的关系网络本身是一项不可模仿的资源、一种创造资源的手段、一个获得资源与信息的途径，企业处于一个与外部组织相互作用、相互影响的多元网络组织环境中，网络关系将有助于企业获取信息、资源、市场和技术。[22] 卢福财、周鹏（2004）认为，关系网络有利于企业外界信息的获取和企业技术创新。[23]

已有研究表明，企业内部关系网络对组织创新起着重要支撑作用。Zirger 和 Maidique（2008）认为，研发部门与营销和制造等部门间的协调程度，对于新产品的有效开发非常重要。企业内部的关系网络越顺畅，公司各部门的协调程度就越高，员工在工作需要时就越容易得到其他部门和人员的支持。这将促使知识在成员之间得到有效的扩散和应用，从而增强企业的技术创新能力。[24] Cassiman 和 Veugulers（2006）的研究结果显示，与伙伴组织间频繁进行知识转移的团队具有更高的创新绩效，并且外部知识获得比内部知识获得更有利于创新绩效的提高。[25]

Wijk、Jansen 和 Lyles（2008）[26] 提出，组织内部的知识共享行为将对组织绩效和创新起到促进作用，而组织内部的沟通网络在组织知识共享过程中发挥着不可或缺的作用。[26] 据此，本研究提出如下假设：

H2a：外部关系网络对组织创新有正向作用。

H2b：内部关系网络对组织创新有正向作用。

（三）跨组织知识整合与组织创新

如前文所述，本研究将跨组织知识整合划分为外部知识捕获、内外知识交融和新知识应用三个环节。知识捕获是指企业为实现某一目标，运用多种技术和方法努力搜寻并最终获得所需知识的一系列活动的总称，包含有知识搜索和知识转移两个主要环节。Lynn（2000）认为，知识与知识获取是企业提高竞争力的关键因素之一。[27] Tsai（2001）指出，不断地从外部获取知识对企业技术创新有着显著的推动作用，并最终影响着企业创新绩效。[28]

知识交融是跨组织知识整合的核心环节，是将外部知识转化为企业内部知识的过程，即通过组织内的知识交流和共享，企业员工吸收和理解新获知识，知识交流和共享是内外知识交融的主要活动和表现形式。[29] Polanyi 认为，知识交流和共享是知识创新过程的关键环节，只有真正共享的知识才能得到正确的应用，知识交融能够巩固企业获取的新知识，让员工深入理解创新。[30] Tsai（2001）认为，知识的交流和共享能够提供成员互相学习与合作的机会，使组织内部通过交换与流动的方式，将新知识转移给所需要的人，进而刺激知识的创造及创新能力的增进。[28] 通过大范围的组织知识交流和共享，企业能够形成难以被竞争对手模仿的独特能力，并最终增强企业创新绩效。

新知识应用是企业将经过知识交融产生的新知识在实践活动中加以运用，以提高生产效率或创造新价值的综合过程。董小英等（2006）认为，知识应用从三个方面促进或支持企业创新：①决策与指导，即应用知识来选择方案，指导人们的行为；②惯例化，即对于企业内已达成共识的知识，企业可以将其嵌入程序、规则和认知形态中，形成企业的共同文化、认知或技术规范；③知识商品化，即企业知识创造的最终目标是产生超额利润，这必须通过商品化来实现。在某种程度上可以认为，企业技术创新成败是组织知识应用效果的展现。[31] 基于上述分析，本研究提出如下假设：

H3a：新知识捕获对企业创新绩效有正向作用。

H3b：内外知识交融对企业创新绩效有正向作用。

H3c：新知识应用对企业创新绩效有正向作用。

综合上述假设，可以得出以下两个中介效应研究假设：

H4a：知识捕获是外部关系网络与组织创新绩效间的中介变量。

H4b：跨组织知识整合是内部关系网络与组织创新绩效间的中介变量。

三、研究设计

（一）样本数据

本文以 229 家企业的调查数据为基础验证上述假设，数据采集以江苏、山东和上海为主，覆盖全国 15 个省市。样本选取的标准是，企业成立时间在 4 年以上的制造型企业。本研究采取滚雪球的方式收集数据，首先在江苏、山东和上海各选取一个与企业界有着密切关系的联系人，再由联系人负责发放和收集问卷。此外，本文还采取了少量上门调查的方式收集数据。本研究共发放 1028 份问卷，总计回收 438 份，回收率为 42.6%，对收回的问卷进行合并处理（对于同一家企业的多份问卷取平均值）最终得到有效问卷 229 份。被调查企业中民营企业最多、国有企业次之，两者占样本总数的 82.1%；公司所属行业覆盖面较广；公司规模以大中企业为主；公司年龄以 5~11 年的为最多，占总数的 89.96%。具体如表 1 所示。

表 1　样本基本统计量分布

	统计内容	样本数（个）	百分比（%）
单位性质	国有企业	79	34.50
	民营企业	109	47.60
	三资企业	41	17.90
所属行业	电子通信及电子设备制造业	26	11.35
	医药制造业	11	4.80
	新材料制造	6	2.62
	化工、纺织机械制造业	29	12.66
	软件制造	12	5.24
	其他	145	63.32
公司规模	远远小于	26	11.35
	小于	78	34.06
	差不多	111	48.47
	大于	12	5.24
	远远大于	2	0.87

续表

	统计内容	样本数（个）	百分比（%）
公司年龄	5~8 年	148	64.63
	9~11 年	58	25.33
	12 年以上	23	10.04

（二）变量测量

本研究所使用的问卷项目大部分来自过去的文献，其中个别问项在表述上进行了修改，很多学者都曾使用过这些量表来测量相关变量，同时，本研究在最终问卷形成之前咨询了本领域内的相关专家，并进行了小范围试测，再根据试测的反馈意见对问卷进行了修订（主要是语言表述），因此问卷应当具有较好的内容效度。此外，本研究运用结构方程（AMOS7.0）进行验证性因子分析（CFA）来评测各测量项目的建构效度，测量结果显示，模型拟合各项指标 GFI、AGFI、CFI、NFI、IFI、RMSEA 和卡方自由度比值都达到了建议值，各因子载荷也都在 0.5 以上。本研究还采用 Cronbach's α 系数来检验各测量表的信度，各分量表的信度值都在 0.7 以上，结果如表 2 所示。

表 2　量表的信度值

名称	标准化前信度值	标准化后信度值	总量表 Cronbach's α
外部关系网络	0.826	0.827	0.936
外部关系网络	0.789	0.787	
关系网络	0.863	0.864	
知识捕获	0.769	0.769	
知识交融	0.817	0.816	
知识应用	0.845	0.846	
跨组织知识整合	0.901	0.902	
组织创新绩效	0.902	0.902	

四、研究结果分析

由于各变量具有良好的信度和效度，可以对各变量进行单一化处理，为了简化分析，本文将内部关系网络、外部关系网络、知识捕获、知识交融、知识应用和组织创新绩效进行单一化处理（取该变量所有题项的均值作为变量值）。表 3 显示了本研究所有变量的相关系数。

表 3　量表相关系数矩阵

名称	1	2	3	4	5	6
1 内部关系网络	1	0.611**	0.370**	0.440**	0.430**	0.381**
2 外部关系网络		1	0.557**	0.595**	0.534**	0.470**
3 知识捕获			1	0.767**	0.603**	0.580**
4 知识交融				1	0.575**	0.636**
5 知识应用					1	0.681**
6 创新绩效						1

注：**. Correlation is significant at the 0.01 level（2-tailed）。

在假设验证方面，本研究主要运用结构方程的路径模型。由表 3 可知，各变量间均存在显著的正相关关系。在中介效应的检测过程中，本研究首先检验了关系网络对跨组织知识整合的正向作用关系、关系网络对组织创新绩效的正向作用关系和跨组织知识整合对组织创新绩效的正向作用关系，分别构建要素间作用关系结构模型并计算，各模型拟合指标均达到了建议值，检验结果见表 4。

表 4　要素间作用关系检验结果

			Estimate	Standardized estimate	S.E.	C.R.	P
3	←	2	0.148	0.204	0.046	3.203	0.001
3	←	1	0.290	0.447	0.041	7.019	***
4	←	1	0.429	0.595	0.038	11.176	***
5	←	1	0.507	0.534	0.053	9.545	***
6	←	2	0.160	0.129	0.085	1.878	0.060
6	←	1	0.443	0.400	0.076	5.829	***
6	←	3	0.075	0.044	0.124	0.645	0.545
6	←	4	0.518	0.338	0.108	4.780	***
6	←	5	0.537	0.460	0.066	8.090	***

在表 4 中，1、2、3、4、5、6 分别代表外部关系网络、内部关系网络、知识捕获、知识交融、知识应用和组织创新绩效。由表 4 可知，内部知识网络对知识捕获、知识交融、知识应用均有显著正向作用，外部关系网络对知识捕获有显著正向作用。所以，假设 H1a、H1b、H1c、H1d 得到了支持。内部关系网络对组织创新绩效有显著正向作用，外部关系网络对组织创新绩效的作用路径系数未达到 0.05 的最低显著水平要求。所以，假设 H2a 没有得到支持，假设 H2b 得到了支持。新知识捕获对组织创新创新绩效的作用路径系数未达到显著性水平，知识交融和知识应用对组织创新绩效的作用路径系数均达到了显著性水平。所以，

假设 H3b、H3c 得到了支持，假设 H3a 没有得到支持。

由上述检验结果可知，虽然外部关系网络与组织创新绩效呈显著正相关，但外部关系网络对组织创新绩效的正向作用不显著，不能继续检验两者之间的间接作用关系。因而，可以认为假设 H4a 没有得到支持。内部关系网络对组织创新绩效有显著正向作用，且内部关系网络对跨组织知识整合三因子均具有显著正向作用，因而可以检验内部关系网络与组织创新绩效间的间接作用。本研究采用结构方程模型，构建了三者作用关系的路径模型，模型各拟合指标均达到了建议值，各因子载荷也都在 0.5 以上，检验结果见表 5。

表 5　跨组织知识整合中介效应检验结果

			Estimate	Standardized estimate	S.E.	C.R.	P
3	←	1	0.361	0.557	0.036	10.117	***
4	←	1	0.429	0.595	0.038	11.176	***
5	←	1	0.507	0.534	0.053	9.545	***
6	←	3	0.076	0.047	0.091	0.831	0.406
6	←	4	0.519	0.358	0.084	6.150	***
6	←	5	0.538	0.487	0.061	8.799	***
6	←	1	0.003	0.003	0.076	0.040	0.968

由表 5 可知，在加入中介变量后，内部关系网络对组织创新绩效的作用不再显著，外部知识捕获对组织创新绩效的作用依然不显著，内部关系网络对知识捕获、知识交融和知识应用的作用依然显著，知识交融和知识应用对组织创新绩效的作用也显著。综合上述分析，可以得出两条中介作用路径：内部关系网络→知识交融→组织创新绩效、内部关系网络→知识应用→组织创新绩效。因而假设 H4b 得到部分验证。

五、结论与讨论

本文在前人研究的基础上，以 229 家企业的调查数据为基础，进一步分析了企业关系网络对于跨组织知识整合与组织创新绩效的影响，发现企业外部关系网络对外部知识捕获有显著正向影响；企业内部关系网络对外部知识捕获、内外知识交融和新知识应用均有显著正向影响；企业外部关系网络与组织创新绩效虽显著正相关，但正向作用不显著；内部关系网络对组织创新绩效有显著正向作用；跨组织知识整合在企业关系网络与组织创新绩效间起着重要的中介作用。

已有理论研究表明，企业社会关系网络对组织绩效有着积极影响，但本文的实证研究并未支持这一结论。对于企业创新而言，有效的社会关系网络可以为企业获取所需的信息和知识资源提供便利条件，但要将这种便利转化为企业创新绩效还取决于企业内部知识消化吸收能力。这可能是导致外部关系网络与组织创新绩效正相关，但作用关系不显著的原因。此外，本文的实证研究结果还表明，外部关系网络正向影响知识捕获，但知识捕获对组织创新绩效的正向作用并不显著，这似乎也说明单纯获取外部知识并不能贡献于组织创新绩效。

本文的实证研究还表明，内部关系网络对跨组织知识整合、内部关系网络对组织创新绩效、知识交融和知识应用对组织创新绩效均有显著正向影响，且知识交融和知识应用在内部关系网络与组织创新绩效间起着中介作用。这一研究结果为企业优化创新管理实践提供了借鉴和参考意义。相对于拓展外部关系网络，企业更应该注重创设内部顺畅的沟通渠道，在创新过程中不但要积极从外部获取所需的知识，还要注重将获得的外部知识与内部知识进行充分的融合以创造新知识，并有效应用创造的新知识。本研究并未对企业类型和所属行业进行区分，实际上不同类型和不同行业的企业创新可能存在显著差异，这可能会导致本研究结果的准确性，未来学者可以对企业进行细分，研究某一特殊类型或行业的企业，以增强企业创新实践的可应用性。

参考文献：

[1] 芮明杰，邓少军. 产业网络环境下企业跨组织知识整合的内在机理 [J]. 当代财经，2009（1）：69–75.

[2] Frans，A.J.，Vanden，B.，Bosch，H.W.，etal.. Co–evolution of firm absorptive capability and knowledge environment：organizational forms and combinative capability. Organization Science，1999，10（5）：551–568.

[3] Grant，R.M. Prospering in dynamically competitive environments organization capability as knowledge integration. Organization Science，2004，7（4）：371–385.

[4] 李浩. 技术创新中的知识整合规律研究 [J]. 科技进步与对策，2008，25 （4）：157–160.

[5] 赵会霞，杜荣等. 基于关系网络的跨单位知识共享机制研究 [J]. 情报杂志，2009，28（7）：110–113.

[6] 郑准. 关系网络、资源获取与企业国际化关系研究 [D]. 长沙：中南大学博士学位论文，2009.

[7] 宇红. 企业技术创新过程中的知识整合 [J]. 大连民族学院学报，2007（6）：47-49.

[8] Prusak，L.，Davenport，T.H.. Working knowledge：how organizations manage what they know. Harvard Business School Press，1998.

[9] 魏江. 知识学习与企业技术能力增长 [M]. 北京：科学出版社，2006.

[10] 詹勇飞，和金生. 基于知识整合的知识网络研究 [J]. 研究与发展管理，2009，21（3）：28-32.

[11] 季成，朱晓明，任荣明. 基于知识整合价值链的企业并购知识整合研究 [J]. 研究与发展管理，2007，19（3）：78-84.

[12] Kogut，B.，Zander，A.. Knowledge of the firm，combinative capabilities，and the replication of technology. Organization Science，1992（3）：383-397.

[13] 任皓，邓三鸿. 知识管理的重要步骤——知识整合 [J]. 情报科学，2002，20（6）：650-653.

[14] 陈建勋，潘昌才，吴隆增. 外部社会资本对企业核心能力的影响 [J]. 科学学研究，2009，27（2）：244-249.

[15] 刘兰剑. 组织与跨组织、开拓与开发：四类学习间关系的分析 [J]. 软科学，2009，23（10）：27-37.

[16] 潘杰义，王少华，曹建东. 企业外部隐性知识转移影响因素实证研究 [J]. 情报杂志，2010（4）：111-115.

[17] 赵晓庆. 我国企业技术能力提高的外部知识源研究 [J]. 科学学研究，2004，8（22）：399-404.

[18] 刘锟发，李菁楠. 国内外组织内部知识共享影响因素研究综述 [J]. 图书馆学研究，2010（8）：8-12.

[19] Constant，D.，Sproull，L.，Keisler，S.. What's mine is ours，or is it? A study of attitudes about information sharing [J]. Information Systems Research，1994（5）：400-421.

[20] 汪晓媛，宋典. 战略人力资源管理对知识整合的作用机制研究 [J]. 学习与探索，2010(4)：161-163.

[21] Tsai，W.，Ghoshal，S.. Effect of social capital and absorptive capacity on innovation in internet marketing [J]. International Journal of Management，2006，23（1）：157-166.

[22] Gulati，Ranjay.. Network location and learning：the influence of network resources and firm's capabilities on alliance formation [J]. Strategic Management Journal，1999，20（3）：397-420.

[23] 卢福财，周鹏. 外部网络化与企业组织创新 [J]. 中国工业经济，2004（2）：101-106.

[24] 谢洪明，吴溯，王现彪. 知识整合能力、效果与技术创新 [J]. 科学学与科学技术管理，2008（8）：88-93.

[25] Cassiman, B., Veugelers, R.. In search of complementarities in innovation strategy: Internal R&D and external knowledge acquisition [J]. Management Science, 2006, 52 (1): 68-83.

[26] Wijk, K.E., Jansen, J.J.P., & Lyles, M.A..Inter-and intra-organizational knowledge transfer: A meta-analytic review and assessment of its antecedents and consequences [J]. Journal of Management Studies, 2008, 45 (4): 830-885.

[27] Lynn, G.S., Reilly, R.R., Akgun, A.E.. Knowledege management in new product teams: practices and outcomes [J]. IEEE Transactions on Engineering and Management, 2000, 47 (2): 221-231.

[28] Tsai, W. Knowledge transfer in intra-organization networks: effects of network position and absorptive capacity on business unit innovation and performance[J]. Academy of Management Journal, 2001, 44 (5): 996-1004.

[29] Nonaka, Takeuchi, H.. The knowledge-creating company [M]. New York: Oxford University Press, 1995.

[30] Polanyi, M. The Logic of tacit inference, knowing and being [M]. London: Routledge and Kegan Paul, 1969.

[31] 董小英，蒋贵凰，刘倩倩. 知识管理提升企业创新能力的实证研究 [J]. 清华大学学报（自然科学版），2006，46（S1）：956-963.

Empirical Research of the Relationship between Relational Networks, Inter-organizational Knowledge Integration and Innovation Performance

Kong Fanzhu

(Huaiyin Institute of Technology, Huaian 223001, China)

Abstract: The study analyzed the intension and elements of inter-organizational knowledge integration, devised three links construction of inter-organizational knowledge integration. It established the theoretical model of relational networks, inter -

organization knowledge integration and innovation performance, and it testified that the external relation networks has positive affection to knowledge capture, the internal relational networks has positive affection to knowledge remixing and application, and innovation performance, and relational networks has an direct effect on innovation performance, and could influence it by the mediator role of inter-organizational knowledge integration. The theoretical model provides theoretical base to improve the ability of inter-organizational knowledge integration from the improvement of internal and external relational networks.

Key Words: relational networks; inter-organizational knowledge integration; innovation performance

企业自主创新跨组织知识整合模型及实现机制①

孔凡柱② 罗瑾琏③

摘　要：跨组织知识整合是企业实现自主创新的重要途径。本文从跨组织知识整合的产生动因、整合内容、整合流程和实现路径等方面阐述了跨组织知识整合的内在机理，并得出结论。跨组织知识整合内在由相互交织的知识捕获、知识交融和知识应用三个环节组成，三者之间的交互关系组成了跨组织知识整合的螺旋运动模型，跨组织知识整合螺旋运动的实现需要企业创设与之相适应的情境。

关键词：自主创新；跨组织知识整合；知识创新

随着知识管理理论的日益成熟和完善，知识在企业创新中的重要性日益得到学术界和实业界的关注，基于知识管理的企业创新研究成果不断涌现。然而在全球经济一体化的环境下，企业的可持续发展正面临着日益严峻的挑战。[1] 虽然知识业已成为企业最重要的战略资源，但知识仅仅是一种手段，单纯拥有大量的知识并不能确保企业创新的成功，也并不足以增强企业核心能力，为企业带来竞争优势。Volberda（1999）指出，整合的知识而非知识本身形成企业的核心能力。[2] 在当前环境下，任何一家企业都不可能拥有创新所需要的全部知识资源，都不可避免地要获取吸收组织外知识为企业创新所用。国内外虽然有学者讨论了知识整合与企业创新的关系，但大都集中于企业内部知识整合，较少涉及跨组织知识整合。本文则把跨组织知识整合放在企业自主创新这一微观环境下，探讨跨组织知识整合的基本内涵及实现机制。

---

① 教育部人文社会科学青年基金：企业集成创新与合作创新契合机理研究：知识管理的视角（10YJC630108）。该文发表于《中国流通经济》2012 年第 6 期。

② 淮阴工学院经济管理学院，江苏淮安，223001。

③ 同济大学经济管理学院，上海 200092。

一、跨组织知识整合的产生动因

跨组织知识整合是企业创新发展的需要。Blackler（2004）等人发现，创新中的知识在组织中分布广泛且相当离散，存在于不同部门，为不同领域的专家所掌控。为了保证技术创新的各个阶段都能运用到企业整体的知识资源，通过整合的方式，在实现技术创新过程中对知识的充分运用是必要的。[3] 在技术创新过程中，只有经过真正意义上的知识整合，企业知识资源的价值才能真正发挥出来，能否成功整合企业拥有的知识资源决定了技术创新效率。[4] 正因为如此，关于知识整合的研究最初主要集中于企业内部，从多个层面研究组织内部不同个体、不同团队及不同部门之间的知识整合，以发挥企业内部知识的整体功能。虽然也有学者提出了跨功能团队和跨职能部门知识整合的概念，但研究视域依然局限于企业内部。

德鲁克指出，在新经济中，企业的创新能力取决于企业从外部组织获取知识的能力。一家企业可能拥有生产某一产品的某一特定的知识，但它绝不可能拥有所有相关知识。复杂创新理论认为，技术创新是复杂而不确定的，在信息社会和知识经济时代，技术创新的步伐越来越快、周期越来越短，技术创新的复杂性和需求的多样性使几乎没有一个企业能够仅仅依靠自身资源就能完成所有技术创新活动。[5] 所以，在知识经济条件下，企业为获得持续竞争优势，就必须学会“两条腿走路”，既要充分利用组织已有知识，又要努力寻求外部支援，积极获取外部知识资源，实现内部知识与外部知识的有机融合。Prusak（1998）指出，唯一能给一个组织带来竞争优势的就是知道如何利用所拥有的知识和快速获取新知识。[8] 这实际上说明了跨组织知识整合对企业获得竞争优势的决定作用。[8] 我国学者芮明杰也指出，知识整合不仅仅是着眼于企业内部的知识整合，还应该关注跨组织的外部知识整合，只有把内外知识整合有机统一起来才能真正提高企业知识整合水平和能力。[1]

二、跨组织知识整合的内涵与特征

跨组织知识整合是企业内部知识整合的物理延伸，是企业为了实现自主创新目标，通过组织间的正式关系和组织成员与其他组织和非组织个体之间的社会性接触捕获外部知识，并将所获外部知识与企业已有知识进行综合和集成，实施再建构，使之融合成为具有新的基因结构和应用环境的新的知识体系的过程。跨组织知识整合是一个复杂的过程，不仅需要挖掘企业内部知识之间的相互联系和动态关系，还需要捕获外部知识并建立外部知识与内部知识之间的关系；跨组织知识整合的体系结构是一个开放式结构，与外界存在广泛的交流与接触；跨组织知识整合是一种跨越组织物理界限的学习过程，也是一种借助外部知识资源实现企业内部知识创新的过程。

跨组织知识整合是企业技术创新网络固有的社会属性。企业技术创新往往需要一系列在单一的组织内可能不存在的资源，因此，企业就必须积极寻求并获取其他组织的创新资源，而建立正式的组织间关系被视为获取这些资源的高效途径之一。同时，企业技术创新可能跨越有关学科的范围非常之广泛，一个学科的工程师通常无法了解对于这个技术同样具有基础性作用的另一个学科的知识。没有一个简单的个人能够彻底地了解整个系统，为了成功，他们就要利用非正规的社会联络网关系，将跨越几个领域不同学科的资源整合和利用起来。[5] 这样，企业在技术创新过程中就与其他组织和个人建立了多种正式或非正式的创新关系，我们暂且将这种关系总称为企业创新网络。在这一网络中，企业能够对内部与外部的发明和创新服务进行整合并灵活运用，从而使其产品、服务和商业模式的盈利达到最佳状态。正如马歇尔所强调的产业氛围带来组织学习的动态性一样，在创新网络关系中的跨组织知识整合过程中，企业成员会有意识和无意识地获取内化于企业创新网络内部但又外化于企业的显性和隐性知识。如果离开了网络所产生的创新氛围，是不可能直观地发现这种整合绩效的。所以，跨组织知识整合是企业技术创新网络固有的社会属性。

跨组织知识整合是内部整合与外部整合的复合体。根据整合过程中知识来源的不同，知识整合可以分为内部整合和外部整合。知识内部整合是指组织成员在所拥有的知识基础上源于某一个目标而进行的知识整合，这个目标可以是新产品和技术的开发或改进、针对某个问题而进行的集思广益、突发的新创意和积累的特殊经验与看法等。知识外部整合是指企业在其拥有的知识基础之上，受到外部知识源的强大冲击而发生的知识整合，这个过程一般表现为企业引进新技术设备或与外部知识交流型的合作，是对外来知识消化吸收的过程。[6][7] 从现有内部知识整合与外部知识整合的界定可以看出，内部知识整合强调了知识整合的目标导向性，外部知识整合强调了知识整合发生的外部动机，是一种被动式的整合。在竞争日益激烈的今天，企业经营的成败往往取决于是否走在了竞争者的前面，哪怕只有一小步，谁掌控了技术发展的潮流，谁就会在竞争中掌握主动，这就要求企业要科学地制定技术创新战略目标，积极主动地整合应用一切可以获得的内外部知识资源为企业创新服务，以增强企业核心竞争力，进而获得竞争优势。因此，知识经济背景下的知识整合应该突破组织有形边界的束缚，在企业战略目标的统一指引下，积极整合应用内外部知识，可以说，跨组织知识整合是企业内部知识整合与外部知识整合的复合体，是一个企业集体捕获外部知识，并将这些知识分送到能够帮助企业实现最大利润和效益的任何地方的过程。[8]

无论我们学习任何新事情、接受任何新知识，事实上我们必须在某种程度上重新安排我们当前理解的每一件事情，必须整合我们当前的知识。[9] 因此，跨组织知识整合也就是一种跨组织的学习过程。Raymond（2000）认为，跨组织学习是一种动态的互动过程，能够促使组织产生新的知识与技术，以发展集体的竞争优势。[10] 虽然跨组织知识整合与组织内部知识整合存在很多共同点，但由于跨组织知识整合是跨越组织边界的组织行为，从资源的获取和学习过程看要比组织内部整合更加复杂。[11] 许多企业与其合作者或竞争者进行战略联盟通常是为了学习获得对方的经验与知识，[12] 所以，跨组织知识整合是一种收集、获得其他组织知识的途径，它可以将知识由一个组织扩散给另一个组织，也可以通过组织间的互动，创造新的知识，通过与其他企业的接触，企业可以获得外部知识，并把这些外部知识融合于现存知识当中。[11][13]

组织学习既包括组织间的正式学习，也包括组织成员间的非正式学习。正式学习往往发生在组织层面，借助于组织之间的正式关系，而非正式学习往往发生在个体层面，借助于个体之间的非正式关系。跨组织知识整合的学习过程不仅注重组织间的正式学习，更加注重个体的非正式学习，而这种非正式学习不仅发生在组织个体成员之间，还可能发生在组织员工与其他非组织成员之间。因此，跨组织知识整合过程中发生的跨组织关系就不只是企业与供应商、经销商、投资人、政府机构、科研院所等正式组织之间的联结关系，还包括企业内员工所建立的与其他个体之间的非正式的联结关系。

三、跨组织知识整合的内容

跨组织知识整合是跨越有形组织边界的一种知识管理行为，是知识外部整合与知识内部整合的统一体，是多种不同形态知识的相互转化过程，同时也是知识在不同知识主体间转移以实现知识重构的过程，这一系列特征决定了跨组织知识整合有着多种内容和类型。

1. 不同形态知识之间的整合

从认识论的维度可以将知识分为隐性知识和显性知识两大类。隐性知识通常是指那些用语言难以清晰表达的知识；与隐性知识相对，显性知识是能够用语言清晰表达的知识，通常表现为各种有形文件、文档、制度、规范和数据库等。德鲁克认为，自主创新本质上是一种知识创新的过程，需要综合吸收利用组织内外的隐性知识和显性知识，这就决定了自主创新过程中的跨组织知识整合内在地包含隐性知识整合、显性知识整合及隐性知识与显性知识的整合。只有经过不同形态知识的高效整合，企业所需要的新知识才能不断地被创造出来。

2. 不同主体之间的知识整合

跨组织知识整合的知识不仅来源于企业外部的个体、团体和组织，而且还包含企业内的个体、部门和组织，如何对企业内外两种来源的知识进行有效整合使之融合在一起，以最优的方式组合起来，是提高跨组织知识整合效率的重要途径。跨组织知识整合涉及知识主体相对于知识内部整合更加复杂和多样，既有正式的组织，也有非正式的组织；既有营利性组织，也有非营利性组织；既有正式组织中的个体，也有非组织个体，这无形中增加了跨组织知识整合的难度。同时，不同类型的组织会拥有不同的知识战略、组织形态等诸多差异，加之不同个体拥有的知识、经验、技巧和创新意愿等也不同，这会导致企业创新过程中的跨组织知识整合的过程错综复杂，不同知识主体之间的知识整合必定呈现出多途径、多方向的特征。不同知识主体的知识整合就是设法把企业外部知识主体的知识通过系统化、交互式等多种方式和方法整合至企业内部，进而创造出新知识，以服务于企业创新活动。

3. 内部知识与外部知识的整合

在知识经济时代，知识的更新换代速度越来越快，任何一个企业都不可能拥有竞争所需要的全部知识；同时，在动荡、变化的竞争环境中，决定企业竞争优势的关键知识也处于动态变化中，企业无法在其内部全部集成这些不断更新的知识。可以说，任何一家企业创新都不可能单纯依靠自身的知识积累，而必须有效吸收利用外部知识资源。然而，外部可供利用的知识往往是零星的、分散的、不成体系的，此外，外部知识与企业内部知识往往存在一定的间距，这一定程度上决定了企业不太可能直接利用外部知识，而只有通过内外部知识的有机整合，分散的内外知识形成一个强有力的系统，才能共同服务于企业创新。在企业自主创新过程中，企业内部的各种信息和知识与企业外部的信息和知识的互动、协同、融合等关系日益强化，发生着复杂的整合过程。通过这种整合作用，企业从外部吸收的知识不断转化为企业内部知识，从而不断增加企业的内部知识积累，新知识也就不断涌现出来。为促进企业的跨组织知识整合，企业应加快建成高效的外部知识网络，将外部的客户知识、供应商知识、合作伙伴知识及相关的科技、政策等方面的信息与知识高效地整合到企业知识管理系统之中。企业内部知识与外部知识的有效整合是企业创造知识的重要条件，也是企业自主创新过程中跨组织知识整合的重要组成部分和内在要求。

4. 原有知识与新知识的整合

知识整合过程是原有知识和新知识不断相互融合，通过原有知识解释新知识，使新知识逐渐成为已知并被员工所理解的过程，原有知识和新知识的相互渗透是知识整合机制的关键所在。[14] 跨组织知识整合的目的是吸收利用组织外知识创造新知识，并将新知识应用于企业创新实践中，以推进企业创新活动。在跨组织知识整合过程中，原有知识是新知识产生的基础，有些新知识也需要利用已有知识去解释才能被理解和掌握，新知识也会促使知识主体重新审视原有知识，这一过程既是企业知识库的积累，也是原有知识的升华。跨组织知识整合是一个动态循环过程，上一循环过程中产生的新知识构成下一循环中的知识基础，上一循环中产生的新知识与原有知识的整合是下一知识循环的动力和源泉。

以上所述跨组织知识整合的四部分内容共同构成跨组织知识整合的完整体系。但值得提出的是，在创新实践中，我们无法明确区分这四部分的界限，各部分之间存在着一定的交叉和重叠，例如，知识总是以隐性或显性的形式出现，不管是何种类型的知识整合都会涉及不同形态知识间的整合。此外，知识总是借助于一定的载体而存在，不论是内部知识与外部知识的整合，或是原有知识与新知识的整合都无法割裂与不同主体知识整合之间的联系。

四、跨组织知识整合要素结构

知识整合是企业对已有知识进行再建构，使逐渐沉淀的组分知识重现生机的过程。知识的整合包含两个互补的方面，一是个体间获取知识的分工，二是个体间的知识交流，通过分工获取知识是知识整合的基础。[5] 詹勇飞、和金生（2009）认为，知识整合的前提是能够获取相应的知识源。[15] 跨组织知识整合是组织内部知识整合的物理扩展，是为实现企业自主创新而进行的跨越组织边界的一种知识创新方式，是利用外部知识并将外部知识与企业内部相关知识进行融合以创造新知识的过程。因此，高效地获取外部知识并有效识别内部相关知识就成为跨组织知识整合的前提条件，本文将这一过程界定为知识捕获。捕获外部有价值的知识并不是一件容易的事情，尤其是在知识“爆炸”的今天，知识的种类和数量呈指数式增长，更增加了企业获取外部知识的难度。这要求企业必须首先根据企业创新战略识别出特定的知识需求，然后有针对性地进行知识搜索，找寻所需知识源，在此基础上将搜索到的知识转换为企业内部知识。因此，知识捕获过程包括知识识别、知识搜索和知识转移三个基本环节。

知识转移后，如果没有对所转移的知识有效地吸收和运用就没有达到知识整合的真正效果，将组织已有的知识和转移进来的新知识进行充分的融合，这是企业将知识进行转化和创新的过程，是企业进行价值创新不可或缺的部分。[16] 知识捕获为跨组织知识整合提供了外部知识基础，然而外部知识的获得仅仅是为跨组织知识整合提供了可能，并不能保证跨组织知识整合的实现，跨组织知识整合的效果还取决于外部知识与企业已有知识的融合程度。因为，知识整合是通过一定的科学方法将已有分散的组分知识进行综合、集成和再建构以产生新知识的过程，跨组织知识整合也只有经过外部知识与内部知识的集成和再建构才能产生新知识。Kogut 和 Zander（1992）认为，知识整合能融合不同种类和形式的知识及复合资源，是一种结合的能力，[17] 因此，本文将这一过程界定为外部知识与内部知识的交融，该过程是跨组织知识整合的核心和关键环节，知识交融的层次和深度直接决定了知识整合的绩效结果。在波兰尼看来，知识可分为显性知识和隐性知识两大类，按照此分类方法，知识交融可分为显性知识—显性知识、显性知识—隐性知识、隐性知识—隐性知识三大类。显性知识通常是以各种文本的形式存在，较易为人们所理解和掌握，显性知识间的交融通常表现为知识存量的增加和结构的改变，采取的方式多为物理性的技术方法。由于隐性知识的难以表达和传递，隐性知识间的交融多为实践性和共享性交融，通过亲身参与（干中学等）和团体内的讨论交流等方式来实现。显性知识与隐性知识的交融介于显性知识交融与隐性知识交融之间，根据交融过程中起关键作用的知识类型，可以将显性知识与隐性知识的交融分为内生型交融和外生型交融两种形式。内生型交融是指组织在原有隐性知识的基础上对所获显性知识进行分类整理，也就是借助于隐性知识对显性知识进行再认识的过程，进而建立显性知识与原有隐性知识间的联结关系。内生型的要旨是说其更新知识体系的动力和知识来源是知识主体本身，是一种主动性行为。外生型交融是指新获显性知识促使组织对原有隐性知识进行再认识以产生新的隐性知识的过程，在此过程中隐性知识与显性知识之间的联结关系得以建立。外生型的要旨是说其更新知识体系的动力和知识来源是知识主体的外部，是自身积累的知识被外来知识冲击而重新建构的过程。值得提出的是，正如我们很难界定显性知识与隐性知识之间的界限一样，在知识整合过程中，我们同样无法准确划定各种类型知识交融的界限。实际上，不同类型知识的交融往往是同时发生、相互交叉、相互作用，共同构成一个完整的知识交融体系，促进新知识的产生。此外，在企业创新的不同阶段，知识交融会呈现出不同特征，有时可能是个体行为，有时又可能是团体行为或者组织行为，知识交融的方式和程度也会表现出明显差异。

不同知识间的交融往往促使新知识的产生，然而，创造新知识并不是跨组织知识整合的最终目的，将整合后的新知识应用于新技术、新产品开发，为企业创造新的价值才是跨组织知识整合的本质所在，因此，知识的应用理应成为跨组织知识整合的重要构成要素。同时，在企业的知识管理系统中，知识整合与知识应用也是密不可分的。任皓、邓三鸿（2002）认为，企业知识管理的最终目的是要实现知识的应用，其前提是知识必须是明晰的、有序的、系统化的，而知识整合是实现这一结果的有效工具。[9] 同时，知识整合是知识要素与实践要素的整合，是认识中的实践整合，实践中的认识整合，知识整合的这一鲜明特征也包含了知识的应用要素。对于一个企业来讲，知识整合绝不是现有知识的简单叠加，而是一个知识创新的过程，包含知识获取、知识共享和知识应用等多个环节。[9][18] 此外，就宏观经济发展来讲，新知识的产生本身并不等同于经济的发展，只有当新知识带动了科技、管理等各方面的创新，并迅速转化为现实生产力，才能带动经济发展。[19] 这在很大程度上取决于新知识的有效、合理和充分应用。可以说，跨组织知识整合的最终目的是将整合所获得的新知识在企业创新实践中进行应用，以实现企业的创新目标，离开了知识应用环节，任何形式的知识整合都将变得毫无意义。因此，知识应用应当成为跨组织知识整合过程中的一个重要环节和构成要素。

鉴于上述分析，本文认为，知识捕获、知识交融和知识应用是企业跨组织知识整合的核心构成要素。知识捕获、知识交融和知识应用的表现形式和重要性程度会因企业创新的不同形式和不同阶段而呈现出差异性；同时，知识捕获、知识交融和知识应用也不是单一过程，而是不同参与者之间一系列复杂的、综合性的因素相互联系和相互作用的结果，每一过程都可能包含多个不同子要素和环节，也都可能存在多种实现形式以对应不同的企业创新需要。

五、跨组织知识整合流程

新型企业观认为，企业在本质上是一个建立在信息技术之上的由一系列流程组成的价值创造系统，企业的竞争优势通过其业务流程得到体现，业务流程已成为企业要素之一。流程是指一个或一系列连续有规律的行动，这些行动以确定的方式发生或执行，导致特定结果的实现。跨组织知识整合的最终目标是通过各种有效途径和机制，吸收利用相关外部知识，促使企业的知识资本增值，提高企业的核心竞争力。跨组织知识整合的重点在于捕获外部知识并将之与企业内部知识进行交融使之形成新的知识，在这一过程中必然包含知识的跨组织和跨形态流转。知识流是知识在载体之间流动的过程或是知识处理的一种机制，是一个借助知识发现问题并解决问题的过程。李凤云认为，知识流是一个动态的概念，强调了知识的识别、获取、开发、分解、储存、传递、共享及运用其产生价值的运动过程。

借鉴业务流程和知识流的概念，本文将跨组织知识整合过程中的知识流动过程及过程中各要素的相互作用关系统称为跨组织知识整合流程，如图 1 所示。一个完整的流程包含资源、过程、过程中的相互作用和结果四个要素。知识是跨组织知识整合流程中的主要资源；知识捕获、知识交融和知识应用构成了跨组织知识整合流程的三个主要基点，三者之间彼此联系、相互作用；有效的跨组织知识整合会推动企业创新目标的实现，增强企业核心竞争力。

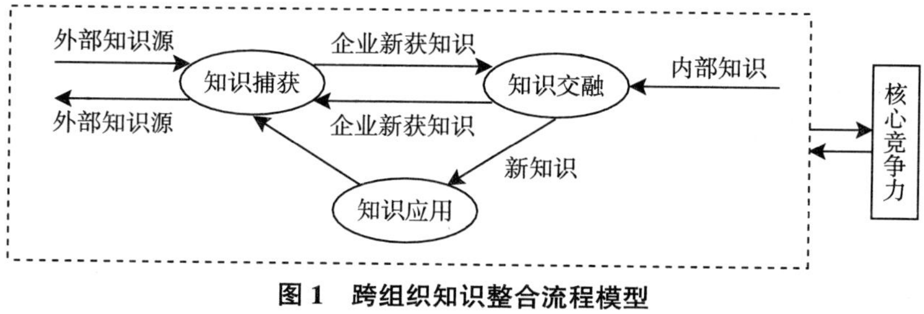

图 1 跨组织知识整合流程模型

跨组织知识整合是知识内流和知识外流的有机体。按照知识流的来源，知识流可以分为知识内流和知识外流两类。知识内流是企业内有关产品技术、营销技巧、市场和产业概况、竞争者动向、顾客需求及偏好的信息与知识的流动。知识外流是企业与外部环境间有关产品技术、营销技巧、市场和产业概况、竞争者动向、与顾客需求及偏好的信息与知识的流动。跨组织知识整合的实现既需要企业与外部知识提供者（供应商、营销商、竞争者、顾客、政府机构、科研机构等）相互交流，获取需要的知识资源，又需要企业内部各部门和个体之间进行充分的知识流转。知识内流和知识外流的某一环节出现断裂都会影响跨组织知识整合的最终绩效。因此，跨组织知识整合内在要求知识内流和知识外流的有效衔接。

跨组织知识整合具有动态性特征，具有很强的灵活性，企业根据具体的创新战略，辨别创新的知识需求，寻找可用的外部知识源，进而整合组分知识，形成创新的结构性知识，实现动态竞争优势的保持。知识整合的前提是能够获取相应的知识源。因此，在创新战略的指引下，捕获外部知识就成为跨组织知识整合流程的起点。捕获的外部知识需要与内部知识进行充分的交融才能产生新的知识体系，在这一过程中可能包含知识捕获与知识交融之间的多轮往复循环。经过知识交融，企业可能发现所获外部知识不足以解决当前问题，需要获取更多类型的外部知识，或是发现外部知识本身并不完备、不充分、不成体系，需要进一步补充和完备，这都会产生对知识捕获的反向需求。内部知识与所获外部知识的充分交融会在企业内部产生新的知识体系，对这些新知识的应用是跨组织知识整合的内在要求，新知识的应用可能发生在不同领域和层次，也可能存在多种不同应用方式。在将新知识应用于企业技术、产品等创新活动的过程中，可能会发现新的问题，进而引发新的外部知识需求，对知识捕获产生新的诉求，跨组织知识整合也就开始了新一轮的知识循环，新的知识循环是在原有基础之上的更高层次的循环，这样不同层次的循环就构成了跨组织知识的螺旋式运动。从跨组织知识整合的结果来看，跨组织知识整合有利于企业核心竞争力的增强，而企业对核心竞争力的追逐又必然会引发企业跨组织知识整合活动。因而，企业跨组织知识整合与企业核心竞争力之间是相互联系、相互作用，企业跨组织知识整合流程并不是直线型的，而是知识跨越组织边界的螺旋式流转。

六、跨组织知识整合的实现途径

基于自主创新及其知识资源的特性，我们认为企业可以从如下几个方面构建自主创新过程中跨组织知识整合的实现机制。

（一）树立自主创新与跨组织知识整合协调发展的战略理念

随着企业间竞争的日益激烈，越来越多的企业将自主创新上升到了企业发展的战略层次，为自主创新投入了大量的人力、物力和财力，但许多企业并没有因此获得核心竞争优势，原因可能是多方面的，但缺少了必要的知识资源支持不能不说是其中的一个重要因素。许多创新项目由于在前期未能获取足够的信息和知识，未经过充分的论便变匆匆上马，导致半途夭折。同时，随着知识重要性的日益突出和知识管理理论的逐步完善，越来越多的企业开始关注知识管理，在经营管理实践中获取并积累了大量知识，增加了企业的知识存量，但有些企业并没有将获得的知识进行有机整合与合理运用，造成了大量沉没知识的产生。既浪费了企业资源，又因为没有看到知识管理带来的经济效益而丧失了对知识管理的兴趣。虽然许多企业都将自主创新与知识整合放在了很重要的战略地位，但在企业经营实践中并没有将两者进行有机协调与整合，未能形成一个有力的统一体。为发挥自主创新与跨组织知识整合的协整作用，首先要求企业在创新和知识管理实践中，树立自主创新与跨组织知识整合协调发展的战略理念。需要特别指出的是，尽管本研究是以跨组织知识整合为核心，但并不是唯知识整合论，企业在跨组织知识整合的同时，必然要考虑长远发展问题。企业也不应该只是知识资源的囤积者，应该将知识的积累与企业长久的竞争优势联系起来，这需要把跨组织知识整合上升到企业的战略层次。

（二）构筑跨组织知识整合平台

Huber（1991）认为，知识平台是系统获取、存储和扩散组织知识的重要机制，是企业知识流通、运行和管理的基础设施和媒介。跨组织知识整合平台不仅仅是内部知识积累的储存地，还是从外部获取和吸收相关知识后通过知识整合创造出新的系列知识的基础。关于知识平台的构筑内容，目前学者并未形成统一意见。有学者强调知识平台的原始功能，注重知识平台物化设施的建设，也有学者认为知识平台应该包括文化、组织制度与柔性组织结构等软性要素。根据跨组织知识整合的特征，本文认为跨组织知识整合平台应该成为一个开放的系统，不但重视对内部知识的开发，而且更重视对外部知识的利用。因而，跨组织知识整合平台至少应该由两部分组成：一是与外部知识源的链接；二是内部知识交流、共享和应用的平台。

跨组织知识整合平台的构筑没有统一的模式，企业可以根据自身的条件和创新实践的要求有选择地进行。一般而言，企业可以从四个方面着手：一是完善企业生产和研发基础设施。生产和研发基础设施反映了企业创新水平，跨组织知识整合尤其是新知识的应用是以生产和研发基础设施为支撑的，离开了这些设施的支撑，知识应用就成为空谈。二是创建并逐步完善企业知识库。知识库的最基本作用就是把合适的知识以最小的成本传递给需要它的人。三是完善信息基础社会。在IT技术日益发展的今天，信息基础设施在跨组织知识整合过程中发挥着越来越重要的作用。跨组织知识整合有很大一部分是组织成员通过非正式的信息网络学习完成的，因此，企业应逐步完善信息基础设施，努力在企业内部建设高效的E-learning社区，促使企业能够快速、方便地获取、转移和利用所需知识，并能灵活地识别、捕捉和消化来自企业外部的知识。四是努力创造并不断加强便于知识跨组织转移的“场”，如组织间交互式的实践社区、客户交流与反馈平台等，以实现知识（特别是隐性知识）的跨组织整合。

（三）加强企业“看门人”队伍建设

Allen（1997）认为，“看门人”就是那些在企业中与外界联系较多、沟通广泛、高绩效的个体，并认为企业中的这些个体将影响整个组织与外界的知识沟通。跨组织知识整合以外部知识获取为基础，这必然会发生企业与外部组织、团体和个人的接触。这种接触实际上是由代表组织的员工进行的，他们代表本组织的利益，处理对方传递的信息，并将组织机构联系起来。由于在组织中所处的位置比较特殊，因此，他们需要对组织内外两类主体同时负责。[6] 魏江（2006）也认为，在对外学习的过程中，组织内技术“守门人”发挥着非常关键的作用，通过对外界知识有选择的引入，并在组织内传播，将一次输入变为两次输入，知识传播和扩散的效率大为提高。[7] 在跨组织知识整合过程中，企业要有效利用“看门人”这一角色，识别出“看门人”，并奖励和支持他们把所了解的知识传播给企业其他成员。

组织成员既是组织个体又是社会个体，在社会交往中组织成员会不可避免地与外界组织和个体发生这样或那样的关系，而间接获得企业不具备的新知识，从某种程度上讲，组织中的每一个成员都有可能成为企业“看门人”。因此，企业应树立全员创新的理念，鼓励所有成员通过多种方式和途径获取外部知识，并实现在组织内部的快速流转。同时，组织成员由于在组织中的地位和所扮演角色的不同，在跨组织知识整合过程中所发挥的作用也不同，企业在鼓励全员创新的同时应努力发现创新过程中的关键人物，并采取必要措施对他们的知识整合作用予以强化。企业可以采取适当的激励机制提高“看门人”的知识获取和传递意愿，同时还可以针对不同的创新项目对主要“看门人”进行培训以提高他们的跨组织知识整合能力。

（四）构建多维关系网络

1. 积极拓展外部关系网络

企业要经常与外部环境进行互动，从外界获取自己所需要的资源和信息，然后再将自己所希望让外界了解的信息通过各种途径表达出来。这样，拥有较多外部关系网络的企业，更易于从其所处的外部网络中获取所需的关键知识和信息，从而提高其跨组织知识整合能力。企业外部关系网络来自于企业组织与外部利益相关者、伙伴甚至竞争对手之间的联系。因而，企业拓展外部关系网络可以从客户、供应商、竞争者和其他组织四个方面来开展。客户掌握着市场需求信息，对客户信息的获取决定了企业创新和跨组织知识整合的方向。企业应与主要客户建立正式的关系网络，定期或不定期地获取客户尤其是领先客户对产品和市场的认知信息，掌握市场需求状况。供应商的技术革新和产品创新往往能推动企业的技术创新和产品创新，企业的创新活动不应脱离供应商而独立存在，应建立与供应商的正常沟通机制，积极获取供应商的技术变革信息，为企业创新战略的制定提供知识支持。企业与竞争者的网络连接可能体现为正式合作的形式，如合资公司、联盟或者 R&D 合作等，也可能体现非正式的知识交流。除此之外，跨组织知识整合的外部知识还来源于其他知识联系，诸如各类协会、外部科学技术群体、区域集群、国家或国际标准机构等部门。为获取先进的专业知识，企业应积极与这些机构建立正常的交流和沟通机制，通过积极开展形式多样的学术交流和培训、教育等，与外界知识源进行交流，不定期邀请知名专家学者到企业作学术报告和会谈等，以有利于组织成员对外界知识的获取和利用。Podolny（2001）认为，企业与外部网络联系的一个关键特征是交易关系的重复性和持久性。因而，企业应与外部知识源建立长久性的战略合作关系。

2. 优化企业内部关系网络

企业内部关系网络主要是指组织成员之间的联系通道，是企业内部成员之间正式或非正式关系的结构与内容，它能够促进企业内部成员之间密切的社会性互动，从而有助于促进企业内部的信息及其他资源的交换。内部关系网络可以增进组织成员对工作和知识的理解，有助于解决沟通协调问题，加强专业化知识的共通性，促进知识的获取、积累分享和应用，从而增强组织的知识整合能力。[20] 内部关系网络作为知识整合的机制，具有正式和非正式两种方式。正式关系网络是基于正式的制度规则，通过命令、规则、程序和计划等规范的途径进行的。然而由于正式关系网络的僵化和缺乏效率，仅有正式关系网络不足以充分实现知识交流，而需要非正式的知识交流机制的补充和完善。非正式关系网络基于行动者行为的嵌入性，嵌入性使得关系网络中行动者的行动受到关系结构的影响，使个体行动者可选择的行为组合受到限制，从而改变了行动者对相互间可能采取的行动的预期。企业应重视创建有利于成员间合作的非正式互动系统，通过多元化的表现形式非正式互动系统在促进知识共享合作中发挥重要作用，从而营造良好的交流沟通环境。对于企业管理者来说，优化内部关系网络一方面要克服正式关系网络的"惰性"，另一方面要尽量避免非正式关系网络的"私化"，这就要求企业要尽可能避免内部小圈子的形成，正确识别组织成员的网络关系，并能为不同成员之间的社会互动创造良好条件，实现正式关系网络和非正式关系网络的优势互补、协调发展。

（五）创建开放式学习型组织文化

企业文化是企业长期形成，并为组织成员所接纳的价值观、工作理念和学习方式的综合体，是指导企业及其成员行为取向的一种理念。由于跨组织知识整合受到个人捕获和消化知识的能力、组织能否有效促进知识的转移这两个方面的制约，因而，企业应该创立一种鼓励开拓和学习的企业文化，使开放精神与学习精神得以内化，从而更好地对跨组织知识整合进行有效的管理。

开放和学习的企业文化是企业自主创新过程中跨组织知识整合的文化基础。一方面，开放的企业文化使得员工在观念上意识到知识整合不是封闭的内部知识创造，企业集成创新不能仅依靠内部资源，而只有在充分吸收利用相关外部知识资源，实现企业外部知识和内部知识的充分参与才能够使跨组织知识整合产生良好的效果，企业才能够在跨组织知识整合中提升自身知识的价值，实现集成创新目标。另一方面，跨组织知识整合也需要学习型企业文化。在创新初期，一切都还不明晰，这时候就要求组织成员通过探索性学习探求各分散知识间的内在联系，找出知识缺陷，并努力学习新知识。同时，企业也不可能拥有创新所需要的全部知识，这就要求企业和组织成员不断地通过学习以获得新知识，不仅要开展内向型学习，也要开展外向型学习，尽可能多地向拥有创新所需要知识的知识源学习。开放式学习型文化可以推动企业和员工的这一学习行为，可以缩短企业创新的黑暗摸索过程。

开放式学习型组织文化应该成为组织全体成员的价值观，而不应该仅仅成为少数管理者的导向型理念。所以，开放式学习型组织文化的建设应该建立在组织成员广泛交流的基础上，将组织文化建设体现在构建企业的目标、宗旨、经营思想等理念中，促使跨组织知识整合活动具有柔性的目标，这样可以充分发挥知识的自组织特性，使组织成员可以根据企业创新发展的需要自主寻求知识对象，并以最优化的方式加以整合。开放式学习型组织文化的形成可能需要一个长期的过程，这就要求企业要把组织文化建设上升到企业战略层面，将组织文化建设融合于企业集成创新战略的实施过程中。此外，组织文化的形成不是自适应过程，即使自然形成也往往需要较长时期才能最终确立。这就需要企业在组织文化建设过程中要加以正确的引导并采取必要的管理措施。

七、结语

知识作为一种最有价值的战略资源，在企业自主创新中发挥着至关重要的作用。本文阐述了企业自主创新过程中的跨组织知识整合的内在机理。跨组织知识整合是一个复杂的过程，不仅需要挖掘企业内部知识之间的相互联系和动态关系，还需要捕获外部知识并建立外部知识与内部知识之间的关系。同时，跨组织知识整合也是一种跨越组织物理界限的学习过程，是一种借助外部知识资源实现企业内部知识创新的过程。跨组织知识整合内在由知识捕获、知识交融和知识应用三个基本环节构成，三者之间相互依存、相互作用的关系，共同组成了跨组织知识整合的螺旋式运动。跨组织知识整合的实现是一项系统工程，企业可以从构筑跨组织知识整合平台、建设“看门人”队伍、扩展并优化关系网络、创建开放式学习型组织文化等方面着手建设跨组织知识整合的实现机制。

参考文献：

[1] 芮明杰，邓少军. 产业网络环境下企业跨组织知识整合的内在机理 [J]. 当代财经，2009 (1)：69-75.

[2] Frans，A.J.，Vanden，B.，Bosch，H.W.，et al.. Co-evolution of firm absorptive capability and knowledge environment：Organizational forms and combinative capability [J]. Organization Science，1999，10 (5)：551-568.

[3] Grant，R.M. Prospering in dynamically competitive environments organization capability as knowledge integration [J]. Organization Science，2004，7 (4)：371-385.

[4] 李浩. 技术创新中的知识整合规律研究 [J]. 科技进步与对策，2008，25 (4)：157-160.

[5] 宇红. 企业技术创新过程中的知识整合 [J]. 大连民族学院学报，2007 (6)：47-49.

[6] 侯吉刚，刘益，张宸璐. 基于知识整合的新产品开发研究 [J]. 科技进步与对策，

2009，26（12）：105-108.

[7] 魏江. 知识学习与企业技术能力增长 [M]. 北京：科学出版社，2004.

[8] Prusak，L.，Davenport，T.H.. Working knowledge：How organizations manage what they know [M]. Harvard Business School Press，1998.

[9] 任皓，邓三鸿. 知识管理的重要步骤——知识整合 [J]. 情报科学，2002，20（6）：650-653.

[10] Cegarra，J.G. Linking exploration with exploitation through relationship memory [J]. Journal of Small Business Management，2007，45（3）：333-353.

[11] 刘兰剑. 组织与跨组织、开拓与开发：四类学习间关系的分析 [J]. 软科学，2009，23（10）：27-37.

[12] Jones，E. Creating a partnership-oriented，knowledge creation culture in strategic sales alliances：A conceptual framework [J]. Journal of Business & Industrial Marketing，2003，18（4/5）：336-352.

[13] Dyer，J.H.，Singh，H.. The relational view：cooperative strategy and sources of inter-organizational competitive advantage [J]. The Academy of Management Review，1998，23（4）：660-679.

[14] 谢晖. 组织隐性知识整合及扩散机制研究 [D]. 中南大学，2005.

[15] 詹勇飞，和金生. 基于知识整合的知识网络研究 [J]. 研究与发展管理，2009，21（3）：28-32.

[16] 季成，朱晓明，任荣明. 基于知识整合价值链的企业并购知识整合研究 [J]. 研究与发展管理，2007，19（6）：78-84.

[17] Kogut，B.，Zander，A.. Knowledege of the firm，combinative capabilities，and the replication of technology [J]. Organization Science，1992（3）：383-397.

[18] 冯进路，冯丽婷，闫化海. 知识整合的效率：市场、组织和企业家的作用 [J]. 科学学与科学技术管理，2004（8）：43-47.

[19] 朱雅帅，李朝明. 知识创新与企业创新系统发展的关系研究 [J]. 科技进步与对策，2011，28（1）：68-72.

[20] 陈建勋，朱蓉，王三木，杨京京. 内部社会资本、知识整合与核心能力 [J]. 软科学，2008，22（6）：16-21.

On the Internal Mechanism for the Realization of Inter-organizational Knowledge Integration in Enterprise Independent Innovation

Kong Fanzhu[1] Luo Jinlian[2]

(1.Huaiyin institute of technology, Huaian 223001;

2. Tongji university, Shanghai, 200092)

Abstract: Inter-organizational knowledge integration is the important ways of independent innovation. The paper anaylzed the mechanism for the realization of enterprise's inter-organizational knowledge integration. Inter-organizational knowledge integration is composed of three links of knowledge capture, knowledge remixing and knowledge application. The interaction between the three links formed the spiral movement mode of the inter-organizational knowledge integration, and the realization of the spiral movement of inter-organizational knowledge integration was based on the paticular integtation environment that enterprise created.

Key Words: independent innovation; inter-organizational knowledge integration; knowledge innovation

参考文献

［1］傅利平，柳飞红. 基于过程模型的企业技术创新能力指标体系研究. 科技进步与对策，2009，26（17）：137-140.

［2］王众托. 系统集成创新与知识的集成和生成［J］. 管理学报，2007，4（5）：542-548.

［3］徐冠华. 加强集成创新能力建设［J］. 中国软科学，2002（12）：2-5.

［4］杜传忠，曹艳乔. 合作创新与中国企业自主技术创新的实现［J］. 当代财经，2009（7）：61-66.

［5］刘新同. 合作创新：企业自主创新的有效形式. 科技管理研究，2007（1）：13-14.

［6］宋晓梅，刘富铀，弓宝平. 合作创新还是自主创新.科学管理研究，2005，23（5）：17-19.

［7］洪蔚. 自主创新是寻求本土化发展路径［J］. 科技信息，2005（7）：27-28.

［8］约瑟夫·熊彼特. 经济发展理论［M］. 北京：商务印书馆，1990.

［9］王燕梅. 高技术产业化中的融资问题研究［J］. 中国工业经济，2000（9）：67-71.

［10］ Arrow，K.J. The economic implications of learning by doin. Reviews of Economic Studies，1962，29：55-173.

［11］ Grossman，G.M.，Helpman，E.. Endogenous innovation in the theory of growth. Journal of Economic Perspectives. Winter 1994：23-44.

［12］ 司托克斯. 基础科学与技术创新［M］. 北京：科学出版社，1999.

［13］ 桥本寿朗. 全球化时代的日本经济［M］. 吉林：东北财经大学出版社，2003.

［14］ 山崎正胜. 日本科学技术政策的特征［J］. 科学学研究，2002，20（4）：

402–405.

[15] 金麟洙. 从模仿到创新 [M]. 北京：新华出版社，1998.

[16] 陈劲. 从技术引进到自主创新的学习模式 [J]. 科研管理，1994，15（2）：32–34.

[17] 傅家骥. 技术创新学 [M]. 北京：清华大学出版社，1998.

[18] 杨德林，陈宝春.模仿创新自主创新与高技术企业成长 [J]. 中国软科学，1997（8）：107–112.

[19] 张炜，杨选良. 自主创新概念的讨论与界定 [J]. 科学学研究，2006，24（6）：956–961.

[20] 詹颂生. 自主创新概念和路径新探 [J]. 岭南学刊，2009（2）：14–18.

[21] 周琬. 以自主创新促进经济发展方式转变 [J]. 理论前沿，2009（24）：70.

[22] 戴德余. 增强自主创新能力，企业主体地位是关键 [J]. 科技管理研究，2009（11）：16–18.

[23] 张广科. 人力资本的扩张与企业自主创新能力建设 [J]. 中国人力资源开发，2009（7）：14–17.

[24] "提高自主创新能力的理论与对策研究"（06XL007）成果介绍 [J]. 管理评论，2009（12）.

[25] 刘娜，薛耀文，耿丽萍. 不同层次创新主体自主创新策略研究 [J]. 科学学研究，2007，25（6）：1203–1208.

[26] 郭海，李垣. 治理机制、管理创新能力与自主创新关系研究 [J]. 科学学研究，2006，24（6）：962–966.

[27] 谢科范，董芹芹，陈云. 基于资源集成的自主创新模式辨析 [J]. 科学学研究，2006（s1）：110–113.

[28] 原长弘，张帆，姚缘谊.我国企业自主创新策略选择：一个理论分析 [J]. 系统管理学报，2009，18（12）：620–624.

[29] Pisano，G. Knowledge integration and the locus of learning：An empirical analysis of process development. Strategic Management Journal，1994（15）：71–79.

[30] Lin，Dwver. New product development in the Information age：Pharmaceutical industry. The Journal of Business & Industrial Marketing，1995（10）：6–17.

[31] Marco Iansiti. Technology integration：making critical choices in a dynam-

ic world. Harvard Business School Press，1998.

［32］ Petroni. The Analysis of dynamic capabilities in a competence-oriented organization［J］. Technovation，1998（18）：179-189.

［33］ Verona，G.A. Resource-based vies of product development. The Academy of Management Review，1999（24）：132-142.

［34］ Durand，R. Firm selection：An integrative perspective. Organization Studies，2001（22）：393-417.

［35］ Hardaker. An integrated approach towards product innovation in international manufacturing organizations. European Journal of Innovation Management，1998（10）：67-73.

［36］ Iansiti，M.，Clark，K.B.. Integration and dynamic capability：Evidence from development in automobiles and mainframe computers. Industrial and Change，1994（3）：557-605.

［37］ Clark，K.B.，Fujimoto，T.. Product development performance：Strategy，organization，and management in the world auto industry. Boston：Harvard Business School Press，1991.

［38］ Fujimoto，Iansiti，Clark. External integration in product development. New York：Oxford University Press，1996.

［39］ 李宝山等. 集成管理——高科技时代的管理创新［M］. 北京：中国人民大学出版社，1998.

［40］ 陈劲. 集成创新的理论模式［J］. 中国软科学，2002（12）：23-25.

［41］ 曹利军，王荣花，张震丽，杜世勋. 传统产业高技术改造的路径分析：集成创新的概念、模式和体系. 科技进步与对策，2005，22（5）：51-53.

［42］ 游达明. 嵌入性视角下的企业集成创新模式与动态决策模型研究［J］. 统计与决策，2008（7）：33-35.

［43］ 桂萍. 企业集成创新的实现机制研究［J］. 价值工程，2008（7）：60-62.

［44］ 李文博. 企业集成创新系统的深层耦合机理及其复杂性涌现［J］. 科技进步与对策，2009，26（5）：73-76.

［45］ 江辉，陈劲. 集成创新：一类新的创新模式［J］. 科研管理，2000，21（9）：31-39.

［46］ 史宪睿，金丽，孔伟. 企业集成创新能力的概念及其基本模型［J］. 科

技管理研究，2006，26（7）：103-104.

［47］李文博，郑文哲. 现代企业的集成创新及其综合评价研究［J］. 科技进步与对策，2005，22（4）：66-68.

［48］Fritsch，Michael，Lukas，Rolf.. Who cooperates on R&D. Research Policy，2001（30）：297-312.

［49］苏敬勤，王延章. 合作技术创新理论及机制研究［M］. 大连：大连理工大学出版社，2002.

［50］罗炜，唐元虎. 国内外合作创新研究述评［J］. 国际技术经济研究，2000，3（4）：42-50.

［51］Robertson，Thomas，S.，Gatignon，Hubert.. Technology development mode：A transaction cost conceptualizations. Strategic Management Journal，1998，19：515-531.

［52］郭晓川. 企业网络合作化技术创新及其模式比较. 科学管理研究［J］. 1998，16（5）：13-17.

［53］Martin，S.，Spillovers.. Appropriability and R&D. Journal of Economics，2002，75（1）：1-32.

［54］刘宏，杨克华. 市场结构与合作技术创新行为关系研究［J］. 科学学与科学技术管理，2003，24（6）：56-59.

［55］王娟茹. 基于知识共享的企业合作创新研究. 科技进步与对策［J］. 2009，26（15）：135-137.

［56］邹艳，王晓新，叶金福. 共建模式下企业合作创新知识转移影响因素的实证研究［J］. 科学学研究，2009，27（4）：616-621.

［57］Horton，F. W. Information resources management：concept and cases. Ohio：Association for Systems Management Press，1979.

［58］Bassi，L. J. Harnessing the power of intellectual capital. Training and Development，1997，51（12）：25-30.

［59］Wiig，Karl，M.. Knowledge management：where did it come from and where will it go?. Expert Systems with Applications，1997，13（1）：1-14.

［60］Elias Sadie，Ray Edwards. Knowledge is power for government and business alike. Government Issues Whitepaper，1998.10.31.

［61］Nonaka，Takeuchi，H.. The knowledge-creating company. New York：

Oxford University Press，1995.

[62] Robvander Spek，Josef Hofer-Alfeis，et al. The Knowledge strategy process: The handbook on knowledge management. Herdelberg：Springer-Verlag，2002.

[63] 齐建国. 关于知识经济的几个问题的探讨 [J]. 数量经济技术经济研究，1998，15 (9)：3-8.

[64] 赵曙明，沈群红. 知识企业与知识管理 [M]. 南京：南京大学出版社，2000.

[65] 王方华，王虹. 知识经理即将登场 [J]. 上海经济，1999 (1)：33-34.

[66] 徐锐. 知识型企业的知识管理特征 [J]. 图书情报工作，2000 (1)：46-48.

[67] 盛小平，何立阳. 知识管理系统研究综述 [J]. 图书馆，2003 (1)：36-39.

[68] 李江，和金生. 基于知识管理的技术创新决策研究 [J]. 科技进步与对策，2008，25 (7)：160-163.

[69] 张子刚，周永红，刘开军. 知识管理对企业技术创新过程的能动效应及其机理分析 [J]. 科学学与科学技术管理，2003 (3)：45-49.

[70] 谢洪明，刘常勇. 技术创新类型与知识管理方法的关系研究 [J]. 科学研究，2003，21 (5)：539-540.

[71] 于晓宇，谢富纪，彭鹏. 知识管理与高技术企业技术创新模式的耦合性机理研究 [J]. 情报科学，2007，25 (2)：302-305.

[72] 冯新舟，何自力. 组织知识创新及其管理 [J]. 中国科技论坛，2010 (2)：28-31.

[73] Kristof-Brown，A. L.，Zimmerman，R.D.，Johnson，E.C.. Consequences of individuals' ft at work：A meta analysis of person job，person organization, person group，and person supervisor fit. Personnel Psychology，2005，58 (2) 281：342.

[74] Muchinsky，P. M.，Monahan，C.J.. What is person-environment congruence? Supplementary versus complementary models of fit. Journal of Vocational Behavior, 1987，31：268-277.

[75] Kristof，A.L. Person-organization fit：An integrative review of its conceptualizations，measurement，and implications. Personnel Psychology，1996, 49 (1)：1-49.

[76] Cable，D.M.，Derue，D.S.. The convergent and discriminant validity of

subjective fit perceptions. Journal of Applied Psychology，2002，87（5）：857-884.

[77] O'Reilly，C.A.，Chatman，J.，Caldwell，D.F.. People and organizational culture：A profile comparison approach to assessing person-organization fit. Academy of Management Journal，1991，34（3）：487-516.

[78] Resick，C.J.，Baltes，B.B.，Shantz，C.W.. Person-organization fit and work-related attitudes and decisions：Examining interactive effects with job fit and conscientiousness，Journal of Applied Psychology，2007，92（5）：1446-14555.

[79] Lauver，K.J.，Kristof-Brown，A.. Distinguishing between employees' perceptions of person-job and person-organization fit. Journal of Vocational Behavior，2001（59）：454-470.

[80] Witt，L.A. Enhancing goal congruence：A solution to organizational politics. Journal of Applied Psychology，1998（83）：666-674.

[81] Downey，H.K.，Hellriegel，D.，Slocum，J.. Congruence between individual needs，organizational climate，job satisfaction and performance. Academy of Management Journal，1975（18）：149-155.

[82] Spokane，A.R.，Meir，E.，Catalano，M.. Person-environment congruence and Holland's theory：A review and reconsideration. Journal of Vocational Behavior，2000（57）：137-187.

[83] 赵慧娟，龙立荣. 员工与工作环境的动态匹配思想探析［J］. 外国经济与管理，2008，30（7）：58-64.

[84] 魏江. 产业集群——创新系统与技术学习［M］. 北京：科学出版社，2003.

[85] 吴利学，魏后凯. 产业集群研究的最新进展及理论前沿［J］. 上海行政学院学报，2004（5）：51-60.

[86] 郭晓磊，曹前有. 合作创新：现代技术发展的一种必然选择［J］. 科技管理研究，2009（11）：8-10.

[87] 尤泳，张伟昌. 论民主与法治的契合.中共青岛市委党校学报［J］. 2007（5）：21-23.

[88] 曹敏，崔广平. 论法治与市场经济的内在契合性［J］. 四川三峡学院学报，1999，15（3）：47-50.

[89] West，M.A.，Farr，J.L.. Innovation and creativity at work：Psychological

and organizational strategies. Chichester：Wiley，1990.

［90］ Leonard，D.，Sensiper，S.. The role of tacit knowledge in group innovation. California Management Review，1998，40（3）：112–121.

［91］ Mcelroy，M.W. Using knowledge management to sustain innovation. Knowledge Management Review，2000，3（4）：34–37.

［92］ Lester，M. Innovation and knowledge management：The long view. Innovation and Knowledge Management，2001，10（3）：165–176.

［93］ Tranfield，D.，Young，M.，Partingtond，D.. Knowledge management routines for innovation projects：Developing a hierarchical process model. International Journal of Innovation Management，2003，7（1）：27–49.

［94］ Mcadam，R. Knowledge management as a catalyst for innovation within organizations：A qualitative study.Knowledge and Process Management，2000，7（4）：233–241.

［95］ 裴学敏，陈金贤. 知识资产对合作创新过程的影响分析［J］. 科研管理，1999，20（1）：25–29.

［96］ 余利明. 企业知识管理能力问题的研究［D］. 上海：复旦大学博士论文，2003.

［97］ Turban，E.，Expert systems and applied artificial intelligence，Macmillan Pub Company，1992.

［98］ 野中郁次郎，竹内弘高.创造知识的企业——日美企业持续创新的动力［M］. 北京：知识产权出版社，2006.

［99］ Thomas，H.，Davenport，Laurence Prusak. 营运组织——工商企业的知识管理［M］. 王者译. 南昌：江西教育出版社，1997.

［100］ Drucker，P. Post–capitalist society. New York：Butterworth–Heineman，1993.

［101］ 朱祖平.刍议知识管理及其框架体系［J］. 科研管理，2000，21（1）：19–25.

［102］ Dufta，S.，Weiss，A.M.. The relationship between a firm's level of technological innovativeness and its pattern of partnership agreements. Management Science，1997，43（3）：343–356.

［103］ Brown，J.S.，Duguid，P.. Organizing knowledge. California Management

Review，1998，40（3）：90–111.

［104］ Rubenstein–Montano，B.，Leibowit.Z.J.，Buchwalter.J，et al. A systems thinking framework for knowledge management. Decision Support systems，2001，31（1）：5–16.

［105］ Polanyi，M. The Logic of tacit inference，knowing and being. London：Routledge and Kegan Paul，1969，114–115.

［106］ 李久平. 基于 SECI 的企业内部知识流动过程及螺旋模型［J］. 情报杂志，2006（9）：51–57.

［107］ 张凤，何传起. 国家创新系统［M］. 北京：高等教育出版社，1999.

［108］ 李正锋，叶金福. 产业集群内知识创新能力影响因素及对策研究［J］. 情报科学，2006，24（9）：1301–1305.

［109］ Iansiti，Marco，West. Technology integration：Turning great research into great products. Harvard Business Review，1997，May–June：69–79 .

［110］ Best，Michael，H.. The new competitive advantage：The renewal of American industry. Oxford University Press，2001.

［111］ 张方华.企业集成创新的过程模式与运用研究［J］. 中国软科学，2008（10）：118–124.

［112］ 西宝，杨廷双. 企业集成创新：概念、方法和流程［J］. 中国软科学，2003（6）：72–76.

［113］ 李默妮，吴秋明. 基于知识集成提升企业集成创新能力初探［J］. 现代管理科学，2007（2）：16–18.

［114］ Bullinger，H. J. Einfuhrung in das technology management. Stuttgart：teubner，1994.

［115］ Fujinoto，T.M.，Iansiti，Clark，K.B.. External integration in product development in Nishiguchit，Managing Product Development. New York：Oxford University Press，1996.

［116］ Parthasarthy，R.，Hammond，J.. Product innovation input and outcome moderating effects of the innovation process. Journal of Engineering and Technology Management，2002（19）：75–91.

［117］ 张华胜，薛澜. 技术创新管理新范式：集成创新［J］. 中国软科学，2002（12）：6–22.

[118] 孙金梅，黄清. 企业集成创新要素及评价指标体系 [J]. 东北林业大学学报，2006，34（5）：97–99.

[119] 慕玲，路风. 集成创新的要素 [J]. 中国软科学，2003（11）：105–111.

[120] Hamel，G.，Prahalad，C.K.. Competing for the future. Harvard Business School Press，1994.

[121] Praharad，C.K.，Hamel，G.. The core competence of the corporation. Harvard Business Review，1990，68（3）：79–91.

[122] 杨瑞龙，刘刚. 企业的异质性假设和企业竞争优势的内生性分析 [J]. 中国工业经济，2001（1）：88–95.

[123] 鲁若愚，陈力. 企业知识管理中的分享与整合 [J]. 研究与发展管理，2003，15（1）：16–20.

[124] 郭晓川. 企业网络合作化技术创新及其模式比较.科学管理研究 [J]. 1998，16（5）：13–17.

[125] 王大洲. 企业技术创新过程中对知识的应用：中西比较与启示 [J]. 科学管理研究，2001，19（4）：1–4.

[126] Grant，R. Prospering in dynamically–competitive environment：organizational capability as knowledge integration. Organization Science，1996，7（4）：375–387.

[127] 党兴华，李莉. 技术创新合作中基于知识位势的知识创造模型研究 [J]. 中国软科学，2005（1）：143–148.

[128] Yannis，Caloghirou，Ioanna，Kastelli，Aggelostsakanikas. Internal capabilities and external knowledge sources：complements or substitutes for innovative performance? Technovation，2004，24（1）：29–39.

[129] Stewart，Thornhill. Knowledge innovation and firm performance in high– and low–technology regimes. Journal of Business Venturing，2006（21）：687–703.

[130] Subhajyoti，Bandyopadhyay，Praveen，Pathak.. Knowledge sharing and cooperation in outsourcing projects—A game theoretic analysis. Decision Support Systems，2007，43（2）：349–358.

[131] Olli，Vuola.，Ari–Pekka，Hameri.. Mutually benefiting joint innovation process between industry and big–science. Technovation，2006，26（1）：3–12.

[132] 汪忠，黄瑞华. 合作创新企业间技术知识转移中知识破损问题研究

[J]. 科研管理，2006，27（2）：95-101.

［133］任荣. 企业合作创新本质的理论分析［J]. 经济问题，2010（3）：68-71.

［134］吕海军，甘志霞. 产学研合作创新研究述评及研究展望［J]. 生产力研究，2005（4）：230-232.

［135］吴金希，于永达. 浅议管理学中的案例研究方法——特点、方法设计与有效性讨论［J]. 科学学研究，2004，22（6）：105-111.

［136］蒋翠清，杨善林，梁昌勇. 基于知识螺旋开放模型的多维知识管理策略研究［J]. 中国科技论坛，2005（5）：60-64.

［137］耿新. 知识创造的 IDE-SECI 模型［J]. 南开管理评论，2003（5）：11-15.

［138］杨德群，杨朝军. 知识创造螺旋机理：认识论—本体论的观点［J]. 情报科学，2004，22（11）：1327-1330.

［139］汪寅，王忠，刘仲林. 基于知识螺旋的原始创新过程与机制研究［J]. 科学学与科学技术管理，2007（8）：42-47.

［140］卢显文，王毅达. 产品开发集成创新的过程与机制研究［J]. 科研管理，2006，27（5）：10-16.

［141］Donald，Gerwin，Nicholas. J.，Barrowman. An evaluation of research on integrated product development. Management Science，2002，48（7）：938-953.

［142］Mariano，Nietoa，Pilar，Quevedob. Absorptive capacity，technological opportunity，knowledge spilovers，and innovative effort. Technovation，2005（9）：1141-1157.

［143］Lester，C. The future of capitalism. London：Nicolas Brealey Publishing，1997.

［144］王娟茹，赵嵩正，杨瑾. 知识集成模式［J]. 工业工程，2004，7（6）：26-29.

［145］魏江，刘锦，杜静. 自主性技术创新的知识整合过程机理研究［J]. 科研管理，2005，26（4）：15-21.

［146］李翠娟，宣国良. 知识合作剩余：合作创新创造企业竞争优势的机理分析［J]. 科学学与科学技术管理，2005，26（7）：87-91.

［147］李京文，任玲. 通过合作创新提升企业核心能力模式研究［J]. 经济纵

横，2009（4）：102–104.

［148］ Lin，W.B.Factors afecting the correlation between interactive mechanism of strategic alliance and technological knowledge transfer performance.The Journal of High Technology Management Research，2007，17（2）：139–155.

［149］ Werner，Bonte.，Max，Keilbach.. Concubinage or marriage? Informal and formal cooperations for innovation. International Journal of Industrial Organization，2005（23）：279–302.

［150］ 任玲. 基于知识管理的企业间合作创新研究［D］. 长春：吉林大学博士论文，2009.

［151］ 鲜德清，刘蕾. 基于合作创新的知识管理研究［J］. 科技进步与对策，2006，23（12）：116–119.

［152］ 竹内弘高，野中郁次郎. 知识创造的螺旋［M］. 北京：知识产权出版社，2006.

［153］ 张庆普，单伟. 企业知识转化过程中的知识整合［J］. 经济理论与经济管理，2004（6）：47–51.

［154］ 王广宇. 中国企业的 CRM 创新［J］. 财经界，2003（1）：86–87.

［155］ Holsapple，C.W.，Singh，M.. The knowledge chain model：Activities for competitiveness. Expert Systems with Applications，2001，20：77–98.

［156］ Mcartney，L. Getting smart about knowledge management：Managing intellectual resources can maximise innovation and competitiveness. Industry Week，1998，4（9）：30–34.

［157］ Ingham，M.，Mothe，C.. How to learn in R&D partnerships?. R&D Management，1998，28（4）：249–26.

［158］ Duke University. Industry–University Research Collaborations：Report of a Workshop. The National Academy of Science，1997（6–7）：8–14.

［159］ Cyert，R.M.，Goodman，P.S.. Creating effeetive University –industry allianees：An organizational learning perspeetive. Organizational Dynamics，1997，25（4）：45–57.

［160］ 于冬.企业合作创新绩效影响因素分析［D］. 大连：大连理工大学博士论文，2008.

［161］ Hamel，G. Competition for competence and inter partner learning with in international strategic alliances. Strategic Management Journal, 1991 (12): 83–104.

[162] Inkoen, A. C. Learning and knowledge acquisitionthrough international strategic alliances. Academy of Management Executives, 1998 (12): 69–80.

[163] Lane, P.J., Lubatkin, M.. Relative absorptive capability and inter–organizational learning. Strategic Management Journal, 1998 (19): 461–477.

[164] Mowey, D.C., et al. Strategic alliance and lnterfirm knowledge transfer. Strategic Management Journal, 1996 (17): 77–91.

[165] 李随成,杨婷. 研发合作企业间知识共享与合作绩效的关系 [J]. 科技进步与对策,2007,24 (10):180–184.

[166] 简兆权,刘荣,招丽珠. 网络关系、信任与知识共享对技术创新绩效的影响研究 [J]. 研究与发展管理,2010,22 (2):64–71.

[167] 谭可欣,郭东强. 隐性知识管理及其对企业创新的影响 [J]. 管理评论,2007,19 (12):49–54.

[168] 吴治国,石金涛,杨帆. 组织知识创新中人力资源管理的作用机制 [J]. 中国人力资源开发,2008 (1):6–10.

[169] Barney, J. Firm resource and sustained competitive advantage. Journal of Management, 1991, 17 (1): 99–120.

[170] 刘善仕,刘婷婷,刘向阳. 人力资源管理系统、创新能力与组织绩效关系 [J]. 科学学研究,2007,25 (4):764–771.

[171] 赵黎明,潘康宇. 高科技行业知识创新人力资本激励因素实证分析 [J]. 科技管理研究,2006 (5):156–158.

[172] Laursen, K., Foss, N.J.. New human resource management practices, complementarities and the impact on innovation performance. Cambridge Journal of Economics , 2003 (27): 243–263.

[173] Pfeffer, J. The human equation building profits by putting people first. Boston: Harvard Business School Press, 1998.

[174] Holsapple, C.W., Joshi, K. D.. An investigation of factors that influence the managemnt of knowledge in our organizations. Journal of Strategic Information Systems, 2000 (9): 235–261.

[175] 陈国权. 学习型组织的学习能力系统、学习导向人力资源管理系统及其相互关系研究 [J]. 管理学报,2007,4 (6):719–728.

［176］ Daghfous，A. Absorptive capacity and the implementation of knowledge-intensive best practices. SAM Advanced Management Journal，2004，69（2）：21-27.

［177］ Minbaeva，D.，Pedersen，T.，et al.. MNC knowledge transfer，subsidiary absorptive capacity and HRM. Journal of International Business Studies，2003（34）：586-599.

［178］ Mahake，V.，Pedersen，T.，Venzin，M.. The impact of knowledge management on MNC subsidiary performance：the role of absorptive capacity. Management International Review，2005（2）：101-119.

［179］ Harel，G.H.，Tzafrir，S.S.. The effect of human resource management practices in the perceptions of organization and market performance of the firm. Human Resource Management，1999，38（2）：185-200 .

［180］ 程金林. 战略人力资源管理和企业绩效的中介机制研究——组织学习视角的分析［D］. 上海：上海交通大学博士学位论文，2006.

［181］ Schuler，R.S.，MacMillan，I.. Creating competitive advantage through human resource management practices. Human Resource Management，1984（23）：241-255.

［182］ Garvin，D. Building a learning organization.Harvard Business Review，1993（7-8）：78-91.

［183］ Christina E.Shalley，Zhou J.and Greg R. Oldham.The Efects of Personal and Contextual Characteristics on Creativity：Where Should We C，ofrom Here? Journal of Management，2004，30（6）：937-939.

［184］ Huselid，M.A. The impact of human resource management practices on turnover，productivity and corporate financial performance. Academy of Management Journal，1995，38（3）：635-672.

［185］ Tsui，A.S.，Pearce，J.L.，et al.. Alternative approaches to the employee-organisation relationship：does investment in employees pay off? Academy of Management Journal，1997，40（5）：1089-1121.

［186］ Pfeffer，J. Pitfalls on the road on measurement：the dangerous liaison of human resource with the ideas of accounting and finance. Human Resource Management，1997，36（3）：357-365 .

［187］ 张正堂. 人力资源管理活动与企业绩效的关系：人力资源管理效能中

介效应的实证研究［J］. 经济科学，2006（2）：43-53.

［188］Shipton，H.，Fay，D.，West，W.，et al. Managing people to promote innovation. Creativity and Innovation Management，2005，14（2）：118-128.

［189］Collins，C.J. Knowledge exchange and combination：The role of human resource practices in the performance of high technology firms. Academy of Management Journal，2006，49（3）：544-560.

［190］曹龙，陈菊红. 提高组织知识管理水平的柔性人力资源管理测量［J］. 科学与科学技术管理，2005（8）：86-91.

［191］林筠，胡婷婷，黄佩玉. 企业人力资源管理系统对员工知识共享的影响研究［J］. 科技管理研究，2010（5）：121-123.

［192］顾琴轩，傅一士，贺爱民. 知识共享与组织绩效：知识驱动的人力资源管理实践驱动作用研究［J］. 南开管理评论，2009，12（2）：59-66.

［193］刘伟，薛君，游静. 基于需求层次模型的异构信息系统集成知识创新激励机制研究［J］. 研究与发展管理，2010，22（1）：106-113.

［194］Grover，V.，Davenport，T，H.. General perspectives on knowledge management：fostering a research agenda. Journal of Management Information Systems，2000，18（1）：5-21.

［195］Liu，M.S.，LIU，N.CHI.. Sources of knowledge acquisition and patterns of knowledge sharing behaviors -an empirical study of Taiwan High -Tech firm. International Journal of Information Management，2008，28（6）：423-432.

［196］Straub，D.W. Validating instruments in MIS research. MIS Quarterly. 1989，13（2）：147-166.

［197］王重鸣. 心理学研究方法［M］. 北京：人民教育出版社，1989.

［198］Nunnally，J.C. Psychometric Theory（3rd edition）. New York McGraw-Hill，1994.

［199］张红兵，贾来喜，李潞. SPSS 宝典［M］. 北京：电子工业出版社，2007.

［200］林震岩. 多变量分析：SPSS 的操作与应用［J］. 北京：北京大学出版社，2007.

［201］吴明隆. SPSS 统计应用实务：问卷分析与应用统计［J］. 北京：科学出版社，2003.

[202] Campbell, D.T., Fiske, D.W.. Convergent and discriminant validation by the multitrait-multimethod matrix. Psychological Bulletin. 1959 (56): 81-105.

[203] Kerlinger, Fred, N.. Foundations of behavioral research.CBS International Editions, 1973.

[204] Bagozzi, R.P., Yi, Y., Phillips, L.W..Assessing construct validity in organizational research. Administrative Science Quarterly.1991 (36): 421-458.

[205] 侯杰泰，温忠麟，成子娟. 结构方程模型及其应用 [M]. 北京：教育科学出版社，2004.

[206] Marsh, H.W., Balla, J.R..Goodness-of-fit indices in confirmatory factor analysis: The effect of sample size and model complexity. Quality & Quantity, 1994 (28): 185-217.

[207] Steiger, J.H. Structure model evaluation and modification: An interval estimation approach. Multivariate Behavioral Research, 1990 (25): 173-180.

[208] McDonald, R.P., Marsh, H.W.. Choosing a multivariate model: Noncentrality and goodness of fit. Psychological Bulletin, 1990 (107): 247-255.

[209] Baron, R.M., Kenny. D.A.. The moderator-mediator variable distinction in social psychological research: Conceptual, strategic, and statistical considerations. Journal of Personality and Social Psychology, 1986, 51 (6): 1173-1182.

[210] 辛自强，郭素然，池丽萍. 青少年自尊与攻击的关系：中介变量和调节变量的作用 [J]. 心理学报，2007，39 (5): 845-851.

[211] 卢谢峰，韩立敏. 中介变量、调节变量与协变量 [J]. 心理科学，2007，30 (4): 934-936.

[212] 风笑天. 社会研究方法 [M]. 北京：高等教育出版社，2006.

[213] 袁方，王汉生. 社会研究方法教程 [M]. 北京：北京大学出版社，2004.

[214] Jaw, B.S., Liu, W.N.. Promoting organizational learning and self-renewal in Taiwanese companies: the role of HRM. Human Resource Manageemnt, 2003, 42 (3): 223-241.

[215] Thomas, K.W., Velthouse, B.A.. Cognitive elements of empowerment. Academy of Management Review, 1990 (15): 666-681.

[216] Baetz, W.G..Organizational learning practices.Albany: State University of

New York，2003.

[217] 张小兵. 人力资源管理系统与组织绩效——基于组织学习视角的研究. 西安：陕西人民出版社，2009.

[218] 李正卫. 动态环境条件下的组织学习与企业绩效 [D]. 杭州：浙江大学博士论文，2003.

[219] Jantunen. Knowledge-processing capabilities and innovative performance: an empirical study. European Journal of Innovation Management，2005，8 (3)：336-349.

[220] 董小英，蒋贵凰，刘倩倩. 知识管理提升企业创新能力的实证研究 [J]. 清华大学学报（自然科学版），2006，46 (S1)：956-963.

[221] Yeung，A.K. Organizational learning capability. Oxford：Oxford University Press，1999.

[222] 范秀成，英格玛·比约克曼. 外商投资企业人力资源管理与绩效关系研究 [J]. 管理科学学报，2003 (2)：54-60.

[223] Delaney，J.E.，Huselid，M.A.. The impact of human resource management practices on perceptions of organizational performance. Academy of Management Journal，1996，39 (4)：949-969.

[224] Allen，N.J.，Shore，L.M.，Griffeth，R.W.. The role of perceived organizational support and supportive human resource practices in the turnover process. Journal of Management，2003，29 (1)：99-118.

[225] 赵黎明，潘康宇. 高科技行业知识创新人力资本激励因素实证分析 [J]. 科技管理研究，2006 (5)：156-158.

[226] 袁勇志，何会涛，彭纪生. 承诺型人力资源实践与知识共享的作用机制研究 [J]. 科学学与科学技术管理，2010 (1)：171-177.

[227] O'hagan，S.B.，Green，M.B.. Corporate knowledge transfer via interlocking directorates：a network analysis approach，Geoforum，2004 (35)：127-139.

[228] Lynn，G.S.，Reilly，R.R.，Akgun，A.E.. Knowledege management in new product teams：practices and outcomes. IEEE Transactions on Engineering and Management，2000，47 (2)：221-231.

[229] Tsai，W. Knowledge transfer in intra-organization networks：effects of network position and absorptive capacity on business unit innovation and performance.

Academy of Management Journal，2001，44（5）：996–1004.

[230] Wijk，K.E.，Jansen，J.J.P.，Lyles，M.A..Inter–and intra–organizational knowledge transfer：A meta–analytic review and assessment of its antecedents and consequences. Journal of Management Studies，2008，45（4）：830–85.

[231] Cassiman，B.，Veugelers，R.. In search of Complementarities in Innovation Strategy：Internal R&D and external knowledge acquisition. Management Science，2006，52（1）：68–83.

[232] Knudsen，M.P. The relative importance of interfirm relationships and knowledge transfer for new product development success. The Journal of Product Innovation Management，2007，24（2）：117–129.

[233] Nevis，E.C.，DiBlla，A.J.，Gould，J.M.. Understanding organizations as learning systems. Sloan Management Review，1995，36（2）：73–85.

[234] 金鑫，陈劲. 面向分布式创新的知识共享机制研究 [D]. 杭州：浙江大学博士论文，2009.

[235] 罗志勇. 知识共享机制研究 [M]. 北京：北京图书馆出版社，2003.5.

[236] Senge，P.M. Sharing knowledge. Executive Excellent，1998，15（6）：11–12.

[237] Calantone，R. J.，Cavusgil，S. T.，Zhao，Y.. Learning Orientation，firm innovation capability，and firm performance. Industrial Marketing Management，2002，31（6）：515–524.

[238] Davenport，T.H.，Prusak，L. Working knowledge：How organizations manage what they know. Harvard Business School Press，Boston，1998.

[239] 周晓，何明升. 组织学习与组织创新 [J]. 企业管理，2007（12）：91–92.

[240] 闫淑敏. 企业技术创新能力提升与人力资本团队研究 [J]. 科学管理研究，2007.Vol.25（3）：81–84.

[241] Leiponen，A. Organization of knowledge and innovation：the case of finnish business services. Industry and Innovation，2005，12（2）：185–204.

[242] Chen，Y. S.，Lin，J.M.J.，Chang，C.H.. The influence of intellectual capital on new product development performance –the manufacturing companies of Taiwan as an example.Total Qual Manag Bus Excell，2006，17（10）：1323–1339.

[243] 张炜.智力资本与组织创新能力关系实证研究 [J]. 科学学研究，2007，25（5）：1010–1013.

[244] 蒋天颖，王俊江. 智力资本、组织学习与企业创新绩效的关系分析 [J]. 科研管理，2009，30（4）：44–50.

[245] 徐福缘，程钧谟，綦振法. 企业员工知识创新能力模糊综合评价体系 [J]. 科学管理研究，2004，22（1）：85–89.

[246] 程钧模，段福兴，王道高，周涛. 论知识型企业员工的知识创新能力 [J]. 山东理工大学学报（社会科学版），2004，20（3）：13–17.

[247] 高建，汪剑飞，魏平. 企业技术创新绩效指标：现状、问题和新概念模型 [J]. 科研管理，2004，25（z1）：14–22.

[248] Gloet，M.，Terziovski，M.. Exploring the relationship between knowledge management and innovation performance. Journal of Manufacturing Technology Management，2004，15（5）：402–409.

[249] Therin，F. Organizational learning and innovation in High –Tech small firms. Proceedings of the 36th Hawaii International Conference on System Sciences，2003.

[250] Garcia–Morales，V.J.，Llorens–Montes，F. J.. Antecedents and consequences of organizational innovatin and organizational learning in entrepreneurship. Industrial Management & Data Systems，2006，106（1）：21–42.

后 记

本书的最初构想是我在攻读博士学位期间形成的，前后经历了近三年的时间，期间有过惆怅、有过彷徨，甚至有过退缩，但在众多师友和亲人的鼓励和帮助下最终完成了书稿的创作，在此一并表示谢意。

以前总觉得只要兴趣使然，做研究、搞创作自然是件轻松且幸福的事，然而经历过后才发现我原始的想法是多么的单纯。做自己喜欢的事，而且每天都能感受到劳动的成果，自然会令人感到幸福，但过程绝非想象得那么轻松自在。再一次走进熟悉的工作室，偶尔抬头望见窗外熟悉的风景，摇曳的疏影、摩挲的枫叶似乎在向我诉说着什么。驻足回首过去的光阴，该阶段的研究与学习是我一生中最为宝贵的一段时光，这是我在科学研究的道路上不断成长，逐渐走向成熟的标记。望着即将付梓的书稿，心中不免感慨万千，本书的最终完成不只是自己的努力，更是凝结了多人的心血。

我的恩师罗瑾琏教授为我的书稿付出了无尽的汗水。罗老师不仅为我提供了舒适的学习环境，更为我创造了适宜的学习氛围，罗老师组织的同门周会不仅让我学到了诸多的研究方法，同门之间的互助和关爱更是让我感受到了家的温暖。书稿的创作是一个历练的过程，在我情绪最低落、感觉最无助的时候，是罗老师给予了我极大的精神鼓舞和支持，使我有毅力坚持下来。恩师对我的指点与关怀，既如绵绵春雨，长润我心，又如皑皑白雪，照亮我胸怀，护我成长。与此同时，感谢我的硕士生导师、华南理工大学工商管理学院李敏教授多年来对我的关心和指点，对此深表谢意。

桃李不言，下自成蹊。感谢母校对我的培养，感谢百年同济给了我思想、给了我成长。“同生同道同舟楫，济我济人济天下”，祝愿同济万古长青。感谢同济大学经济管理学院钟竞副教授，每次与您的讨论都使我受益匪浅；感谢窦大海博士、王值仲博士、张波博士、李思宏博士、张冬梅博士、王亚斌博士、王艳子博士、王慧琴博士、于岩平博士、卢韫实、彭贤杰博士、霍伟伟博士等同门，从你们身上不仅学到了知识，更收获了友谊。

书稿的写作离不开同事的鼓舞和支持。感谢燕补林教授对我学术上的指导；感谢张小兵教授在我读博期间承担了人力资源管理教研室的所有管理工作，使我可以全身心地投入到学业中来；感谢人力资源教研室的所有同事，你们在精神上的支持给予了我无尽的动力；感谢经济管理学院的王宏院长、单大明书记、科技处李前兵处长等对我学业和研究的支持。

感谢外婆和祖母对我的鼓励和关爱！如果你们在天堂里能看到孙儿的成长和进步，便是我对您最好的报答！感谢我的父母和岳父母四位老人对我事业和学业的无私支持。感谢我的兄长和姐姐，你们在背后的默默支持，让我能安心顺利地完成学业和书稿的写作。感谢我的爱人赵莉女士，正是你坚定、无私的支持和鼓励才铸就了我今天的成绩，茫茫人海中遇见你是我今生最大的幸福。感谢我的儿子孔祥润，你的健康成长是我前进的最大动力。感谢妻儿的理解和那份不求补偿的爱。

最后，感谢教育部人文社会科学青年基金和淮阴工学院企业管理重点建设学科基金对本书出版的资助。感谢经济管理出版社对本书出版给予的大力支持，特别感谢经济管理出版社的资深编辑申桂萍女士，本书的出版离不开她认真、细致的工作态度和敬业精神。

创新是一个永恒的话题，是企业追求持久发展的不二选择。本书关于创新的研究还略显粗浅，还有很多需要不断完善和有待深入研究的地方。由于作者才疏学浅，书中难免有错误和疏漏之处，敬请各位读者不吝赐教。

谨以此书献给所有关心和支持我的人们！

孔凡柱

2013 年 5 月